CHEMIN DE FER DE PARIS A ORLÉANS

EXPLOITATION

COURS PRATIQUE ÉLÉMENTAIRE D'EXPLOITATION DES CHEMINS DE FER

LIVRE IV

SERVICE COMMERCIAL

CAHORS
IMPRIMERIE TYPOGRAPHIQUE COUESLANT
(Personnel intéressé)

1927

LIVRE IV

SERVICE COMMERCIAL

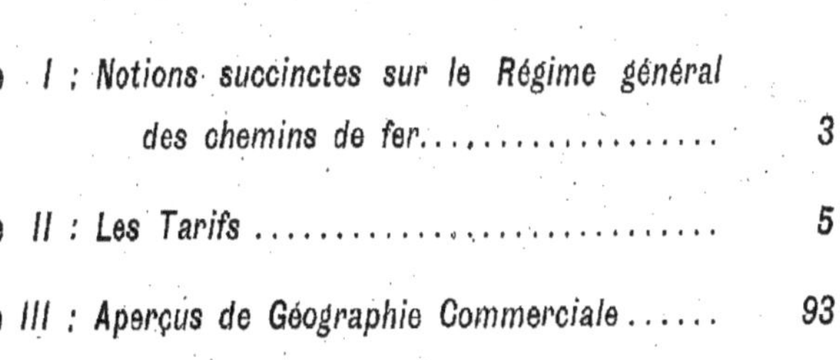

TITRE I

NOTIONS SUCCINCTES SUR LE RÉGIME GÉNÉRAL DES CHEMINS DE FER

Conférence de M. RICAUME

Ingénieur des Services Commerciaux

L'invention des chemins de fer remonte aux environs de 1830 ; cette invention a donc à peu près cent ans. C'est en 1840 que fut mise en service la première des lignes dont a été formé le réseau d'Orléans, celle de Paris à Juvisy.

Les chemins de fer sont exploités soit par l'Etat, soit par des Compagnies privées, la Compagnie d'Orléans, par exemple ; ceux qui sont exploités par des Compagnies privées ne leur appartiennent pas. Ces Compagnies n'en sont pas propriétaires ; elles en sont seulement concessionnaires, c'est-à-dire qu'elles se sont chargées de les construire, de les entretenir, d'y effectuer les transports, sous diverses obligations, et moyennant certains avantages. A l'expiration des concessions, les lignes concédées à des Compagnies reviendront à l'Etat qui pourra soit les exploiter lui-même, comme il exploite déjà certains réseaux, soit les concéder à d'autres Sociétés.

Il y a actuellement cinq réseaux concédés, ceux du Nord, de l'Est, du P.-L.-M., du Midi et d'Orléans, et deux réseaux administrés par l'Etat, le réseau de l'Etat et celui d'Alsace et de Lorraine.

Les obligations assumées par les Compagnies et les droits qui leur sont reconnus font l'objet du Cahier des Charges.

Les principales de ces obligations sont de construire les lignes dans des conditions fixant d'avance les rayons de leurs courbes, leurs rampes, leur largeur, leur gabarit, etc..., et d'en assurer l'exploitation de manière satisfaisante et sans tour de faveur.

Leurs droits sont d'abord de pouvoir obtenir l'expropriation des terrains ou des maisons situés sur le tracé de la ligne, c'est-à-dire de pouvoir disposer de ces immeubles, même contre le gré des propriétaires, mais après toutefois leur en avoir payé la valeur ; puis c'est de percevoir des taxes pour le transport des voyageurs ou des marchandises par chemin de fer.

La plupart de ces taxes sont indiquées dans le Cahier des Charges, toutefois les réseaux peuvent percevoir des prix moins élevés après certaines formalités, l'affichage, notamment, de leurs propositions dans les gares.

C'est également par affichage que doivent être portées à la connaissance du public les dates de mise en vigueur de ces propositions lorsqu'elles ont été homologuées (admises par l'Administration Supérieure).

Outre les prix qui ont été ainsi substitués aux prix du Cahier des Charges, les réseaux perçoivent, sur autorisation du Ministre, diverses taxes qui ne figurent pas expressément dans le Cahier des Charges, taxes accessoires pour manutention, frais de gare, magasinage, etc..., prix particuliers pour le transport des marchandises spéciales (masses indivisibles, marchandises encombrantes, etc...).

Les taxes de transport sont composées de deux éléments qui se trouvent confondus dans les tarifs : un premier élément que l'on nomme le péage, lequel rémunère les réseaux des dépenses qu'ils ont faites pour construire les lignes et les aménager, et un autre élément, le prix de transport, destiné à couvrir les dépenses que leur occasionne le transport des voyageurs et des marchandises, dépenses des gares, de traction des trains, paiement d'indemnités, etc...

Les transports par routes, par canaux, se trouvent exonérés du péage, puisque c'est l'Etat qui a pris à sa charge la construction des routes et des canaux, alors que les taxes de transports par chemin de fer comprennent à la fois le péage et le prix de transport proprement dit.

Actuellement, aux prix des tarifs viennent s'ajouter, d'une part des majorations générales à titre temporaire, en vue de tenir compte de la perte de valeur du franc, majorations qui ont varié par suite assez fréquemment ces dernières années, d'autre part l'impôt perçu pour le compte de l'Etat.

Le Cahier des Charges n'est pas le seul document qui régisse les chemins de fer. Il existe aussi des Conventions qui sont intervenues postérieurement à la concession des réseaux aux Compagnies. La dernière en date de ces Conventions est de 1921. C'est celle qui constitue le régime actuel des grands réseaux.

Ce qui caractérise ce régime, c'est, d'une part, l'institution d'un Comité de direction commun à tous les réseaux, et d'un Conseil Supérieur des Chemins de fer, d'autre part, la création d'un fonds commun, enfin l'établissement d'un système de primes.

Le Comité de Direction est composé du Directeur et d'Administrateurs de chaque réseau. Il traite les questions qui intéressent l'ensemble des réseaux (mesures d'ordre technique, tarifs, statut, rémunération du personnel, etc...).

Le Conseil Supérieur des Chemins de fer comprend les membres du Comité de Direction, des représentants du personnel et des représentants des intérêts généraux de la nation. Il délibère sur les questions d'intérêt commun à tous les réseaux. Il assure la coordination des exploitations des réseaux en accord avec les intérêts généraux de la nation.

Le fonds commun réalise une certaine solidarité financière entre les réseaux. Il doit faire face au déficit des réseaux pour lesquels les recettes sont inférieures aux dépenses et aux charges. Il est alimenté par les excédents de recettes des autres réseaux. Si cet excédent est insuffisant, les tarifs doivent, en principe, être majorés sur propositions faites par le Conseil Supérieur, de manière à rétablir l'égalité entre les versements et les encaissements.

Le système de primes comprend une prime pour le réseau et une prime pour le personnel, laquelle est le double, ou voisine du double, de la prime du réseau.

Les primes sont annuelles ; elles comprennent deux éléments, l'un proportionnel à l'accroissement de la recette, en vue d'inciter à développer le trafic, l'autre dépendant de la différence entre les recettes et les dépenses, afin d'intéresser le réseau et son personnel à réduire les dépenses.

TITRE II

LES TARIFS

Conférence de M. DEGARDIN

Sous-Chef de l'Exploitation

PRÉAMBULE

Toute entreprise commerciale vit essentiellement de recettes. Les Administrations de Chemins de fer n'échappent pas à cette règle, et, pour faire face aux dépenses de toute nature qui leur incombent et qui se sont élevées en 1926 à plus de 13 milliards pour l'ensemble des Grands Réseaux Français, il leur faut percevoir des usagers des recettes équivalentes.

Les perceptions à effectuer ainsi par les agents du Chemin de fer, et dont le chiffre ci-dessus vous fera apprécier l'importance, ne sont pas laissées à l'arbitraire ; nulle discussion ne peut s'engager à leur sujet entre les usagers et vous ; des documents écrits, obligatoires à la fois pour le public et pour le Chemin de fer, fixent pour chaque cas la taxe à percevoir, et toute dérogation à ces documents entraîne par la suite des rectifications, avec d'inutiles pertes de temps et de fâcheuses complications pour le service. Il est donc indispensable que, dès vos débuts, vous appreniez à calculer le prix d'un transport, ou que tout au moins, vous sachiez sans hésitation dans quels documents et dans quelle partie de ces documents vous trouverez les éléments nécessaires à ce calcul.

Cette partie du service est nécessairement délicate : voyageurs ou expéditeurs n'aiment pas attendre aux guichets, et il faut opérer rapidement ; d'autre part, les transports qui peuvent se présenter sont d'une variété quasi-infinie, et les règles à appliquer varient elles aussi suivant les cas ; enfin, dans le travail du taxateur ou du receveur aux billets, le tout n'est pas de déterminer un prix à percevoir, il faut encore se préoccuper de régler les conditions correspondantes du transport, conditions qui influent sur le prix et dont la détermination est, au même titre que celle du prix, un élément dominant de la conclusion du Contrat de transport, c'est-à-dire de la convention qui définit, pour ce transport, les droits et obligations réciproques de l'usager et du Chemin de fer.

Les documents écrits dont je vous parlais il y a un instant s'appellent, en matière de chemins de fer, les *tarifs ;* ceux-ci définissent à la fois des prix, que l'on dénomme des *taxes,* et les *conditions d'application* de ces prix.

Vous guider dans la lecture des tarifs, vous faire apparaître les principes généraux qu'il est nécessaire de connaître pour cette lecture, vous indiquer les documents accessoires qu'il faut utiliser conjointement avec les tarifs pour appliquer ceux-ci, tel est le but de ces leçons. Elles ne feront pas de vous des taxateurs émérites, mais elles auront rempli leur but si au moins elles peuvent faciliter vos débuts, et vous mettre à même de devenir, par votre travail personnel, de bons agents, connaissant leur tâche et les moyens de la remplir à la satisfaction de tous.

PREMIERE PARTIE

Notions Générales

I. — Diverses natures de tarifs

Je vous ai dit plus haut que la variété des transports que peut avoir à assurer le Chemin de fer est presque illimitée et qu'à chaque transport, correspond un prix déterminé. Il serait bien difficile de se retrouver dans un tel monde de prix si ceux-ci n'étaient pas rangés dans un ordre méthodique, en un certain nombre de catégories nettement distinctes, et de telle façon que l'on sache de suite où il faut se reporter dans chaque cas particulier. On peut distinguer trois modes essentiels de classement de tarifs, suivant que l'on considère la nature (voyageurs ou marchandises) et la vitesse du transport, la généralité d'application du tarif (tarifs généraux et tarifs spéciaux) et la zone territoriale sur laquelle il s'étend (tarifs intérieurs et tarifs communs).

Tarifs voyageurs et tarifs marchandises. Grande et petite vitesse.

Au point de vue de la nature du transport, je ne vous apprendrai rien en vous disant qu'il existe deux catégories essentielles d'usagers du chemin de fer : ceux qui se déplacent eux-mêmes, *les voyageurs*, et ceux qui se bornent à faire transporter *des marchandises*, les expéditeurs. De là découle une première division des tarifs en deux grandes catégories : les tarifs de voyageurs et les tarifs de marchandises.

Pour préciser un peu plus, j'ajouterai que les voyageurs en se déplaçant sont souvent accompagnés de colis qu'ils ne conservent pas avec eux au cours du trajet, mais qu'ils remettent au chemin de fer pour être transportés en même temps qu'eux : ces colis, *les bagages*, sont au point de vue du transport inséparables du voyageur, et ce sont les tarifs voyageurs qui règlent les conditions et prix de transport des bagages.

Pour les marchandises proprement dites, il n'est pas non plus besoin d'appartenir au personnel des chemins de fer pour savoir que leur transport peut se faire, soit en grande vitesse, c'est-à-dire par les trains de voyageurs (ou parfois sur certaines lignes importantes et à gros trafic, par des trains spéciaux de messageries ou de denrées marchant à une vitesse comparable à celle des trains de voyageurs), soit en petite vitesse, en utilisant des trains spéciaux au service des marchandises et à marche généralement plus lente. Les exigences du premier mode de transport et l'importance des dépenses qu'il entraîne pour le chemin de fer justifient la perception de taxes plus élevées. Les tarifs se divisent ainsi tout naturellement, pour les marchandises, en *tarifs de grande vitesse* et *tarifs de petite vitesse*.

Tarifs généraux et tarifs spéciaux.

La seconde distinction essentielle qu'il importe de signaler est celle qui réside dans les dénominations de « *tarifs généraux* » ou de « *tarifs spéciaux* ».

Pour vous faire bien saisir la portée de cette distinction, dont il est nécessaire de vous pénétrer, je vous rappellerai ce qui vous a été dit dans la précédente leçon au sujet des droits conférés aux chemins de fer par leur cahier des charges. L'essentiel de ces droits consiste dans l'autorisation de percevoir des taxes qui peuvent être, soit les taxes indiquées dans le cahier des charges, soit des prix moins élevés dont la mise en vigueur est subordonnée à certaines formalités. Sous réserve des modalités de détail d'application, le Cahier des Charges comporte déjà une tarification complète, c'est-à-dire l'indication non seulement des prix à percevoir, mais encore des conditions d'exécution du transport. En outre, en même temps qu'il prévoit la faculté pour le chemin de fer d'abaisser les prix, il indique que cet abaissement pourra être réalisé « *sur tout ou partie du parcours* » (nous reviendrons plus loin sur ce point) et aussi « *avec ou sans conditions* ».

Dès l'origine, les Chemins de fer ont été conduits à accorder, dans de nombreux cas, des prix inférieurs à ceux du Cahier des Charges, sans imposer pour cela aux usagers aucune condition autre que celles du Cahier des Charges, qui continuaient à régler seules les modalités du transport. Mais il ne leur a pas été possible d'aller très loin dans cette voie, et, lorsqu'ils ont voulu progressivement étendre les réductions de prix à un nombre de plus en plus grand de transports, ils ont bien vite été amenés à les subordonner à des conditions diverses de nature à diminuer le prix de revient du transport (groupement des marchandises par wagon complet, allongement de délai, etc...). Les prix actuels sont donc, d'après leur mode d'établissement, de deux natures bien distinctes : ou bien ce sont, soit les prix du Cahier des Charges, avec bien entendu les conditions de transport que prévoit ce document, soit des prix plus réduits applicables dans les mêmes conditions ; ou bien ce sont des prix inférieurs à ceux du Cahier des Charges, mais dont l'application est subordonnée à des conditions supplémentaires avantageuses pour le Chemin de fer.

Les prix de ces deux natures et les conditions correspondantes sont, pour la clarté des documents, inscrits dans des tarifs distincts que l'on désigne sous le nom de tarifs généraux dans le premier cas, de tarifs spéciaux dans le second cas.

Avant d'aller plus loin, je vous signalerai dès maintenant une conséquence, sur laquelle j'aurai à revenir, de cette distinction et de la nature même des deux catégories de tarifs. Le Cahier des Charges, approuvé par une loi ou un texte équivalent, s'impose au public comme au Chemin de fer, dans leurs relations réciproques ; les tarifs qui découlent directement du Cahier des Charges et ne sont soumis qu'aux conditions qu'ils prévoient, les tarifs généraux, comme nous venons de les appeler, sont donc la règle ordinaire ou, si vous voulez, le droit commun des transports ; à défaut d'entente spéciale à chaque cas, ils sont seuls applicables ; en d'autres termes, les tarifs spéciaux ne peuvent être appliqués que si, en échange de la concession des prix réduits qu'ils comportent, les usagers intéressés, voyageurs ou expéditeurs, manifestent clairement leur acceptation des conditions particulières de ces tarifs. Cette acceptation est manifestée, s'il s'agit d'un voyageur, par le seul fait de demander un billet d'un type déterminé (aller et retour, par exemple, ou encore billet de famille), et, s'il s'agit d'un expéditeur, par la demande *écrite* du « tarif spécial », du « tarif réduit » ou du « tarif le plus réduit ». (Nous préciserons plus loin la portée de ces termes).

Des explications peut-être un peu longues qui précèdent, retenez pour le moment cette remarque, sur laquelle j'appelle à nouveau votre attention : *les tarifs généraux sont ceux qui, comportant les prix du Cahier des Charges ou des prix inférieurs, ne sont soumis qu'aux conditions du Cahier des Charges, constituent de ce fait le droit commun des transports, et sont en conséquence applicables d'office sauf accord contraire entre le Chemin de fer et le voyageur ou l'expéditeur ; les tarifs spéciaux, au contraire, sont ceux qui, comportant* (sauf une exception relative aux places de luxe) *des prix infé-*

rieurs à ceux du Cahier des Charges et des tarifs généraux, sont soumis à des conditions supplémentaires à l'avantage du Chemin de fer, et ne peuvent par suite être appliqués que sur la demande du voyageur et de l'expéditeur, cette demande devant être écrite s'il s'agit d'un expéditeur et supposant l'acceptation par celui-ci des conditions propres au tarif.

Tarifs intérieurs et tarifs communs. Tarifs intérieurs et communs. Tarifs internationaux.

Enfin, une troisième distinction, qui est également d'usage très courant, résulte de l'étendue territoriale à laquelle chaque tarif est applicable. Chaque Administration de Chemins de fer a élaboré, indépendamment des autres, ses propres tarifs ; ceux-ci sont donc en principe limités aux lignes d'une Administration déterminée, et, lorsqu'un transport doit emprunter les lignes de plusieurs Administrations, il est soumis à des tarifications indépendantes sur le terrain de chaque Administration. Mais la pratique s'est établie, et est même devenue à peu près générale, de régler par un tarif unique les prix et conditions des transports (voyageurs ou marchandises) empruntant deux ou plusieurs Grands Réseaux français ; la même pratique s'est même étendue à des transports empruntant, en même temps qu'un ou plusieurs Grands Réseaux français, soit une ligne d'un Réseau secondaire, soit des lignes de Réseaux étrangers, soit même les Services de Compagnies de navigation. Les tarifs sont dits *intérieurs* lorsqu'ils s'appliquent exclusivement aux lignes d'un réseau donné, *communs* lorsqu'ils s'appliquent à la fois sur les lignes de deux ou plusieurs réseaux, dont certains peuvent être soit des réseaux secondaires, soit des réseaux étrangers, ou à la fois sur les lignes d'un ou plusieurs réseaux et sur celles d'une Compagnie de Navigation. Les tarifs communs auxquels participent des réseaux étrangers sont encore dénommés *tarifs internationaux :* ce terme, qui se comprend de lui-même, indique suffisamment qu'il s'agit nécessairement de tarifs communs.

Dans le système actuel de tarification, on a en outre le plus souvent réalisé l'identité des tarifs intérieurs applicables sur les divers grands réseaux français et étendu à tous les transports communs entre ces réseaux les dispositions (prix et conditions) de l'unique tarif intérieur ainsi obtenu ; les documents de ce genre, applicables à la fois aux transports intérieurs de chacun des réseaux participants et aux transports communs à deux ou plusieurs de ces réseaux, sont alors dits « *tarifs intérieurs et communs* ».

Classification et liste des principaux tarifs actuels.

Les trois modes de classement des tarifs qui précèdent peuvent s'appliquer simultanément à un tarif quelconque. Ainsi, qu'il s'agisse de tarifs de grande vitesse (tarifs de voyageurs ou de marchandises) ou de tarifs de petite vitesse, il existe ou il peut exister des tarifs généraux et des tarifs spéciaux, et, dans chacune de ces catégories, des tarifs intérieurs, des tarifs communs et des tarifs intérieurs et communs. L'ensemble de ces éléments conduit à une classification qu'il importe que vous connaissiez ; j'ajouterai toutefois encore, avant de vous l'indiquer, et afin de vous familiariser complètement avec la terminologie usuelle, que certains tarifs sont dénommés « *tarifs d'exportation* », « *tarifs de transit* » ou « *tarifs d'exportation et de transit* » ; les premiers s'appliquent exclusivement aux transports en provenance d'une gare française et à destination de l'étranger, la sortie de France pouvant se faire, soit par la frontière de terre (gare-frontière), soit par la frontière maritime (port de mer, Paris et Strasbourg étant sous certaines conditions traités comme ports de mer) ; les seconds sont réservés aux transports qui traversent la France d'un point frontière à un autre point frontière; enfin, les derniers sont applicables à la fois aux deux catégories de transports. Ces tarifs d'exportation ou de transit peuvent eux-mêmes être généraux ou spéciaux, intérieurs ou communs (et, dans ce cas, internationaux) ou intérieurs et communs ; ils peuvent aussi être, soit des tarifs de grande vitesse (voyageurs ou marchandises), soit des tarifs de petite vitesse.

Voici maintenant, afin de vous guider dans vos premières recherches, la liste des tarifs actuels les plus courants, classés suivant les bases générales que je vous ai indiquées. (Cette liste est susceptible de se modifier par la suite, mais ce qui importe surtout, c'est de vous montrer comment se rangent les tarifs, de telle façon que vous sachiez où trouver la taxe applicable à un transport quelconque qui se présentera à vous).

Grande Vitesse.

a) Grande vitesse

— Tarifs *généraux intérieurs* de grande vitesse (*voyageurs et marchandises*).

— Tarif *général commun* de grande vitesse (*marchandises*).

— Tarif *général commun* de grande vitesse (*voyageurs et certaines marchandises*) applicable entre les Gares têtes de lignes des Grands Réseaux à Paris.

— Tarifs *spéciaux intérieurs* de *voyageurs* (G. V. 1 : billets simples, arrêts de pleine voie. — G. V. 4 : places et voitures de luxe, trains spéciaux. — G. V. 5 : billets d'excursion à itinéraires fixes).

— Tarifs *spéciaux communs* de *voyageurs* [G. V. 101: billets simples, cartes donnant droit à la délivrance de billets à demi-tarif. — G. V. 104 : trains spéciaux. — G. V. 105 : Midi-P.-O. : excursions combinées en chemin de fer et auto-car. — G. V. 206 : billets d'aller et retour de famille (1)].

— Tarifs *spéciaux intérieurs et communs* de *voyageurs* [G. V. 2/102 : billets d'aller et retour. — G. V. 2 *ter*/102 *ter* : billets d'aller et retour individuels pour les stations balnéaires, thermales et climatiques. — Annexe aux tarifs spéciaux communs G. V. 101 et 102 : familles nombreuses et mutilés de guerre. — G. V. 3/103 abonnements. — G. V. 3 *bis*/103 *bis* : abonnements de travail. — G. V. 6/106 : billets d'aller et retour de famille. — G. V. 7/107 : émigrants (2). — G. V. 8/108 : billets collectifs d'aller et retour, et billets individuels spéciaux, délivrés aux membres de Sociétés ou groupements désignés (3)].

— Tarifs *spéciaux communs internationaux* de *voyageurs* : ces tarifs qui portent les numéros 201, 202 ou 201/202, s'appliquent aux relations de la France (billets simples ou d'aller et retour, et tout ou partie seulement des Grands Réseaux, suivant les tarifs), avec certains pays tels que l'Angleterre, la Belgique, la Suisse, l'Espagne, le Portugal, le Maroc. On peut y joindre le tarif international pour l'émission des billets à coupons combinés.

— Tarifs *spéciaux intérieurs* de *marchandises* (G. V. 14 : boissons. — G. V. 21: denrées en wagons réfrigérants).

— Tarif *spécial commun d'exportation et de transit* de *marchandises* (G. V. 303 : denrées).

---

(1) Le tarif 206 comporte la participation des réseaux algériens et tunisiens, mais non celle des Compagnies de Navigation interposées.

(2) Le Chapitre II de ce tarif est un tarif de *transit intérieur et commun* (*voyageurs*).

(3) Le Chapitre II de ce tarif est, par certaines de ses dispositions, un tarif de *transit intérieur et commun* (*voyageurs*).

— Tarifs *spéciaux communs internationaux* de *marchandises* (G. V. 214 : messageries et denrées de Paris et de Bordeaux-St-Jean sur le Portugal et vice-versa. — G. V. 403 : fruits et légumes de certaines gares à destination de Londres via Dunkerque, via Boulogne ou via Dieppe ; ces tarifs 403, auxquels participent des Compagnies de Navigation, sont en outre des tarifs d'*exportation* et de *transit*).

— Tarifs *spéciaux intérieurs et communs* de *marchandises* (G. V. 1/101 : animaux vivants. — G. V. 3/103 : denrées. — G. V. 110 : bagages non accompagnés (1). — G. V. 15/115 : finances, valeurs et objets d'art. — G. V. 118 : journaux. — G. V. 121 : transports dans des wagons réfrigérants ou isothermes. — G. V. 23/123 : arbres et arbustes vivants, feuillage, fleurs, plantes médicinales, plantes vivantes, sarments. — G. V. 26/126 : emballages vides en retour. — G. V. 28/128 : voitures, matériel de cirques, etc... — G. V. 29/129, chap. Ier : objets de dimensions exceptionnelles ; chapitre III : transports destinés à des concours et expositions. — Tarif, sans numéro, pour le transport des colis agricoles).

b) **Petite vitesse**

Petite Vitesse.

— Tarifs *généraux intérieurs et communs* de petite vitesse.

— Tarifs *spéciaux intérieurs* de petite vitesse (P. V. 29 : Chap. II : Embranchements particuliers. — Chap. V : Conditions de soudure des tarifs).

— Tarifs *spéciaux intérieurs et communs* de petite vitesse.

P. V. 100. — Groupage de marchandises.
P. V. 1/101. — Animaux vivants.
P. V. 2/102. — Céréales, farines, graines, légumes secs, pâtes alimentaires, pommes de terre ;
P. V. 3/103. — Denrées, fruits, légumes, produits de laiterie ;
P. V. 4/104. — Sel gemme, sel marin ;
P. V. 5/105. — Betteraves, sucres, mélasses, dextrine, glucose.
P. V. 6/106. — Boissons.
P. V. 7/107. — Combustibles minéraux.
P. V. 8/108. — Combustibles végétaux.
P. V. 9/109. — Bois de construction.
P. V. 10/110. — Chaux, ciment, plâtre.
P. V. 11/111. — Matériaux de construction.
P. V. 12/112. — Pierres et terres servant aux arts et métiers.
P. V. 13/113. — Minerais.
P. V. 14/114. — Produits métallurgiques.
P. V. 15/115. — Résines et bitumes, huiles minérales et combustibles liquides.
P. V. 16/116. — Corps gras et leurs dérivés.
P. V. 17/117. — Matières tinctoriales.
P. V. 18/118. — Produits chimiques.
P. V. 19/119. — Papiers, cartons et matières servant à la fabrication de ces produits.
P. V. 20/120. — Tissus et textiles.
P. V. 21/121. — Produits céramiques, verrerie.
P. V. 22/122. — Amendements, engrais.
P. V. 23/123. — Arbres et arbustes vivants, fourrages, paille, plantes vivantes.

---

(1) Ce tarif comporte la participation de réseaux secondaires.

P. V. 24/124. — Mobilier, objets manufacturés.
P. V. 25/125. — Emballages vides.
P. V. 26/126. — Emballages vides en retour.
P. V. 27/127. — Dépouilles d'animaux et produits accessoires.
P. V. 28/128. — Matériel d'entrepreneur, de fêtes, de chemins de fer et de tramways, voitures.
P. V. 29/129. — Réglementations diverses :

Chap. I. — Masses indivisibles et objets de dimensions exceptionnelles.
Chap. III. — Animaux, instruments, objets et produits admis aux concours agricoles.
Chap. IV. — Transports en wagons de particuliers.
Chap. XIII. — Transports par trains complets.
Chap. XIV. — Location de bâches.
Chap. XV. — Dispositions spéciales à certains transports de combustibles minéraux.

(Diverses « Annexes » à ces tarifs prévoient la participation de réseaux secondaires).

— Tarifs *spéciaux communs internationaux* de petite vitesse. — Ce sont, d'une part, les tarifs franco-sarrois P. V. 207, 213 et 214 qui s'appliquent respectivement aux marchandises inscrites dans les tarifs P. V. 7/107, 13/113 et 14/114, d'autre part certains tarifs particuliers tels que le franco-italien.

— Tarifs *spéciaux communs d'exportation* de petite vitesse (P. V. 314 et 315, qui s'appliquent respectivement aux marchandises inscrites dans les tarifs spéciaux P. V. 14/114 et 15/115).

— Tarif *spécial commun international d'exportation et de transit* (P. V. 414, franco-sarrois, applicable aux marchandises inscrites au P. V. 14/114, et qui est un tarif d'exportation pour la Sarre, de transit pour la France).

La liste qui précède motive quelques remarques :

Tarifs accessoires divers.

1° cette liste ne comprend que les tarifs de chemins de fer proprement dits ; il convient pour être complet d'y ajouter certains tarifs en quelque sorte accessoires, savoir :

— le tarif pour le transport des *colis postaux* (il s'agit de transports effectués par les Réseaux aux lieu et place de l'Administration des Postes et ce tarif est soumis à des règles et conditions tout à fait spéciales).

— les tarifs applicables aux transports sur les *voies ferrées des quais* (tarifs *intérieurs* G. V. 29, Chap. IX : port de pêche de Lorient. — P. V. 29, Chap. IX : ports de Nantes, Lorient, Bordeaux, Ivry-sur-Seine, La Motte-Beuvron, La Guerche et Montargis. — Tarif *commun* P. V. 129, Chap. IX : ports de St-Nazaire et Bassens). Il s'agit de transports accessoires sur des voies étrangères aux Réseaux principaux ; les tarifs sont néanmoins établis dans la forme ordinaire, mais possèdent leurs conditions propres, résultant des cahiers des charges spéciaux aux voies de chaque port.

— les tarifs *de factage, de camionnage et de réexpédition*, qui s'appliquent à des transports par voie de terre et sont soumis à des règles particulières.

Règles de la numérotation des tarifs spéciaux.

2° les tarifs spéciaux sont (à part quelques rares exceptions) désignés par des numéros qui indiquent l'objet des tarifs. Il existe trois numérotations indépendantes pour les voyageurs, pour les marchandises à grande vitesse et pour les marchandises à petite vitesse ; on distingue la dernière série en faisant précéder le numéro de l'indication « P. V. » (petite vitesse) ; pour les deux premières, le numéro est précédé de l'indication « G. V. » (grande vitesse) et, en outre, suivi, pour éviter toute confusion, de la mention « Voyageurs » ou « Marchandises » : ainsi, on dira « G. V. 3/103 Voyageurs » ou « G. V. 3/103 Marchandises », et l'on saura qu'il s'agit, dans le premier cas, des cartes d'abonnement, et, dans le second, des denrées transportées à grande vitesse.

Pour les marchandises, qu'il s'agisse de grande ou de petite vitesse, le numérotage est en principe le même et indique la nature des marchandises visées par le tarif (1) : on saura ainsi que le G. V. 26/126 (Marchandises) et le P. V. 26/126 s'appliquent tous deux aux emballages vides en retour. Cette règle, appliquée depuis peu d'années, souffre encore aujourd'hui quelques exceptions qu'il est d'ailleurs facile d'avoir présentes à l'esprit : G. V. 14, G. V. 21, G. V. 110, G. V. 15/115, G. V. 118, G. V. 121, G. V. 214, et dont quelques-unes au moins (le G. V. 14 en particulier) sont appelées à disparaître si certaines propositions des Réseaux, encore à l'examen, viennent à être adoptées.

Vous avez certainement remarqué, dans la liste qui précède, que, pour une même catégorie de marchandises, il existe souvent plusieurs numéros de tarifs différant d'une, deux, trois ou quatre centaines : 14, 114, 214, 314, 414, en P. V., par exemple, ou encore 3, 103, 303, 403, en G. V. (Marchandises). Le numéro le plus faible indique dans ce cas les tarifs intérieurs ; le suivant (série 100), les tarifs communs entre réseaux français ; celui de la série 200, les tarifs communs auxquels participent des réseaux étrangers ou des compagnies de navigation ; celui de la série 300, les tarifs d'exportation ou de transit communs entre réseaux français ; enfin celui de la série 400, les tarifs d'exportation ou de transit auxquels participent des réseaux étrangers ou des compagnies de navigation. Par application de cette règle, les tarifs intérieurs et communs sont désignés par un double numéro indiquant leur double nature (2). Ainsi, on trouvera par exemple en P. V. :

Tarif P. V. 14/114, intérieur et commun (réseaux français) ;

Tarif P. V. 214, commun, avec participation d'un réseau étranger (chemins de fer de la Sarre) ;

Tarif P. V. 314, commun, d'exportation (réseaux français) ;

Tarif P. V. 414, d'exportation et de transit, avec participation d'un réseau étranger (chemins de fer de la Sarre).

La numérotation des tarifs de voyageurs s'établit suivant les mêmes règles ; c'est ainsi qu'il existe :

Tarif G. V. 1. — Billets simples, tarif intérieur.

Tarif G. V. 101. — Billets simples, tarif commun (réseaux français).

Tarif G. V. 201. — Billets simples, tarif commun (avec participation d'un réseau étranger).

Je vous signalerai seulement à ce sujet que certains tarifs voyageurs internationaux s'appliquent à la fois aux billets simples et aux billets d'aller et retour : ce sont tout naturellement des tarifs G. V. 201/202.

---

(1) Les numéros 29 et 129 désignent exceptionnellement, non une catégorie déterminée de transports, mais un ensemble de dispositions diverses qui n'ont pu trouver place ailleurs. En outre les G. V. 17 et P. V. 33 Etat dont nous parlerons plus loin ne rentrent pas dans les règles générales de numérotation.

(2) Cette règle n'a pas encore été appliquée aux G. V. 110 Marchandises (Bagages non accompagnés), G. V. 118 Marchandises (Journaux) et G. V. 121 Marchandises (Wagons réfrigérants), bien que ces tarifs soient intérieurs et communs.

II. — Eléments constitutifs des perceptions du Chemin de fer

La somme à percevoir du public (voyageur, expéditeur ou destinataire, suivant le cas) se compose d'un nombre variable d'éléments qui, d'une façon générale, peuvent se classer en trois grandes catégories, suivant que la perception est effectuée : 1° au profit des transporteurs ; 2° pour le compte de l'expéditeur ; 3° pour le compte de tiers, et en particulier du Trésor.

a) Taxe de transport ou prix du transport.

a) Perceptions effectuées au profit des transporteurs

Ces perceptions, qui constituent à proprement parler le *prix du transport* ou *la taxe de transport*, peuvent comprendre elles-mêmes diverses rémunérations : parcours sur les lignes des Grands Réseaux (1) proprement dits ; parcours sur les lignes de réseaux secondaires, de réseaux étrangers ou de compagnies de navigation ; parcours sur des voies ferrées de quais, annexes du grand réseau qui les exploite ; enfin parcours par voie de terre (factage, camionnage ou réexpédition, exécuté par le chemin de fer lui-même ou par un entrepreneur opérant pour son compte, soit au départ, soit à l'arrivée).

Transport par voie de terre.

La taxe applicable aux marchandises pour le dernier transport susvisé résulte des tarifs particuliers aux *parcours par voie de terre* que nous avons mentionnés plus haut ; ces tarifs n'appellent aucune observation spéciale. Ils sont particuliers à chaque réseau, et distincts pour la grande et pour la petite vitesse ; toutefois, dans les deux cas, les conditions d'application de ces tarifs dans les villes ou les localités autres que Paris sont identiques sur tous les réseaux, et vous les trouverez réunies en un texte unique pour chaque vitesse. Le cas échéant, bien entendu, si le factage, le camionnage ou la réexpédition a pour origine ou pour destination une gare d'un réseau secondaire, ou d'un réseau étranger, c'est dans les documents propres au réseau intéressé qu'il convient de rechercher la taxe à appliquer.

Transport sur voies ferrées des quais.

En cas d'emprunt des *voies ferrées des quais d'un port* maritime ou fluvial, la taxe à appliquer sur ce parcours est définie par des tarifs particuliers à ces voies ; il s'agit surtout de marchandises, et ces tarifs sont les G. V. 29, chap. IX et P. V. 29 et 129, chap. IX.

L'application des tarifs des voies de quai ne soulève pas de difficultés spéciales ; leurs prix et conditions sont d'ailleurs très divers, même pour un même port, et il convient de les lire attentivement pour les appliquer régulièrement.

Transport principal.

Le transport principal proprement dit peut comporter, lorsqu'il emprunte un réseau secondaire, un réseau étranger (ou, le cas échéant, une ligne de navigation), l'application, soit de tarifs distincts pour les Grands Réseaux et pour les parcours qui leur sont étrangers, soit de tarifs communs comprenant tout ou partie des parcours étrangers aux Grands Réseaux. Citons à titre d'exemple de ce dernier cas le chapitre IV du G. V. 101 (Voyageurs), les diverses annexes aux tarifs spéciaux intérieurs et communs P. V. dont je vous ai précédemment signalé l'existence, et enfin la série des tarifs

(1) Il est signalé une fois pour toutes qu'en règle générale, on entend en matière de tarifs par « Grands Réseaux » non seulement les Réseaux d'Alsace et de Lorraine, de l'Est, de l'Etat, du Midi, d'Orléans et du P. L. M., mais encore les Ceintures de Paris.

franco-sarrois (P. V. 207, 213, 214 et 414). Ces tarifs indiquent en général de bout en bout les prix à appliquer ou leur mode de fixation ; sous réserve des observations spéciales qu'ils comportent, ils sont soumis aux remarques d'ensemble qui vont être faites ci-après pour les tarifs n'intéressant que les Grands Réseaux proprement dits ; à noter seulement que, très souvent, ces tarifs prévoient la perception d'une surtaxe spéciale (Voir notamment à titre d'exemple la 2e Annexe au P. V. 9/109, la 3e Annexe au P. V. 10/110, et surtout la « Surtaxe Sarroise » prévue au P. V. 207).

Dans le premier cas où les taxes à percevoir sur les réseaux secondaires ou étrangers ou sur les lignes de navigation résultent de tarifs particuliers à ces réseaux ou à ces lignes, cas qui est le plus fréquent, je ne puis que vous laisser le soin de vous reporter à ces tarifs et de les étudier avec soin ; le cadre restreint de ces leçons ne permet pas d'aborder ce sujet trop particulier et trop étendu. Les réseaux secondaires français, qui constituent le cas le plus courant de transports de ce genre, possèdent d'ailleurs des tarifs comparables dans leur forme générale à ceux des Grands Réseaux, et les explications qui vont suivre leur sont généralement applicables, aux chiffres près, de sorte qu'elles vous permettront de vous servir de ces tarifs sans trop de difficultés.

Venons maintenant au calcul du prix de transport sur les Grands Réseaux. La première remarque à formuler est que ce prix ne résulte pas directement des tarifs à appliquer : ceux-ci donnent seulement ce que l'on appelle pour chaque transport le *prix nu* ou *prix de base*, ou encore la *taxe nue* ou *taxe de base*. Pour obtenir la somme à percevoir réellement, il faut ensuite *majorer ce prix*, ou lui *appliquer la majoration*.

Majoration générale des tarifs.

Qu'est-ce que cette majoration, qu'on appelle aussi parfois « *majoration générale* » ? Vous n'ignorez pas que, depuis la guerre, les prix de toutes choses ont subi de fréquentes et importantes variations ; les salaires du personnel des chemins de fer, le coût du charbon et de toutes les autres matières nécessaires à l'exploitation, et le prix des travaux effectués sur les lignes n'ont pas échappé à ces variations ; d'où la nécessité, pour mettre les chemins de fer en état de faire face à leurs dépenses, de modifier fréquemment, et malheureusement toujours jusqu'ici dans le sens de l'augmentation, les taxes qu'ils perçoivent du public. Depuis avril 1918, il a fallu ainsi procéder huit fois à un relèvement général de ces taxes. Comme à chacun de ces relèvements, une réfection de l'ensemble des tarifs, dont le développement ne vous a pas échappé, eût exigé un travail considérable et un long délai, il a paru préférable de décider que les taxes résultant des tarifs seraient simplement uniformément augmentées, majorées, d'un certain pourcentage. On donnait en même temps, à l'origine, un caractère provisoire à cette augmentation, se réservant de la supprimer au bout d'un certain temps si les circonstances le permettaient : cette prévision ne s'est pas réalisée, mais la formule n'en a pas moins paru bonne, puisqu'elle s'est aisément prêtée à toutes les adaptations ultérieures, dans le sens de la hausse des prix, comme elle pourrait se prêter, le cas échéant, à des abaissements.

Taux de la majoration.

Le taux de la majoration qui à l'origine était uniforme (seules, quelques rares catégories de transports en étaient exonérées) a dû depuis être diversifié pour tenir compte des situations particulières. Il s'établit actuellement comme suit, depuis le 16 août 1926 :

240 0/0 (coefficient : 3,4) pour les voyageurs de toute nature ;

290 0/0 (coefficient : 3,9) pour les transports de marchandises taxés aux conditions des tarifs G. V. 3/103 Marchandises (Denrées), G. V. 118 (Journaux), et P. V. 22/122 (Amendements, engrais) ;

320 0/0 (coefficient : 4,2) pour tous les autres transports.

Je n'entrerai pas ici dans les conditions de détail de l'application de la majoration, conditions qui sont indiquées dans les avis et instructions adressés aux gares à chaque changement des taux en vigueur, et, pour le moment, dans l'Instruction du 10 août 1926 des Bureaux des Produits Voyageurs et Produits Marchandises ; nous verrons d'ailleurs plus loin les documents à utiliser pour cette application.

Je me bornerai donc à attirer votre attention sur quelques points particulièrement intéressants :

1° les transports bénéficiant du taux réduit de 290 0/0 sont déterminés, non par la nature des marchandises, mais uniquement par le tarif appliqué : ainsi des engrais taxés au tarif général, ou des denrées taxées, soit au tarif général, soit aux tarifs G. V. 303 Marchandises (Exportation) et G. V. 403 Marchandises (Exportation et transit), sont passibles du taux ordinaire de 320 0/0.

En outre, le taux réduit de 290 0/0 n'est applicable qu'à la taxe de transport proprement dite, au droit d'enregistrement, aux droits de manutention (frais de gare, de chargement et de déchargement), et, le cas échéant, aux droits de transmission et de transbordement, toutes les autres taxes dont le transport peut être passible (pesage, comptage, magasinage, formalités en douane, etc...) étant soumises dans tous les cas à la majoration de 320 0/0.

2° la majoration ne s'applique pas au tarif des colis postaux qui, comme je vous l'ai déjà dit, n'est pas à proprement parler un tarif de transport par chemin de fer (pas plus que celui des lettres que pourtant le chemin de fer transporte aussi en fait sur la majeure partie de leur trajet) ; les prix de ce tarif, qu'il s'agisse de colis circulant exclusivement à l'intérieur de la France continentale, ou de colis échangés avec la Corse, l'Algérie, la Tunisie, le Maroc, les colonies françaises et les pays étrangers, sont d'ailleurs adaptés périodiquement au niveau général des prix.

Limites d'application de la majoration.

3° la majoration porte en principe sur le montant total des prix résultant des tarifs pour le transport *par chemin de fer* et sur ces prix seulement, mais y compris tous les accessoires de ces prix et notamment, comme les textes l'indiquent explicitement, les taxes concernant les embranchements particuliers. Comme conséquence, la majoration porte à la fois sur la taxe principale, sur les frais accessoires proprement dits (1) et sur les perceptions diverses pour services rendus, y compris la taxe sur les voies ferrées des quais. Mais elle ne frappe ni les taxes de factage, camionnage ou réexpédition qui s'appliquent à un transport *par voie de terre* (2), ni les perceptions effectuées pour le compte de l'expéditeur ou pour le compte de tiers, dont nous parlerons plus loin, ni certaines perceptions effectuées par le chemin de fer d'après les tarifs, à titre de consignation ou de garantie, ces perceptions ne faisant pas partie à proprement parler de la taxe de transport, ni enfin *à fortiori* les perceptions effectuées, en dehors du transport, quoiqu'à l'occasion de celui-ci, lorsque ces perceptions résultent non des tarifs mais d'accords librement intervenus (par exemple, frais de manœuvre sur embranchements particuliers, ou gardiennage des aiguilles et barrières de ces embranchements, brouettages sur les voies ferrées des ports, etc...).

Les tarifs portent d'ailleurs les précisions utiles dans les cas douteux, et, au besoin, des instructions aux gares ont indiqué la solution à adopter

---

(1) Cette application des majorations aux frais accessoires est prévue explicitement par les arrêtés fixant ces frais et inscrite dans les tarifs.

(2) Cette observation vaut en particulier pour les taxes applicables au transport par voitures des bagages à travers Paris, qui figurent dans divers tarifs spéciaux communs de voyageurs (G. V. 101, 2/102, 2ter/102ter, 6/106, 206, 7/107).

lorsque, à défaut de telles précisions dans les tarifs, des hésitations pourraient se produire. La règle qui vient d'être exposée reste en tout cas le guide qui vous permettra de comprendre les solutions appliquées à chaque cas d'espèce, sans qu'il soit besoin de les examiner tous ici.

Cas particuliers des transports échangés avec des réseaux secondaires ou étrangers ou avec des lignes de navigation.

4° la formule de la majoration, telle que je vous l'ai indiquée, *s'applique exclusivement aux Grands Réseaux* (y compris, comme je vous l'ai dit, les *transports annexes par fer* sur voies des quais ou sur embranchements particuliers) ; *pour les réseaux secondaires*, il est en général appliqué une formule analogue, mais avec des règles et des taux propres à chaque réseau et indiqués dans ses tarifs, lorsque ceux-ci sont appliqués à part ; *pour les réseaux étrangers et les lignes de navigation*, la formule ne joue qu'exceptionnellement et seulement lorsque leurs tarifs l'indiquent : ils fixent alors les règles à suivre. Enfin, *pour les tarifs communs* avec des réseaux secondaires ou étrangers ou avec des lignes de navigation, chaque tarif indique la formule à appliquer ; le G. V. 101 Voyageurs (chap. 4) donne en général des prix tout faits, comprenant la majoration (et même l'impôt dont nous parlerons plus loin), ce qui dispense les gares de tout calcul ; les Annexes aux tarifs spéciaux P. V. indiquent le plus souvent que « les majorations en « vigueur sur les grands réseaux ou celles qui pourraient leur être substi- « tuées sont applicables à la totalité de la taxe de transport résultant de « l'application des dispositions de la présente annexe » (certaines toutefois, par exemple la première Annexe au P. V. 9/109, dans lesquelles la taxe est donnée séparément pour les Grands Réseaux et pour le réseau secondaire, stipulent que les majorations à appliquer sur chaque réseau sont celles en vigueur sur ce réseau ou celles qui pourraient leur être substituées) ; enfin, les tarifs franco-sarrois indiquent le coefficient de multiplication à appliquer aux prix résultant des tarifs (ce coefficient tient d'ailleurs compte non seulement de la majoration, mais aussi de l'impôt français), le P. V. 207 précisant en outre que le produit de la surtaxe sarroise, dont nous avons déjà parlé, n'est soumis à aucune majoration.

En résumé, dans tous les cas particuliers de transports communs avec d'autres réseaux ou des compagnies de navigation, il y a lieu de se conformer, pour le calcul de la majoration, aux règles fixées par le tarif appliqué, et non de faire porter *a priori* sur la totalité de la taxe la majoration normalement en vigueur sur les Grands Réseaux.

5° Il est prévu dans certains cas l'octroi aux expéditeurs de bonifications, redevances ou primes diverses venant en déduction des prix de transport. La situation de ces déductions au regard de l'application des majorations peut varier suivant les cas :

— s'il s'agit de déductions ayant réellement pour effet d'abaisser les prix de transport, il faut évidemment considérer d'abord les prix nus tels qu'ils sont après ces réductions, et majorer seulement les chiffres ainsi obtenus. En pareil cas, on peut dire que la majoration s'applique aux bonifications. C'est ce qui se passe, par exemple, pour toutes les réductions exprimées en pourcentage des prix, comme notamment les nombreuses réductions prévues en faveur de l'exportation dans les tarifs généraux et la plupart des tarifs spéciaux, comme aussi les bonifications accordées aux trains complets par le P. V. 29/129, chap. XIII.

— si, au contraire, il s'agit de remises rémunérant une fourniture ou un concours de l'expéditeur, la majoration de ces remises proportionnellement à la majoration des tarifs n'est pas nécessairement de droit. On peut citer deux exemples de telles situations où d'ailleurs les tarifs ont bien précisé les règles à suivre. C'est le cas d'une part de la prime prévue au chapitre XV du P. V. 29/129 en faveur de certains transports de combustibles minéraux groupés par les expéditeurs, et où le tarif précise par un renvoi que « cette prime est majorée dans les mêmes proportions que les tarifs « applicables aux combustibles minéraux », d'autre part de la redevance attribuée en déduction du prix du transport par le chap. IV du même tarif P. V. 29/129 (art. 9 et 15) aux expéditeurs de marchandises chargées dans certains wagons particuliers, et où le tarif précise que « la redevance ainsi « déterminée sera majorée dans la proportion des six dixièmes des majora« tions qui sont ou seront appliquées aux tarifs en vigueur pour les mar« chandises en général ».

Un autre exemple, où le tarif est muet, est celui de la prime pour libération rapide du matériel qui figure au chapitre VIII, § 10, des Tarifs généraux P. V. (Dispositions exceptionnelles. — Réseau d'Orléans) : il a été précisé aux gares que cette prime n'est pas majorable.

Taxe nue ou taxe de base.

Vous avez retenu de ce qui précède que les tarifs indiquent une *taxe nue* ou *taxe de base*, ou, si vous le préférez, un *prix nu* ou *prix de base*, qui ne représente qu'une partie de la somme à percevoir pour le compte du chemin de fer.

Mais ce prix lui-même comporte à son tour le plus souvent divers éléments dont il importe que vous connaissiez la nature ; il se compose en effet:

1° *dans tous les cas*, d'une *taxe principale*, destinée à rémunérer le chemin de fer de ses dépenses pour le transport proprement dit de gare à gare, dépenses qui dépendent de la distance et de l'importance du transport en nombre, en poids ou en volume ;

2° *dans certains cas seulement*, de *frais accessoires*, destinés à défrayer les Réseaux de certaines opérations faites à l'occasion du transport proprement dit comme les opérations d'*enregistrement* (établissement de la taxe, confection des écritures de transport), de *manutention*, à la gare de départ ou à la gare d'arrivée (chargement ou déchargement, manœuvres, etc...), de *transmission* ou de *transbordement* d'une gare d'un réseau à une gare d'un autre réseau, de *pesage*, de *location de grues ou d'appareils de levage*, de *garde des bagages*, de *magasinage*, de *stationnement des wagons*, etc...

3° également dans certains cas seulement, d'ailleurs plus rares, de *perceptions diverses pour services spéciaux et occasionnels rendus* par le chemin de fer, tels que *confection de billets* d'un type spécial, *fourniture de billets d'arrêt, recherche de cartes d'abonnement perdues ou volées, remplacement de cartes ou de billets* par d'autres par suite de modification du contrat primitif ; *comptage, désinfection des wagons, envoi d'avis divers* à l'expéditeur ou au destinataire, *accomplissement des formalités en douane, camionnage d'office, mise et séjour en fourrière, location de wagons* sur embranchements particuliers, *mise en chômage* de wagons particuliers, *location de bâches, déchargement* de houilles et cokes *sur estacades*, répartition de marchandises dans les gares locales annexes de certaines villes, etc...

Nous n'entrerons pas pour le moment dans le détail de ces divers éléments, sur lesquels nous aurons à revenir, et nous nous bornerons à signaler qu'un grand nombre d'entre eux s'appliquent exclusivement aux marchandises (c'est le cas notamment pour tous ceux de la catégorie 2°), si on en excepte la garde des bagages) ; que quelques autres par contre (voir les premiers éléments de la catégorie 3°) s'appliquent seulement aux voyageurs ; enfin qu'il n'y a pas en réalité de caractère permettant de distinguer rigoureusement les deux dernières catégories, le classement que je vous ai indiqué se bornant à reprendre sous la rubrique « frais accessoires » les éléments qui figurent sous ce titre dans les tarifs généraux de grande et de petite vitesse, bien que certains d'entre eux (pesage, location de grues, garde des bagages, magasinage et stationnement) aient bien le caractère de rémunérations spéciales pour services occasionnels.

b) Perceptions effectuées au profit de l'expéditeur

b) Sommes à encaisser pour compte de l'expéditeur.

Les perceptions qui peuvent occasionnellement être encaissées par le chemin de fer pour le compte de l'expéditeur (il ne peut ici s'agir que de transports de marchandises et de sommes perçues du destinataire) sont constituées par le remboursement et les débours.

Le *remboursement* représente la valeur de la marchandise transportée, que l'expéditeur veut faire payer au destinataire dès livraison à destination ; son montant une fois encaissé est ensuite mis par la gare de départ à la disposition de l'expéditeur, lorsque la dite gare a reçu de la gare destinataire avis de l'encaissement. Cette opération effectuée pour le compte de l'expéditeur est d'ailleurs rémunérée par une taxe de retour des fonds, fixée soit par le tarif général G. V., soit par le tarif G. V. 15/115 Marchandises, le retour des fonds constituant un transport distinct de celui de la marchandise.

Le *débours* représente de menus frais afférents à la marchandise expédiée et dont l'envoyeur veut faire supporter la dépense par le destinataire ; le chemin de fer (gare de départ) paie ces frais à l'expéditeur sur acquit (sous réserve bien entendu que leur montant soit couvert de façon certaine par la valeur de la marchandise), et la gare d'arrivée à son tour les encaisse du destinataire au moment de la livraison. Dans la situation actuelle, le débours qui, tout comme le remboursement, suppose un mouvement de fonds, est cependant effectué gratuitement par le chemin de fer.

c) Perceptions effectuées au profit de tiers

c) Sommes à encaisser pour le compte de tiers.

Enfin, une troisième catégorie d'encaissements consiste en perceptions effectuées pour le compte de tiers, c'est-à-dire de personnes autres que les parties (chemin de fer et voyageur ou expéditeur) entre lesquelles intervient le contrat de transport. La principale de ces perceptions est celle des *impôts* dont le chemin de fer est redevable envers le Trésor ; il s'y ajoute en outre parfois des *au delà* et quelquefois, mais plus rarement, des *surtaxes locales temporaires.*

Impôts perçus pour le Trésor.

Les impôts perçus au profit du Trésor sont de deux ordres différents : les uns sont des *droits de timbre,* dont le taux ne dépend pas (ou seulement dans de faibles limites) du prix de transport ; l'autre est au contraire un *impôt proportionnel au prix du transport.*

Timbre de quittance.

Un *droit de timbre-quittance* est perçu *sur les billets de voyageurs* et *sur les bulletins de bagages,* comme sur un reçu quelconque, lorsque le prix en dépasse 10 francs ; le montant de ce droit est actuellement défini par le premier alinéa de l'article 55 de la loi du 25 juin 1920, ainsi conçu :

« Est fixé à 25 centimes quand les sommes n'excèdent pas 100 fr., à « 50 centimes quand les sommes sont comprises entre 100 et 1.000 fr., à « 1 fr. quand les sommes excèdent 1.000 fr. (1), le droit de timbre auquel

(1) Ce taux a été augmenté par la loi du 13 juillet 1925 pour les sommes excédant 10.000 francs, mais cette augmentation ne touche pas les billets de voyageurs et les bulletins de bagages, qui n'atteignent pas cette valeur.

« restent soumis, en vertu des articles 18 à 23 de la loi du 23 août 1871 et de « l'article 28 de la loi du 15 juillet 1914, les titres, de quelque nature qu'ils « soient, signés ou non signés, faits sous signatures privées, qui constatent « des paiements ou des versements de sommes quels que soient le caractère « civil ou commercial du paiement et la qualité de celui qui le reçoit ou « l'effectue. »

Dans la pratique, ce droit est applicable aussi bien aux perceptions supplémentaires qu'au billet lui-même ; il est même exigé pour les perceptions supplémentaires inférieures à 10 fr. lorsque, ajoutées au prix du billet, elles en portent le montant de l'une des catégories 0 à 10 fr., plus de 10 jusqu'à 100 fr., plus de 100 jusqu'à 1.000 fr., à la catégorie supérieure.

Contrairement à ce qui se passe en matière de quittances ordinaires, le timbre sur les perceptions faites des voyageurs n'entraîne pas l'apposition d'un timbre mobile ; le versement de ce droit de timbre-quittance fait l'objet d'un compte spécial entre le Trésor et chaque Administration de chemins de fer.

(Voir pour le timbre-quittance les articles 752 à 757 et 766 du Règlement de Comptabilité.)

Timbre des bulletins de bagages.

Un *droit de timbre spécial* sur les *bulletins de bagages* a été institué par une loi du 29 juin 1918 ; le montant en est actuellement fixé à 0 fr. 25 aux termes de la loi du 22 mars 1924, dont l'article 14 est ainsi conçu :

« Le droit de timbre de 0 fr. 10 auquel l'article 35 de la loi du 29 juin « 1918 a assujetti les bulletins de bagages est porté à 0,25 sans décimes. »

Timbre des récépissés.

Nous verrons plus loin que l'expéditeur d'une marchandise a la faculté de demander une *lettre de voiture ;* le plus souvent, il n'use pas de ce droit, et le chemin de fer est alors tenu de lui remettre un *récépissé,* assujetti depuis 1872 à un droit de timbre. Le taux actuel de ce droit résulte de la loi du 4 avril 1926 qui l'a fixé comme suit, dans le 8e alinéa de son article 30 :

« Le droit de timbre des récépissés, bulletins d'expédition ou autres « pièces en tenant lieu, délivrées par les Administrations des voies ferrées « d'intérêt général ou local ou des tramways pour chacun des transports « effectués en grande ou en petite vitesse, ainsi que le droit de timbre des « lettres de voiture, est porté à 50 centimes sans décimes, y compris le droit « de la décharge donnée par le destinataire. »

Ce taux est confirmé par le dernier alinéa de l'art. 7 du décret du 3 août 1926 fixant les nouveaux tarifs des différents droits de timbre, alinéa ainsi rédigé : « Le droit de timbre des récépissés et des lettres de voiture visés « par l'article 10 de la loi du 19 février 1874 est porté à 50 centimes sans « décimes. »

Le même taux de 0 fr. 50 est applicable aux récépissés de retour de fonds des remboursements G. V. et P. V.

Il y a lieu de signaler que, pour l'application de ces textes, et aux termes de l'article 34 de la loi du 29 juin 1918, « une même expédition ne peut « comprendre que le chargement d'un seul wagon, à moins qu'il ne s'agisse « d'envois indivisibles ou qu'il n'existe pour certains trafics des dispositions « particulières ». Les tarifs généraux, tant de grande que de petite vitesse, explicitent d'ailleurs les modalités d'application de cette prescription ; ils disposent que, dans le cas envisagé, il est délivré *un* récépissé comportant autant de droits de timbre (et aussi de droits d'enregistrement) qu'il y a de wagons chargés, et que ces prescriptions (interdiction de comprendre plus d'un wagon dans une même expédition, perception d'autant de droits d'enregistrement et de timbre qu'il y a de wagons dans chaque envoi en comportant plusieurs, délivrance d'un récépissé unique pour ces wagons d'un même envoi) ne s'appliquent pas aux envois indivisibles ni aux envois effectués sous le régime des tarifs édictant des prescriptions particulières. Cette dernière réserve trouve notamment son application dans le cas où le tarif appliqué prévoit l'emploi d'un wagon chargé d'au moins 20 tonnes et où le chemin de fer aurait usé de la faculté, qu'il se réserve, de fournir, au lieu d'un wagon de 20 tonnes, des wagons d'autres types offrant une capacité totale de chargement équivalente. Elle est également à retenir dans le cas où le tarif prévoit un barème applicable « par rame d'au moins ..... wagons chargés chacun d'au moins ..... tonnes » (P. V. 7/107, chap. VII) ou « par expédition d'au moins ..... tonnes, en wagons chargés à leur maximum de capacité » (P. V. 17/117, chap. II, § 2), ou toute autre formule similaire ; elle l'est enfin aussi dans le cas des transports par trains complets, soumis au chapitre XIII du tarif P. V. 29/129.

La dispense d'application du timbre mobile, et le mode de règlement par compte spécial entre le Trésor et le chemin de fer, que je vous ai signalés pour le timbre-quittance des billets de voyageurs, sont applicables au droit de timbre des bulletins de bagages et des récépissés.

Par dérogation aux règles qui précèdent, le droit de timbre applicable aux *colis agricoles* est limité à 0 fr. 15 pour les colis de 5 k. au plus et à 0 fr. 25 pour les colis d'un poids plus élevé.

Droit de timbre des colis postaux.

Bien que, comme je vous l'ai dit plus haut, le tarif des colis postaux ne soit pas à proprement parler un tarif de chemin de fer, il me paraît utile de vous signaler que ces colis sont soumis eux aussi à un droit de timbre applicable soit au bulletin postal pour le colis proprement dit, soit en outre à l'avis d'encaissement s'il s'agit de colis contre remboursement. L'article 7 du décret du 3 août 1926 fixant les nouveaux tarifs des différents droits de timbre porte que :

« Les droits de timbre de 15 et de 25 centimes auxquels les bulletins « d'expédition des colis postaux sont assujettis en vertu du premier alinéa « de l'article 12 de la loi du 22 mars 1924 sont portés respectivement à « 50 centimes et à 1 fr. sans décimes.

« Les droits de timbre pour les envois contre remboursement fixés à « 15 centimes et à 25 centimes par le deuxième alinéa du même article, sont « portés uniformément à 50 centimes sans décimes. »

En ce qui concerne les colis postaux proprement dits, le droit de 0 fr. 50 est applicable aux colis ne dépassant pas le poids de 5 k., et celui de 1 fr. aux colis d'un poids supérieur.

Le droit de timbre des bulletins postaux et avis d'encaissement était perçu jusqu'ici au moyen de l'apposition, non de timbres mobiles, mais d'une empreinte spéciale dite *timbre à l'extraordinaire* apposée sur ces vignettes par l'Administration du Timbre. Cette mesure a provoqué des difficultés en raison des variations subies à diverses reprises par le taux des droits, variations qui obligeaient à compléter par des timbres fiscaux ordinaires la valeur du timbre à l'extraordinaire. Aussi a-t-on renoncé, au moins pour le moment, à ce mode de timbrage, et on applique à ce cas le même mode de règlement en compte avec le Trésor que pour les autres droits de timbre dont je vous ai parlé plus haut.

Impôt proportionnel.

A côté des impôts qui précèdent, et beaucoup plus important qu'eux, il existe aussi un impôt proportionnel au prix du transport. Le taux et les modalités de cet impôt sont fixés actuellement par l'article 4 de la loi du 3 août 1926, dont vous trouverez ci-après le texte complet :

« A partir du 16 août 1926, l'impôt qui frappe les transports par chemins de fer est fixé comme suit :

« *a*) Pour les voies ferrées d'intérêt général exploitées par les Grands « Réseaux d'intérêt général ou concédées à l'un d'eux, à 32,5 pour 100 sur le « prix total des places des voyageurs et le prix total du transport des finances, chiens, bagages (toutes taxes accessoires comprises), et à 11,5 pour 100 « sur le prix total du transport des marchandises en grande ou en petite « vitesse (toutes taxes accessoires comprises).

« *b*) Pour les autres voies ferrées d'intérêt général et pour les voies « ferrées d'intérêt local, à 8 pour 100 sur le prix total des transports des « voyageurs, finances, chiens et bagages et à 6 pour 100 sur le prix total des « transports des marchandises grande et petite vitesse (toutes taxes accessoires comprises).

« *c*) Sur tous les réseaux :

« En ce qui concerne les suppléments totaux payés pour les places de « luxe : 65 pour 100.

« En ce qui concerne les facilités de circulation autres que celles exonérées par les articles 6 de la loi du 31 décembre 1918 et 38 de la loi du « 31 juillet 1920 : 15 pour 100 du montant de la somme dont les entreprises « consentent l'abandon.

« Les impôts de 11,5 pour 100 et de 6 pour 100 ci-dessus sont réduits « respectivement à 5,75 pour 100 et 4 pour 100 pour les expéditions composées exclusivement :

« 1° En ce qui concerne la grande vitesse, des denrées dénommées à « l'article 15 des conditions d'application du tarif général des Grands « Réseaux (1) ;

« 2° En ce qui concerne la petite vitesse, de marchandises figurant à la « 5e ou à la 6e série du tarif général des Grands Réseaux (1).

« L'impôt prévu au paragraphe *b*) ci-dessus est réduit, en ce qui « concerne les voyageurs, à 3 pour 100 sur les chemins de fer électriques ou « souterrains de Paris ainsi que sur les lignes où n'existent pas de places « d'un prix supérieur à 3 francs.

« Les dispositions des lois du 29 juin 1918 (art. 30 et 32), du 12 avril « 1922 et du 22 mars 1924 (art. 3) sont abrogées en ce qu'elles ont de « contraire aux dispositions ci-dessus. »

Ce texte est parfaitement clair et ne prête pas à confusion dans son application. Je vous ferai cependant remarquer les points suivants :

1° Contrairement à ce que je vous ai signalé pour la majoration, les transports de marchandises bénéficiant des taux réduits de 5,75 0/0 (sur les grands réseaux d'intérêt général) et de 3 0/0 (sur les autres lignes) prévus au second alinéa de cet article, sont définis, non par le tarif réellement appliqué qui peut être, non seulement le tarif général, mais encore un tarif spécial quelconque, mais seulement par la nature de la marchandise, servant de base à sa classification aux tarifs généraux de grande ou de petite vitesse, suivant le cas.

(1) Nous verrons plus loin comment s'établit en grande vitesse la distinction des denrées et des autres transports, et ce que sont en petite vitesse les séries du tarif général.

2° Le second alinéa de l'article 4 de la loi, qui édicte les taux réduits de 5,75 et de 3 0/0, ne vise que les expéditions composées *exclusivement* des marchandises désignées. En conséquence, toute expédition composée à la fois de certaines marchandises désignées à cet alinéa et d'autres marchandises qui n'y figurent pas est exclue du bénéfice du taux réduit et doit être soumise, *dans son ensemble*, au taux normal prévu aux § *a*) et *b*) du premier alinéa, suivant qu'il s'agit des lignes visées au § *a*) ou des lignes visées au § *b*).

3° L'impôt proportionnel n'est pas applicable aux colis postaux transportés par le chemin de fer, non pour son compte, mais aux lieu et place de la Poste.

4° L'impôt porte sur la totalité du *prix de transport*, qu'il s'agisse de voyageurs ou de marchandises. Il faut entendre par là qu'il s'applique, d'une part aux prix *majorés* (nous avons vu précédemment ce qu'est la majoration et le terme « prix majorés » s'oppose à celui de « prix nus » que je vous ai indiqué plus haut), d'autre part aux prix, *toutes taxes accessoires comprises*, c'est-à-dire à l'ensemble des perceptions effectuées pour le transport sur le chemin de fer. Doivent être considérées en particulier comme telles la plupart des taxes que j'ai classées plus haut sous les deux rubriques de « frais accessoires » et de « perceptions diverses pour services spéciaux et occasionnels rendus par le chemin de fer » (1) ; doivent être également considérées comme telles les taxes perçues en vertu des tarifs pour le transport sur les voies ferrées des quais ou la desserte des embranchements particuliers (taxe locative des wagons, droits pour excédents de séjour). Doivent au contraire être écartées pour le calcul de l'impôt les taxes perçues pour les transports par voie de terre (factage, camionnage, réexpédition), puisque la loi ne vise que les « voies *ferrées* », et aussi les perceptions effectuées même à l'occasion du transport, lorsqu'elles résultent, non des tarifs, mais d'accords librement intervenus, comme celles que je vous ai mentionnées à propos de la majoration, ou encore celles que le chemin de fer encaisse pour le compte, soit de l'expéditeur (voir plus haut), soit de tiers autres que le Trésor (nous en parlerons plus loin). *A fortiori*, doivent également en être écartées toutes perceptions effectuées en dehors d'une opération de transport proprement dite (location de wagons ou de terrains à des particuliers, par exemple), et encore les perceptions effectuées, même à l'occasion d'un transport et en vertu d'un tarif, lorsqu'elles ont le caractère de consignation ou de dépôt de garantie et doivent être restituées par la suite (cas des cartes d'abonnement, par exemple).

Comme pour la majoration, les cas douteux sont réglés, soit par des précisions insérées dans les tarifs, soit par des instructions spéciales adressées aux gares intéressées : je ne puis que vous conseiller de vous y reporter lorsque les principes exposés ci-dessus ne vous permettront pas de distinguer sûrement la solution à adopter. Certains cas particuliers, notamment les perceptions pour location de places à l'avance, ont donné lieu à des litiges entre les Réseaux et l'Administration intéressée des Finances : dans le cas que je viens de citer, l'impôt est d'ailleurs provisoirement appliqué, sur les injonctions de l'Administration, jusqu'à solution du litige.

5° La loi édicte des taux différents pour le calcul de l'impôt sur les grands réseaux d'intérêt général et sur les autres lignes : il y a donc lieu d'appliquer ces taux séparément, le cas échéant, aux prix de transport perçus pour le compte des grands réseaux et aux prix de transport perçus pour

(1) Il existe quelques exceptions, surtout pour les perceptions spéciales applicables aux voyageurs.

d'autres lignes. Cette application ne soulève d'ailleurs en général pas de difficultés, sauf dans le cas où, pour certaines annexes aux tarifs spéciaux P. V. notamment qui sont communes aux grands réseaux et aux réseaux secondaires, la taxe est définie de bout en bout sans aucune indication de la part revenant au réseau secondaire : en pareil cas, et faute de mieux, les gares ne peuvent évidemment qu'appliquer à l'ensemble de la taxe (dans laquelle la part du réseau secondaire est généralement assez faible) les taux prévus pour les grands réseaux (1).

J'ajouterai ici une observation qui s'applique d'ailleurs aussi bien à la majoration (voir ci-dessus, dans le paragraphe *a*, le texte relatif au taux de la majoration, remarque 5°). Je vous ai déjà dit que, par Grands Réseaux, il faut entendre en principe aussi bien les Ceintures de Paris que les sept grands réseaux d'Alsace et de Lorraine, de l'Est, de l'Etat, du Midi, du Nord, d'Orléans et de P.-L.-M. Mais, en outre, il convient de remarquer qu'ici l'on a précisé dans la loi la distinction des voies ferrées en deux groupes. Le premier de ces groupes comprend les lignes *d'intérêt général* exploitées par les Grands Réseaux ou qui leur sont concédées ; il y entre donc des lignes comme nos voies étroites (Blois-Vienne à St-Aignan, Le Blanc à Argent, lignes P.-O. de la Corrèze) qui sont d'intérêt général et concédées à notre Compagnie, bien que non exploitées par elle ; il n'y entre, par contre, ni les nombreuses lignes d'intérêt général concédées à des Compagnies secondaires (par exemple, sur notre terrain, les lignes de Châteaumeillant à La Guerche et de Sancoins à Lapeyrouse, qui sont d'intérêt général, mais concédées à la Société Générale des Chemins de fer Economiques), ni les lignes d'intérêt local, même exploitées par un grand réseau (par exemple, la ligne d'intérêt local de Ste-Maure-Noyant à Ste-Maure-Ville, exploitée par la Compagnie d'Orléans).

6° En ce qui concerne l'impôt de 15 pour 100 sur les exonérations accordées par les Compagnies à certains voyageurs, la loi prévoit (alinéa 6) que cet impôt ne porte que sur certaines facilités de circulation, les autres en étant dispensées (notamment celles qui sont accordées aux agents des Compagnies et à leurs familles). La distinction des exonérations à imposer est faite sur les titres mêmes qui accordent ces exonérations et qui portent toujours, le cas échéant, la mention « Passible de l'impôt ». Le Règlement de Comptabilité (Volume Voyageurs, bagages et chiens) donne d'ailleurs à cet égard toutes les précisions utiles.

Il me reste, pour en finir avec cette analyse des divers éléments constitutifs de nos perceptions, à vous dire un mot des perceptions que le chemin de fer peut avoir à encaisser pour des tiers autres que le Trésor, savoir les au-delà et les surtaxes locales temporaires.

Au-delà.

L' « au-delà » doit en langage comptable correct s'appeler « *au-delà à l'arrivée payé au départ* » ; cette dénomination vous montre suffisamment qu'il s'agit de menus frais de transport au delà de la gare d'arrivée payés à l'avance par l'expéditeur ; tel est, par exemple, le cas de frais afférents à un camionnage entre la gare d'arrivée et le domicile du destinataire, à effectuer par un entrepreneur, ou d'un transport à confier à une ligne d'intérêt local, que l'expéditeur a désiré payer lui-même au moment de l'expédition.

(1) Cette question fait actuellement l'objet d'un examen spécial, qui pourra conduire à modifier cette règle.

Surtaxes locales temporaires.

Une loi du 26 octobre 1897, modifiée par celles du 17 avril 1906 (art. 64) et du 31 décembre 1925 (art. 57) et par le décret du 28 décembre 1926, donne, sous certaines conditions, la faculté aux Communes, aux Départements et aux Chambres de Commerce de participer, au moyen soit de leurs disponibilités propres, soit de ressources d'emprunt, à certains travaux d'établissement ou d'amélioration du chemin de fer, et de récupérer leurs avances par annuités au moyen de perceptions effectuées pour leur compte par le chemin de fer sur les usagers des gares intéressées. Ces perceptions, qui portent le nom de surtaxes locales temporaires, frappent suivant les cas tout ou partie du trafic et sont encaissées des voyageurs, pour eux-mêmes au départ, et pour leurs bagages et leurs chiens soit au départ, soit à l'arrivée, ou des expéditeurs ou des destinataires. Des tableaux spéciaux indiquent les perceptions de cette nature, dont l'application ne soulève d'autre difficulté que la nécessité, pour les gares intéressées, de ne pas les omettre par négligence : signalons seulement qu'en sont exempts, dans tous les cas, les colis postaux, les transports de l'Etat et les transports effectués pour le compte du Réseau intéressé.

Indépendamment des perceptions proprement dites dont je vous ai détaillé la constitution, le chemin de fer encaisse encore, à l'occasion de la délivrance de certains titres de transport de voyageurs (cartes d'abonnement des G. V. 101 et 3/103, carte d'identité du chef d'une famille ayant pris un billet du G. V. 6/106), des sommes fixées par les tarifs à titre de consignation ou de dépôt de garantie. Je me borne à vous signaler pour mémoire ces perceptions, qui doivent en principe être restituées ultérieurement aux intéressés, sauf en cas de fautes prévues par les tarifs et qui entraînent l'abandon des sommes correspondantes au profit du chemin de fer.

III. — Fixation de la taxe principale de base. Unités de taxation. Prix unitaires : Barêmes et prix fermes. Arrondissement des taxes. Minima de distance et de perception.

Maintenant que je vous ai expliqué quelles sont les diverses natures de tarifs et comment ils se classent, puis quels sont les divers éléments des sommes à encaisser par le chemin de fer, je vais vous parler plus en détail du principal de ces éléments, celui dont la détermination est la plus intéressante pour le transporteur : la taxe principale de base, et vous exposer suivant quelles règles elle se fixe.

Je vous ai indiqué plus haut que cette taxe, destinée à rémunérer le chemin de fer pour ses dépenses pour le transport proprement dit de gare à gare, dépend à la fois de la distance et de l'importance du transport, en nombre, en poids ou en volume. Deux éléments distincts entrent donc dans sa fixation, savoir le nombre d'unités à taxer, et le prix applicable à chaque unité.

Unité de taxation.

Pour les voyageurs, le choix de l'unité est simple ; tout au plus y a-t-il lieu de signaler que les enfants sont comptés pour moitié de trois à sept ans et pour rien au-dessous de 3 ans.

Pour les marchandises (et je vous signale ici que, souvent, en matière de tarifs, ce terme est pris dans le sens général de tout ce qui n'est pas voyageurs), il en va autrement.

L'unité sera alors tantôt la tête (animaux) ou la pièce (cercueils, voitures, matériel roulant tel que locomotives, wagons), tantôt le mètre carré de surface du plancher du wagon utilisé (animaux), tantôt le mètre cube (marchandises ne pesant pas 200 kg. sous le volume d'un mètre cube), enfin, ce qui est le cas le plus fréquent, la tonne.

L'application de tarifs à la tête ou à la pièce n'appelle aucune explication spéciale. Les tarifs au mètre carré exigent seulement la connaissance de la surface des divers types de wagons circulant sur les réseaux et susceptibles d'être utilisés : ce renseignement figure dans un « Tableau « indiquant la superficie et la limite de charge des wagons de la Compagnie « d'Orléans susceptibles d'être utilisés pour le transport des animaux et « marchandises qui font l'objet de tarifs applicables à la superficie », auquel est annexée une Note aux gares (ex-Avis 20204 du 5 février 1924) qui indique le mode de calcul de la surface pour les wagons étrangers à la Compagnie et rappelle en outre le mode d'arrondissement de la surface pour l'application des taxes (au m² supérieur ou inférieur, suivant que la fraction de m² atteint ou non un demi-mètre carré).

La taxation à la tonne suppose la connaissance du poids de la marchandise ; c'est là une indication que l'expéditeur est tenu de fournir au chemin de fer lors de la remise de la marchandise. Le chemin de fer de son côté doit vérifier ce poids au moyen d'un pesage, d'une part, pour assurer la régularité de la perception de la taxe, d'autre part parce que, une fois qu'il a pris charge de la marchandise, il en est responsable, jusqu'à livraison, pour le poids admis. L'opération du pesage doit en principe se faire au départ ; nous verrons toutefois que, s'il est fait application d'un tarif spécial de petite vitesse, le pesage peut aussi être effectué au gré du chemin de fer, si la gare de départ n'a pas de moyens suffisants pour y procéder, soit à l'arrivée, soit à une gare située sur le trajet de la marchandise. Le poids une fois déterminé est arrondi pour le calcul de la taxe au centième de tonne supérieur (c'est-à-dire au multiple supérieur de 10 kg.) ; ainsi, une expédition de 148 kg. sera comptée pour 150 kg. Exceptionnellement, et en grande vitesse seulement, les expéditions dont le poids ne dépasse pas le poids de 5 kg. sont comptées pour 5 kg.

Remarquons à cette occasion que nombre de tarifs ne sont applicables qu'aux expéditions atteignant un poids minimum déterminé *ou payant pour ce poids* ; il est évident que, dans ce cas, une fois le poids réel déterminé comme il vient d'être dit, il y a lieu, le cas échéant, de le remplacer *pour le calcul de la taxe* par le minimum fixé par le tarif appliqué.

Enfin, signalons que, pour certains tarifs, il est prévu des règles spéciales pour le calcul du poids à taxer (voir la tarification prévue au P. V. 5/105 pour les betteraves, tarification généralement basée sur un poids forfaitaire par wagon, indiqué dans un tableau annexé au tarif) et que, d'autre part, au P. V. 23/123, le minimum de tonnage par wagon est fixé, pour les fourrages, pailles, etc., d'après la superficie du wagon, arrondie comme il est dit plus haut, ce qui ne dispense d'ailleurs pas de la vérification du poids réel qui peut être supérieur au minimum imposé.

Lorsqu'il est fait usage de l'unité mètre cube, le volume se détermine dans les conditions indiquées par l'Instruction 595 ; l'expéditeur n'étant tenu à cet égard à aucune obligation, le soin de cette détermination incombe au reconnaisseur, qui en inscrit les résultats sur la déclaration d'expédition. L'unité mètre cube n'est d'ailleurs pas directement une unité de taxation ; elle est ensuite transformée pour l'application des prix en poids, comme nous le verrons en parlant de la taxation des marchandises encombrantes.

Prix unitaires.

Une fois déterminé le nombre d'unités à taxer (têtes ou pièces, mètres carrés, tonnes), il y a lieu de chercher le prix à appliquer à chacune de ces unités.

Ce prix est indiqué dans les tarifs, sous forme, soit de barèmes, soit de prix fermes ou prix de gare à gare.

Barèmes.

Un *barème* est une *loi de variation des prix en fonction de la distance:* il indique, sous une forme condensée, tous les prix à percevoir aux diverses distances pour un ensemble de transports remplissant des conditions déterminées.

Un prix ferme, au contraire, est un prix particulier applicable dans des conditions déterminées et à un transport également déterminé, d'une gare expéditrice donnée à une gare destinataire donnée.

La variation avec la distance des prix donnés par un barème n'est pas continue ; les distances à considérer pour l'application d'un barème sont en effet *arrondies au kilomètre supérieur,* tout kilomètre entamé payant comme s'il était parcouru en entier.

La forme des barèmes ou la loi des variations des prix qu'ils indiquent sont très variables ; ce qui caractérise un barème, c'est l'augmentation de taxe correspondant à une augmentation de parcours d'un kilomètre : on désigne cette augmentation sous le nom de *base kilométrique* du barème.

Barèmes à base constante.

Les barèmes les plus simples, ceux qui viennent naturellement à l'esprit, sont ceux dans lesquels la base kilométrique est la même à toute distance et où par suite les prix sont proportionnels aux distances parcourues, quelles que soient ces distances. Il existe un grand nombre de barèmes de cette nature : citons, par exemple, les barèmes du tarif général de grande vitesse applicables aux voyageurs, établis à raison de 10 c., 6 c. 75 et 4 c. 4 par kilomètre suivant la classe pour les voyageurs ordinaires, et de 2 c. 5, 1 c. 875 et 1 c. 375 par kilomètre suivant la classe pour les militaires et marins ; citons encore, toujours au tarif général de grande vitesse, le barème des excédents de bagages, établi à raison de 56 c. 5 par tonne et par kilomètre lorsque le poids des excédents est de 40 kg. au plus, et de 36 c. par tonne et par kilomètre lorsque le poids excède 40 kg. ; les barèmes des chiens, des véhicules routiers, des cercueils, des animaux ; et, au tarif général de petite vitesse, les barèmes des petits colis (40 kg. au plus), des voitures sans moteur mécanique, des voitures de déménagement et de leur chargement, des animaux (y compris les animaux dangereux), et du matériel roulant. Mentionnons enfin les barèmes de marchandises des trois premières classes du cahier des charges, que vous pouvez exceptionnellement avoir l'occasion d'appliquer et qui comportent des bases kilométriques respectives de 16 c., 14 c. et 10 c. par tonne.

Les barèmes de cette nature sont désignés d'ordinaire sous le nom de *barèmes à base kilométrique constante (ou uniforme).* Ils sont à peu près seuls usités pour les voyageurs, mais par contre on ne les utilise pour ainsi dire plus pour les marchandises (sauf pour certains transports à la tête ou à la pièce des tarifs généraux et de rares tarifs spéciaux). Plus généralement, la base kilométrique décroît à mesure que la distance augmente.

Barèmes à bases décroissantes.

Le barème de la 4e classe du cahier des charges, pour les marchandises à petite vitesse, constitue un premier *type de barème à bases décroissantes ;* il est ainsi défini par tonne [voir 1re annexe aux Tarifs Généraux P. V. — Dispositions complémentaires des chemins de fer de l'Etat A. R., renvoi (1)] :

« Pour les parcours de 0 à 100 km. : 0 fr. 08 par kilomètre, sans que « la taxe puisse être supérieure à 5 francs ;

« Pour les parcours de 100 à 300 km. : 0 fr. 05 par kilomètre, sans que « la taxe puisse être inférieure à 12 francs ;

« Pour les parcours de plus de 300 km. : 0 fr. 04 par kilomètre. »

Vous voyez que ce barème est constitué en réalité par trois tronçons de barèmes à base kilométrique uniforme, allant le premier jusqu'à 62 km. (la taxe étant constamment de 5 fr. de 63 à 100 km.), le second de 100 à 240 km. (la taxe étant constamment de 12 fr. de 240 à 300 km.), et le troisième s'étendant à partir de 300 km.

Je ne vous cite cette forme de barème qu'à titre de curiosité : en dehors de la 4ᵉ classe du cahier des charges, il n'en existe qu'un similaire (tarif P. V. 4/104, chapitre I, Dispositions spéciales) qui est d'ailleurs rarement appliqué.

La forme la plus courante des barèmes à bases kilométriques décroissantes est celle dans laquelle la décroissance des bases se fait régulièrement, sans que les prix restent constants dans de longs intervalles comme dans l'exemple précédent. Tel est le barème défini ci-après (barème du P. V. 14/114, chap. II, § II) :

Jusqu'à 33 km., par kilomètre		0 fr. 08
Pour chaque kilomètre en excédent de :	33 jusqu'à 200 km.	0 fr. 035
	200 jusqu'à 600 km.	0 fr. 0175
	600 kilomètres	0 fr. 0125

pour lequel le prix croît d'abord régulièrement de 8 c. par kilomètre pour atteindre 2 fr. 64 à 33 km., puis n'augmente plus à partir de ce moment que de 3 c. 5 par kilomètre pour atteindre 2 fr. 64 + 3 c. 5 × (200 — 33) = 8 fr. 485 à 200 km., ensuite augmente à partir de ce moment de 1 c. 75 par kilomètre pour atteindre 8 fr. 485 + 1 c. 75 × (600 — 200) = 15 fr. 485 à 600 km., enfin augmente indéfiniment au delà de cette distance de 1 c. 25 par kilomètre, atteignant 17 fr. 985 à 800 km., 20 fr. 485 à 1.000 km., etc...

Les barèmes de ce type sont appelés d'ordinaire *barèmes du système belge* ou *barèmes belges*, en raison de ce qu'ils ont d'abord été appliqués en Belgique. Ils sont utilisés dans les tarifs généraux de grande vitesse pour fixer les prix de transport des messageries et des denrées, dans les tarifs généraux de petite vitesse pour fixer les prix de transport des six séries ordinaires de marchandises, enfin dans les tarifs spéciaux de grande et de petite vitesse pour fixer le plus grand nombre des prix que comportent ces tarifs.

Clavier des barèmes de petite vitesse.

Pour faciliter l'emploi des barèmes, on s'est d'ailleurs attaché dans les tarifs spéciaux de petite vitesse à utiliser le plus possible un ensemble de barèmes établis de façon méthodique, qui sont au nombre de 40, constituant ce que l'on appelle parfois le *clavier des barèmes de petite vitesse*, et qui comprend :

1° les six séries du tarif général (1ʳᵉ, 2ᵉ....., 6ᵉ) ;

2° des barèmes numérotés de 11 à 27, dits *barèmes ordinaires*, qui donnent des prix de plus en plus bas, et auxquels sont venus s'ajouter, du fait de la modification réalisée en 1926 des deux premières séries du tarif général, deux barèmes numérotés 9 et 10 (anciennes 1ʳᵉ et 2ᵉ séries) et qui se placent, le premier au-dessus du barème 11, le second entre les barèmes 11 et 12 ;

3° des barèmes numérotés de R1 à R11, dits *barèmes recoupants*, parce que leurs prix décroissent plus rapidement que ceux des barèmes ordinaires et que par suite les prix d'un barème donné de ce groupe s'abaissent aux grandes distances au-dessous de ceux de certains barèmes du groupe précédent qui donnent aux petites distances des prix supérieurs.

Le jeu ou clavier de barèmes ainsi établi répond à la plupart des besoins des tarifs de petite vitesse, mais il est cependant des cas où il s'est montré insuffisant. On a alors tout d'abord recouru à des combinaisons de barèmes recoupants et de barèmes ordinaires, en adoptant le premier au-dessus et le second au-dessous de la distance à laquelle leurs prix sont égaux ; ces *barèmes combinés*, comme on les appelle, sont d'un usage fréquent dans certains tarifs spéciaux, dans le P. V. 11/111 par exemple ; au lieu de les désigner par un simple numéro, comme on le fait pour les barèmes courants du clavier, on les indique par exemple comme suit :

« 19 jusqu'à 200 km. ; R9 au delà. »

Barèmes de formes diverses.

Ces barèmes combinés sont naturellement, comme ceux du « clavier », du système belge ; mais, même avec cette formule, on n'a pu encore régler de façon satisfaisante, dans tous les cas, la tarification ; il a alors fallu recourir dans certains cas à des barèmes spécialement étudiés en vue des situations correspondantes, et que l'on dénomme *barèmes spéciaux*. Là encore, le système belge est couramment utilisé (le type de barème du système belge que je vous ai indiqué plus haut est un barème spécial), mais on a aussi admis des barèmes de types différents et très divers, que vous rencontrerez en appliquant les tarifs, et parmi lesquels je me bornerai à vous signaler les barèmes *à paliers, à gradins* ou *à échelons*, dans lesquels les prix restent constants dans des zones de distances plus ou moins étendues, et les diverses combinaisons de barèmes à base constante ou à bases décroissantes, soit entre eux, soit avec des barèmes à paliers.

Représentation graphique des barèmes.

Pour vous faire comprendre plus facilement les explications qui précèdent, je mettrai sous vos yeux une représentation graphique de quelques types de barèmes.

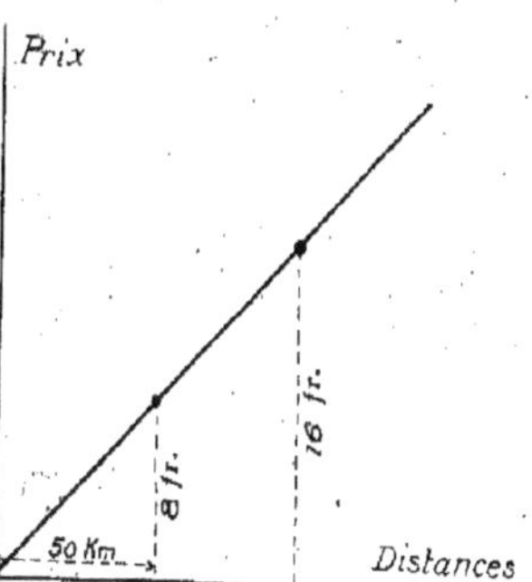

Barème à base uniforme

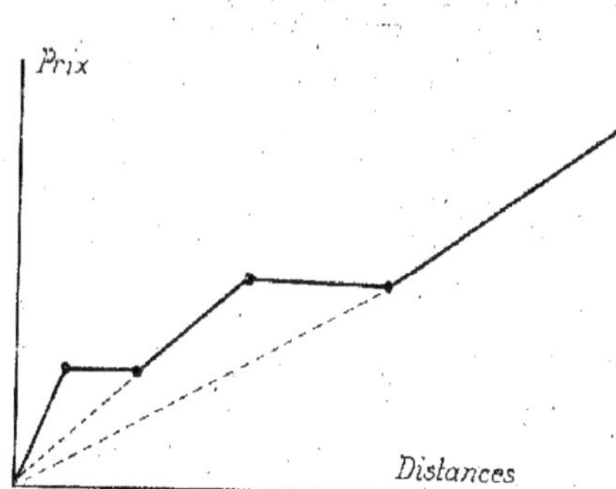

Barème de la 4e classe du Cahier des Charges

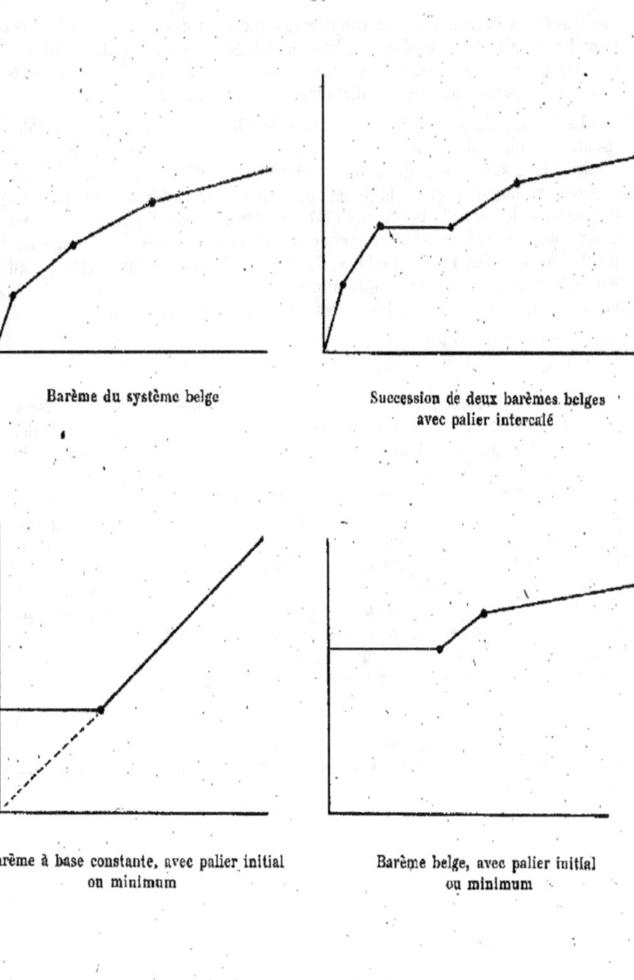

Barème du système belge

Succession de deux barèmes belges avec palier intercalé

Barème à base constante, avec palier initial ou minimum

Barème belge, avec palier initial ou minimum

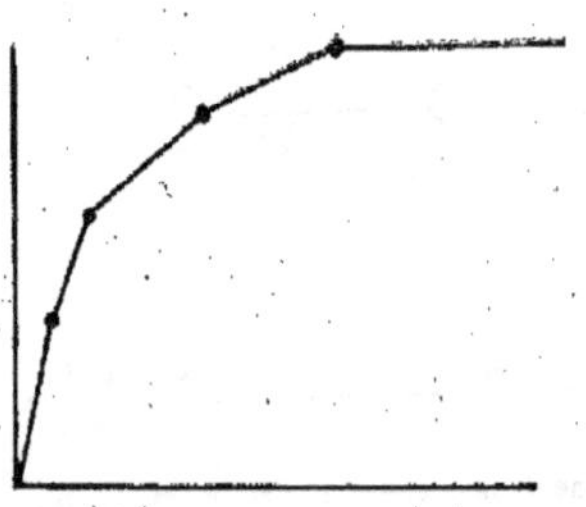

Barème belge, avec palier final ou maximum

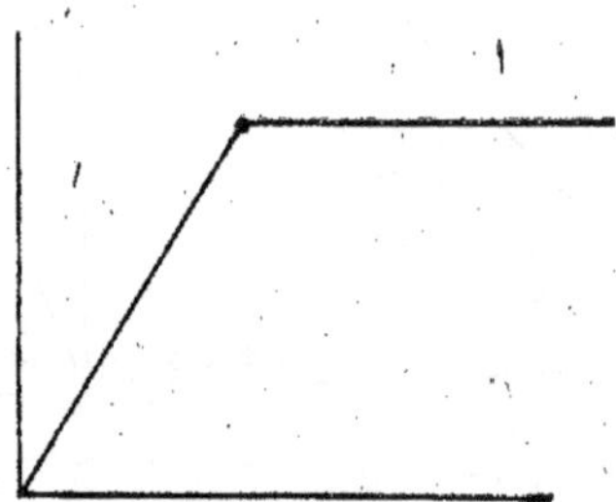

Barème à base constante, avec palier final ou maximum

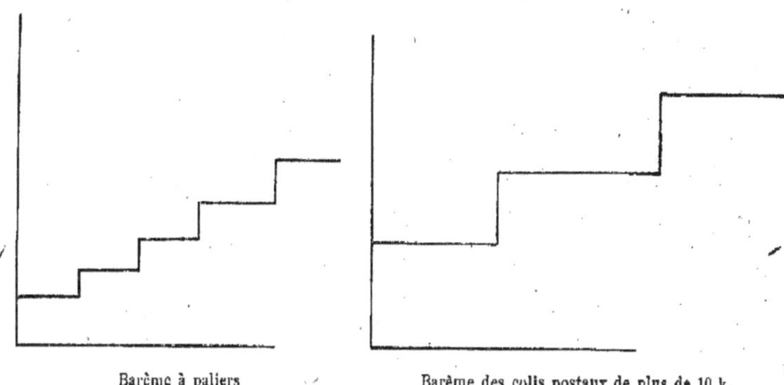

Barème à paliers

Barème des colis postaux de plus de 10 k.

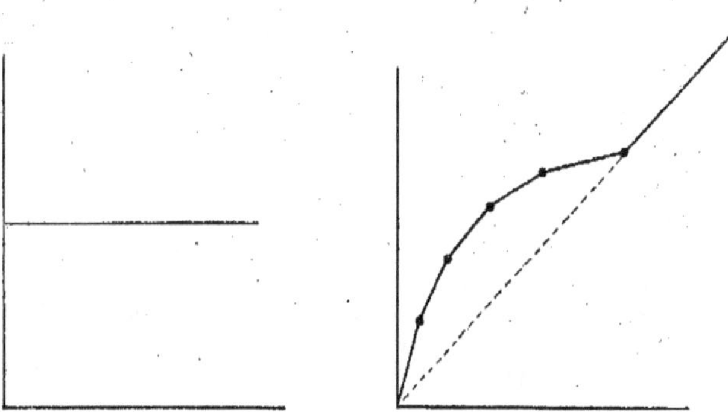

Barème des colis postaux de moins de 10 k.

Barème IX (avec renvoi 4) du G. V. 3/103 Marchandises

Le calcul d'un prix à une distance donnée au moyen d'un barème d'un type quelconque ne présente aucune difficulté ; si l'on veut par exemple, calculer le prix d'une tonne transportée à 492 km. aux prix du barème 21 (voir les bases de ce barème au P. V. 14/114), on opèrera comme suit :

Jusqu'à 25 km. : 25 km. à 0,08 = 2 fr.
De 25 à 100 km. : 75 km. à 0,06 = 4 fr. 50
De 100 à 200 km. : 100 km. à 0,04 = 4 fr.
De 200 à 400 km. : 200 km. à 0,035 = 7 fr.
De 400 à 492 km. : 92 km. à 0,03 = 2 fr. 76

Total : 20 fr. 26

Le résultat d'un tel calcul doit être arrondi aux cinq centimes supérieurs ou inférieurs suivant que l'excédent atteint ou non 2 c. 5, et l'on adoptera ici le chiffre de 20 fr. 25.

Dans le cas où le tarif indique un prix ferme, on aura immédiatement le prix sans aucun calcul.

Minimum de distance.

Je vous signalerai à cette occasion que les tarifs généraux prévoient que « pour toute distance inférieure à 6 km., la perception est due pour 6 km. ».

En grande vitesse, ce minimum s'applique, non au parcours total, mais séparément sur chacun des réseaux empruntés ; à noter d'ailleurs que ce minimum est abaissé à 3 km. pour les voyageurs sur les réseaux du Nord et du P.-L.-M. et qu'il est supprimé sur l'Etat (ancien réseau) pour les voyageurs et les chiens.

En petite vitesse, par contre, le minimum de 6 km. est applicable dans tous les cas à l'ensemble du parcours, quel que soit le nombre des réseaux empruntés, et non séparément sur chacun d'eux (1).

Arrondissement des taxes.

Je viens de vous indiquer que le prix résultant d'un barème doit, s'il y a lieu, être arrondi aux cinq centimes supérieurs ou inférieurs, selon le cas. La même règle est applicable au résultat obtenu en multipliant le prix donné par le barème ou le prix ferme applicable (l'un ou l'autre étant augmenté des frais accessoires pour les transports qui en comportent) par le nombre d'unités de taxation. Ainsi, pour une expédition de 468 kg., pour laquelle le barème donnerait un prix de 67 fr. 53 par tonne et qui aurait en outre à supporter 6 fr. de frais accessoires par tonne, on calculera comme suit :

Poids arrondi : *0 t. 47.*
Prix du barème arrondi : 67 fr. 55.
Frais accessoires : 6 fr.
Total par tonne : *73 fr. 55.*
Taxe de l'expédition : 73 fr. 55 × 0,47 = 34 fr. 5685.
Taxe arrondie à appliquer : 34 fr. 55.

Lorsqu'une même expédition comprend des marchandises taxées à des prix unitaires différents, cet arrondissement est fait séparément à la fois pour chaque prix unitaire et pour chacune des taxes résultant de l'application de chacun de ces prix unitaires.

Minimum de perception.

Enfin, je vous signalerai, pour en finir avec les règles applicables au calcul de la taxe de base, que les tarifs généraux prévoient, sauf de rares exceptions, l'application à chaque expédition d'un minimum de perception. Je n'insisterai pas sur cette clause, qui joue assez rarement dans la pratique, et dont l'application ne soulève d'ailleurs aucune difficulté.

IV. — Documents à utiliser pour l'application des tarifs

L'application des tarifs suppose tout d'abord la consultation des tarifs eux-mêmes et, dans le cas le plus fréquent où le prix à appliquer est déterminé par un barème, la recherche de la distance. Les documents essentiels à utiliser pour la taxation, qu'il s'agisse d'ailleurs de voyageurs ou de marchandises, sont donc, d'une part les *collections ou recueils de tarifs*, d'autre part les *tableaux de distances*.

a) Collection et recueils de tarifs.

Dans la situation actuelle, la documentation des gares, en matière de tarifs, est essentiellement constituée par des recueils connus sous le nom de « *Recueils Chaix* » et dont le titre exact est « Recueil Général des tarifs

(1) A noter que l'existence d'un minimum de distance pour l'application des barèmes revient en fait à transformer *tous* les barèmes en barèmes *à palier initial* peu étendu il est vrai, mais réel.

de chemins de fer ». Il existe un Recueil des tarifs de grande vitesse, et un Recueil des tarifs de petite vitesse, ce dernier comprenant lui-même trois fascicules.

La distribution aux gares de ces documents est réglée par une Instruction N° 607 qui indique notamment le mode de tenue à jour des Recueils. Le Recueil G. V. paraissant tous les trois mois, ainsi que le fascicule N° 2 du Recueil P. V., et le fascicule N° 1 du Recueil P. V. ne paraissant qu'une fois par an, il est publié mensuellement, dans l'intervalle des éditions successives, et pour chaque fascicule, un supplément ; le second supplément comprend la matière du premier, le troisième comprend la matière du second, etc....., de façon que les gares n'aient jamais qu'un supplément à consulter à la fois. La matière du dernier supplément est incorporée à son tour dans le fascicule qui suit celui auquel se réfère ce supplément.

En outre, lors de la mise en vigueur de dispositions nouvelles dans un tarif, les gares reçoivent par voie d'avis, soit les instructions nécessaires pour la mise à jour des tarifs qu'elles détiennent (corrections à la main, béquets, nouvelles pages), soit des exemplaires du nouveau tirage des tarifs modifiés. Dans ce dernier cas, les exemplaires doivent, conformément aux indications des avis, être insérés dans le Chaix, s'il s'agit de tarifs P. V., aux lieu et place des tarifs qu'ils annulent et qui sont bâtonnés. Grâce à cette mise à jour, le Chaix P. V. constitue le seul recueil de tarifs en possession des gares.

En grande vitesse, au contraire, parallèlement au recueil Chaix G. V., complété par les suppléments mensuels, il existe une collection distincte des tarifs de la Compagnie, dans laquelle sont classés, conformément aux indications des avis qui les accompagnent, les exemplaires des tarifs nouveaux ou les nouveaux tirages de tarifs modifiés adressés aux gares.

Les Recueils Chaix ne contiennent d'ailleurs pas tous les tarifs ; pour ne pas les encombrer de façon exagérée, on n'y fait en effet pas figurer, par exemple, ni les tarifs de transit dont l'usage est localisé à un petit nombre de gares (P. V. 300 par exemple, applicable entre certains ports : Nantes, St-Nazaire, Bassens et Bordeaux, pour notre Réseau — et les gares frontières de Verrières, Vallorbe, Genève-Cornavin et Modane), ni les tarifs internationaux qui comportent de très longs développements (le tarif franco-italien par exemple). Les gares intéressées possèdent à part les exemplaires des tarifs ainsi écartés des recueils Chaix.

Mais, s'ils ne comprennent pas tous les tarifs, ces recueils contiennent par contre, en dehors des tarifs proprement dits, un grand nombre de renseignements utiles pour leur application. Il est absolument indispensable que, pour éviter des pertes de temps dans vos recherches, vous vous pénétriez de la liste de ces renseignements et de la disposition adoptée pour leur insertion. Nous allons donc passer ensemble une revue sommaire de la consistance de chaque fascicule et des matières qu'il contient.

Recueil Chaix de grande vitesse.

Ce recueil, constitué par un fascicule unique de grand format, et à couverture bleue, comprend essentiellement :

1° une série de renseignements et de textes communs aux grands réseaux (tarifs généraux, conditions communes à tous les tarifs spéciaux G. V. de marchandises, conditions communes des tarifs de factage).

2° une série de renseignements et de textes particuliers aux divers grands réseaux, classés dans l'ordre suivant : Alsace et Lorraine, Nord, Est, P.-L.-M., Orléans, Etat (ancien réseau), Etat (réseau racheté de l'Ouest), Midi, Grande Ceinture et Petite Ceinture ; à la suite de chacun des huit grands réseaux, se trouvent des renseignements, plus ou moins détaillés, sur les tarifs des compagnies secondaires qui lui sont géographiquement rattachés ;

3° une collection des tarifs spéciaux communs aux grands réseaux (voyageurs et marchandises).

En outre, en tête du Recueil, figurent des renseignements d'ordres divers parmi lesquels se trouve une Table Générale détaillée des matières, le tout sur des pages numérotées à part en chiffres romains ; enfin, les pages intérieures de la couverture portent un index général formant table sommaire, mais suffisante pour orienter les premières recherches d'un débutant.

Pages de tête.

Les renseignements insérés dans les pages de tête sont dans l'ordre les suivants : taux de la majoration, textes relatifs à l'impôt, tableaux de conversion divers (nous en indiquerons plus loin l'usage), résumé des modifications survenues depuis l'édition précédente, table générale des matières, exemples de taxation, nomenclature des publications mises en vente par les Compagnies, liste des bureaux de ville de Paris ouverts à la G. V.

1re partie : Renseignements communs.

Les renseignements et textes communs aux grands réseaux qui figurent au début du Recueil proprement dit comprennent :

— les « *Tarifs Généraux de Grande Vitesse.* — Prix de transport et « conditions d'application », suivis de diverses annexes.

— les *Barèmes développés des tarifs généraux* (N°s 1, 2, 3 et 3 *bis*).

— le « *Tarif Général Commun* pour le transport des articles de messagerie, marchandises et denrées ».

— le « *Tarif Général Commun pour le transport en transit par Paris* des voyageurs, voitures, pompes funèbres et animaux ».

— les « *Conditions d'application uniformes des tarifs spéciaux de grande vitesse* ne concernant pas les voyageurs, les bagages et les chiens ».

— les « *Conditions Générales d'application uniformes des tarifs de factage* dans les villes ou les localités autres que Paris ».

2e partie : Documents particuliers.

La deuxième partie du Recueil (renseignements et textes particuliers à chaque réseau), qui est la plus volumineuse, comprend pour chaque Grand Réseau, sous des formes variées :

— divers renseignements essentiellement destinés au public, et sur lesquels je ne m'étendrai pas.

— une *Nomenclature des gares, stations et haltes ouvertes à la grande vitesse.*

— un *Tableau des distances kilométriques* de toutes gares, stations ou haltes ouvertes à la grande vitesse à certains points désignés (transits, gares-frontières, ports...), tableau qui est complété sur certains réseaux par des annexes relatives soit aux arrêts, soit à des relations soumises à des dispositions spéciales (ligne de Paris à Sceaux et à Limours, et ligne de Bordeaux à Eymet, en ce qui nous concerne).

— des *tableaux des surtaxes locales temporaires* à percevoir dans les gares, stations et haltes ouvertes à la G. V.

— diverses *dispositions particulières* à certains réseaux, notamment, pour le Midi et l'Orléans, mode de taxation des transports qui empruntent la voie de raccordement à Bordeaux ; pour l'Orléans et l'Ouest, dispositions exceptionnelles applicables aux relations entre certains points (dont Paris) communs aux deux réseaux, les au delà de ces points et les gares intermédiaires ; pour l'Orléans et l'Etat A. R., dispositions spéciales applicables aux relations voyageurs de Paris avec Saumur (1).

Vous remarquerez que la plupart de ces renseignements, *même donnés par d'autres réseaux,* sont susceptibles de vous intéresser lorsque vous aurez à taxer des transports de trafic direct (voyageurs ou marchandises) sur les relations touchées ; il est donc nécessaire que vous en connaissiez l'existence pour vous y reporter le cas échéant, sans que je puisse d'ailleurs dans le cadre restreint de ces leçons vous en expliquer le détail. Je me bornerai à vous signaler, en passant, l'observation figurant au tableau des distances P.-O. au sujet des gares de nos lignes à voie étroite, pour lesquelles il ne peut être accepté, en raison du passage par un transbordement, ni wagon-réservoir, ni wagon plombé par l'expéditeur (renvoi 29 de la Nomenclature) ; en outre, je vous renvoie à la 2e leçon pour l'examen des dispositions exceptionnelles applicables aux trafics Orléans-Ouest et Orléans-Etat A.-R.

— *la série des tarifs spéciaux intérieurs de grande vitesse,* en commençant par les tarifs voyageurs et continuant par les tarifs marchandises. Dans cette série, les tarifs intérieurs, qui sont à la fois identiques ou uniformes sur tous les Réseaux et communs, ne sont pas reproduits. A noter dans cette série des tarifs spéciaux intérieurs ; pour le réseau de l'Ouest, à la suite des tarifs marchandises, un tarif spécial G. V. 1 (Voyageurs), particulier à la banlieue de Paris, et pour le réseau de l'Etat A.-R., deux tarifs G. V. échangés entre cette ville et toutes les gares du réseau de l'Etat A. R. aux arrangements intervenus entre ce Réseau et notre Compagnie, la taxation, l'acheminement et la gare de départ ou d'arrivée à Paris des transports G. V. échangés entre cette ville et toutes les gares du réseau de l'Etat A.-R.

— les tarifs de factage et de réexpédition G. V., tant à Paris que dans les autres villes ou localités de chaque réseau.

— Enfin, pour les réseaux du Nord et de l'Ouest seulement, les tarifs internationaux de grande vitesse avec l'Angleterre.

Réseaux secondaires.

Comme je vous l'ai déjà dit, on trouve dans cette deuxième partie du Recueil, à la suite des indications relatives à chaque Grand Réseau, des renseignements plus ou moins complets sur les divers réseaux secondaires en contact géographique avec lui. Ces renseignements comportent, en général, la largeur de voie (normale ou étroite), le caractère du réseau (intérêt général ou intérêt local), les gares d'échange et des mentions plus ou moins détaillées sur leurs tarifs et leurs distances intérieures. Pour utiliser ces renseignements, il convient de se servir tout d'abord de la liste alphabétique insérée sur les pages intérieures de la couverture, où figure l'énumération de tous les Réseaux secondaires cités dans le Recueil. Lorsque les renseignements fournis sont insuffisants, la taxation sur le réseau secondaire est établie seulement par la gare de contact, ou exceptionnellement par certaines gares importantes ayant un trafic suivi avec ce réseau, et auxquelles sont remis les documents nécessaires.

3e partie : Tarifs intérieurs et communs.

Cette partie du Recueil est une des plus importantes par les tarifs d'application courante qu'elle renferme. On y trouve, d'abord, une table des

(1) Le P. O. indique seul ces dispositions dans cette partie du Chaix ; pour l'Etat AR., elles figurent au G. V. 9 (voyageurs) dont nous parlerons plus loin.

tarifs intérieurs et communs, que vous pourrez consulter au début en cas de besoin. Les recherches y sont d'ailleurs très faciles dès que l'on connaît les règles de numérotation des tarifs et le sens de chaque numéro ; les tarifs sont en effet rangés dans un ordre simple, savoir :

— *tarif des colis agricoles.* C'est un tarif de denrées, à barème à paliers, applicable par coupures jusqu'à 40 kg., et comportant des conditions particulières que vous aurez à étudier en lisant le tarif lui-même ; bien qu'il s'agisse d'un véritable tarif de chemin de fer, les conditions et les modalités d'application sont inspirées sur divers points du tarif des colis postaux : paiement préalable du transport, simplification des écritures, suppression du droit d'enregistrement, application d'un droit de timbre réduit dont nous avons parlé précédemment ; par contre, les prix sont passibles de la majoration et de l'impôt, comme tous les prix de transport par chemin de fer. (Une annexe à ce tarif, comportant la participation des réseaux secondaires, est en voie d'élaboration).

— *tarif pour le transport des colis postaux.* Comme je vous l'ai signalé, ce n'est pas un tarif de chemins de fer ; le Chaix ne donne d'ailleurs que des renseignements très succincts sur ces transports qui font l'objet d'un document spécial, livret à couverture jaune renfermant toutes les indications utiles et auquel vous aurez à vous reporter pour ce trafic spécial.

— *tarif spécial commun G. V. 100,* entre la Compagnie du Nord et la ligne à voie normale de Somain à Anzin et à la frontière belge (ce tarif n'intéresse pas notre réseau).

— *tarifs voyageurs* classés dans leur ordre numérique (l'annexe aux G. V. 101 et 102 étant placée entre le G. V. 101 et le G. V. 2/102), et suivis du G. V. 110 (bagages non accompagnés).

— *tarifs marchandises* classés dans leur ordre numérique.

— *tarifs des séries 200, 300 et 400.*

Je n'entrerai pas dans l'examen détaillé des tarifs spéciaux G. V., qui sortirait du cadre de ces leçons.

Recueil Chaix de petite vitesse.

Les fascicules n°ˢ 1 et 2 de ce Recueil, qui sont d'un même format, inférieur à celui du Chaix G. V., et dont les couvertures sont de couleur orange pour le premier, violette pour le second, s'appliquent seuls aux Grands Réseaux. Le fascicule n° 3, à couverture jaune, et de format voisin de celui du Chaix G. V. (il est seulement un peu plus large) renferme les renseignements relatifs aux réseaux secondaires et ne motive pas d'autres observations que celles que je vous ai indiquées à l'occasion des renseignements correspondants du Chaix G. V.

En ce qui concerne les Grands Réseaux, on a réuni dans le premier fascicule les documents d'un caractère général et à peu près permanent ; le second, qui est réédité, comme je vous l'ai dit, plus fréquemment, renfermant au contraire les tarifs spéciaux et autres documents susceptibles de modifications plus fréquentes.

Fascicule N° 1.

Ce fascicule porte à l'extérieur de la couverture une liste succincte des matières qu'il contient ; à l'intérieur, les premières pages, numérotées à part en chiffres romains, donnent une table des matières complète, les renseignements sur la majoration, l'impôt et le droit de timbre que nous avons déjà trouvés en tête du Chaix G. V., et les tableaux de conversion utiles.

Le fascicule proprement dit contient ensuite, dans l'ordre où ils se présentent, les documents suivants :

— une *liste alphabétique générale des gares françaises et des localités desservies* par un service de correspondance.

— pour chaque grand réseau et dans l'ordre : Petite Ceinture, Grande Ceinture, Alsace et Lorraine, Est, Etat A. R., Midi, Nord, Orléans, Etat R. R. O. et P.-L.-M., une « *Nomenclature par ordre alphabétique des gares* » avec indication pour chacune d'elles de l'étendue du service P. V. qui y est assuré et, le cas échéant, de la puissance des appareils de levage dont elles sont munies, ainsi que des surtaxes locales à y percevoir.

— la « *Classification Générale des Marchandises* par ordre alphabétique » dont nous reparlerons.

— les « *Tarifs Généraux intérieurs et communs pour les transports à petite vitesse sur les Grands Réseaux* », suivis de divers documents accessoires qui les complètent, puis d'une *1re Annexe aux Tarifs Généraux P. V.* comprenant : les « Dispositions exceptionnelles concernant les chemins de « fer à voie étroite ou empruntant certains parcours » (1), les « Dispositions complémentaires » (1), les « Dérogations aux heures d'ouverture « des gares » et les « Tarifs Généraux des voies ferrées des ports de mer « (réseau du Nord) », et d'une *2e Annexe aux Tarifs Généraux P. V.* (Tableaux complémentaires I et II aux tableaux I et II annexés aux Tarifs Généraux de Grande Vitesse) (2).

— les « *Conditions Générales d'application des tarifs spéciaux* » avec l' « Avis important concernant les tarifs spéciaux P. V. Etat (R. R. O.) », la « disposition spéciale aux tarifs spéciaux communs d'exportation (décret du 26 avril 1862, art. 8) », et l'*Annexe relative au bâchage*.

— les « Conditions d'application des tarifs intérieurs et communs « concernant les transports à Grande ou à Petite Vitesse empruntant la « section de St-Dié à Provenchères-sur-Fave » (nous avons déjà rencontré ce document dans le Chaix G. V.).

— le « *Règlement uniforme pour le transport international des marchandises par chemin de fer* (Convention de Berne, Dispositions réglementaires pour son exécution, Conditions complémentaires uniformes) », et diverses annexes.

— le « *Règlement international concernant les wagons de particuliers* » et les formules correspondantes.

— les gabarits des divers réseaux, la nomenclature de leurs publications, la liste des bureaux de ville de Paris ouverts à la P. V., et celle des agences et représentants en France et à l'étranger des chemins de fer de l'Etat.

— enfin, une *carte générale des Réseaux français* (réseaux secondaires compris), avec l'indication de toutes leurs gares.

Fascicule N° 2.

Les pages de tête de ce fascicule, numérotées en chiffres romains, comportent des renseignements analogues à ceux qui figurent en tête du fascicule n° 1 (table des matières ; majoration, impôt et timbre ; tableaux de conversion).

Le fascicule proprement dit comprend ensuite :

— la « *Table Générale des Marchandises* » ;

— les « *Tarifs spéciaux intérieurs et communs* », en commençant par le P. V. 100 et suivant l'ordre normal de la numérotation (les P. V. 207, 213,

---

(1) Nous examinerons spécialement plus loin ces dispositions exceptionnelles et complémentaires.

(2) Voir plus loin « Tableaux de distances ».

214, 314 et 414, 315 viennent respectivement à la suite des P. V. 7/107, 13/113, 14/114 et 15/115 ; le P. V. 129, chap. IX seul n'est pas à son rang normal).

— les *Tarifs spéciaux intérieurs* propres à chaque réseau (chapitres divers des P. V. 29), dans l'ordre : Alsace-Lorraine, Est, Etat A. R., Midi, Nord, Orléans, Ouest, P.-L.-M.

— le *tarif commun* P. V. 129, chap. IX (§ 1 : Ouest-Nord ; § 2 : Ouest-Orléans ; § 3 : Midi-Orléans).

— le *tarif spécial P. V. 33 Etat* qui règle, par application des accords intervenus avec notre réseau, l'acheminement et la taxation des transports P. V. échangés entre Paris et toutes les gares de l'Etat A. R. (ce tarif est l'homologue en P. V. des G. V. 9 et 17 Etat sur lesquels j'ai appelé votre attention).

— des *tarifs communs P. V. 100* communs le premier entre le Midi et les voies ferrées des Landes, le second entre le Nord et la ligne de Somain à Anzin et à la frontière belge.

— une liste des embranchements particuliers du réseau A. L. dont l'origine est située entre deux gares.

— une liste des *tarifs de camionnage et de réexpédition P. V.* des divers réseaux (précédée des Conditions Générales d'application uniformes des tarifs de camionnage dans les villes ou les localités autres que Paris (l'ordre des réseaux est le même que pour leurs tarifs intérieurs P. V. 29).

— le tarif international n° 200 (lignes A. L. du Grand-Duché de Luxembourg), qui se trouve aussi dans le Recueil G. V.

— les *tarifs internationaux avec l'Angleterre* (réseaux du Nord et de l'Ouest).

Fascicule N° 3.

Ce fascicule est spécial aux réseaux secondaires groupés d'après le grand réseau auquel ils se rattachent ; je vous ai signalé plus haut à propos du Chaix G. V. les observations auxquelles donne lieu cette partie du Chaix.

b) Tableaux de distances.

Je me bornerai pour le moment à vous énumérer les divers tableaux de distances utilisés dans l'application des tarifs, et à examiner sommairement les règles qui définissent le mode de détermination des distances, en laissant aux exercices pratiques de taxes le soin de vous renseigner sur l'usage pratique de ces tableaux, dont chacun porte d'ailleurs en tête toutes les indications utiles pour que vous puissiez seuls vous familiariser aisément et rapidement avec leur maniement.

Les distances, et par suite les tableaux qui les indiquent, rentrent dans deux catégories essentielles ; la première comprend les distances *intérieures*, c'est-à-dire celles qui séparent deux gares, stations ou haltes d'un même réseau, sur un itinéraire utilisant exclusivement les lignes de ce réseau ; la seconde, les distances *communes*, c'est-à-dire soit les distances entre gares de réseaux différents, qui s'établissent nécessairement par un itinéraire empruntant plus d'un réseau, soit les distances entre gares d'un même réseau, lorsqu'elles s'établissent par un itinéraire qui soit de ce réseau. Il est bien entendu que, pour préciser le sens du mot « distance », il faut connaître non seulement les noms des gares entre lesquelles se trouve cette distance, mais encore l'itinéraire sur lequel on la calcule : notez qu'à défaut d'indication sur ce point, on entend toujours par distance la longueur de l'itinéraire le plus court, soit à l'intérieur d'un réseau donné s'il s'agit d'une distance intérieure, soit par des lignes quelconques des Grands Réseaux

(Ceintures comprises, mais non compris bien entendu les réseaux secondaires) s'il s'agit d'une distance commune.

A titre d'exemples, et pour illustrer ces principes, considérons les relations suivantes :

— d'Angers à Poitiers, ces deux gares étant communes à l'Etat et à l'Orléans, il existe deux distances intérieures : l'une P.-O. qui est la longueur de l'itinéraire Angers-Tours-Poitiers, le plus court par voie P.-O. ; l'autre Etat, par l'itinéraire Etat le plus court entre les mêmes gares ; la seconde distance est d'ailleurs plus courte que la première.

— de Port-Boulet (gare commune Etat-Orléans) au Blanc (gare P.-O.), il existe une distance intérieure Orléans, qui est la longueur de l'itinéraire Port-Boulet-Tours-Port-de-Piles-Le Blanc, le plus court par voie P.-O., et une distance commune Etat-Orléans, par l'itinéraire plus direct Port-Boulet (Etat), Port-de-Piles (P.-O.), Le Blanc, cette seconde distance étant la plus courte par les voies des grands réseaux.

— de Cahors à Gaillac (gares P.-O.), il existe une distance intérieure Orléans, qui est la longueur de l'itinéraire Cahors-Montauban-Lexos-Gaillac, le plus court par voie P.-O., et une distance commune P.-O.-Midi, par l'itinéraire plus direct Cahors (P.-O.), Montauban (Midi), St-Sulpice-Tarn (P.-O.), Gaillac, cette seconde distance étant la plus courte par les voies des Grands Réseaux.

— de Bourges (gare P.-O.) à Nevers (gare P.-L.-M.), il existe seulement une distance commune P.-O.-P.-L.-M. par l'itinéraire Bourges-Saincaize-Nevers, qui est le plus court par les voies des Grands Réseaux.

Règles de la détermination des distances.

Les tarifs généraux et spéciaux de Grande et de Petite Vitesse renferment les indications nécessaires au sujet du mode de détermination des distances à utiliser lorsque la taxe résulte de l'application d'un barème. Les règles à appliquer varient dans une certaine mesure suivant qu'il s'agit de voyageurs ou de marchandises, de grande ou de petite vitesse, et aussi suivant les tarifs appliqués ; examinons-les rapidement.

Voyageurs. 1° Billets simples du trafic intérieur.

Pour les voyageurs, les seuls tarifs généraux applicables sont les tarifs généraux intérieurs, identiques sur tous les réseaux, mais non communs ; ces tarifs s'appliquent donc seulement aux relations intérieures de chaque réseau, et les distances à utiliser sont uniquement des distances intérieures. Pour chaque parcours intérieur, les billets sont établis *en principe* par l'itinéraire court, et valables seulement par cet itinéraire, sauf certains cas exceptionnels où le voyageur est autorisé à suivre sans supplément de prix un itinéraire détourné ou allongé (la liste de ces itinéraires figure pour chaque réseau au Livret de la marche des trains et aux livrets-horaires ou affiches-horaires mises à la disposition du public). *En pratique* d'ailleurs, on admet la délivrance de billets valables, pour certaines relations, par des itinéraires allongés, qui sont d'ordinaire des itinéraires plus rapides que l'itinéraire court : le prix se calcule alors sur la distance correspondant à l'itinéraire allongé.

Dans le cas ordinaire (billet délivré par l'itinéraire court), la distance à utiliser est la *distance courte intérieure,* qui figure au *tableau des distances intérieures* du réseau intéressé ; dans le cas d'emprunt d'un itinéraire détourné, cet itinéraire est nécessairement jalonné par des gares intermédiaires qui décomposent le trajet total en trajets partiels tels que, pour chacun d'eux, l'itinéraire à suivre soit l'itinéraire court : la distance totale à considérer est alors la somme des distances courtes intérieures afférentes à chacun des trajets partiels susvisés ; elle résulte donc du même tableau que dans le premier cas. (Les prix des billets de cette nature sont d'ailleurs indiqués aux gares sur les billets imprimés dont elles disposent pour les relations et les catégories de voyageurs les plus usuelles ; ces billets indiquent en même temps le jalonnement de l'itinéraire correspondant).

Notons encore que, pour certaines relations intérieures de notre réseau, inscrites au § 1° du G. V. 1 P.-O., il existe des prix fermes, à appliquer sans recherche de distance.

2° Billets simples du trafic direct.

Pour les voyageurs empruntant deux ou plusieurs réseaux, les prix à appliquer découlent, dans la situation actuelle, uniquement des tarifs spéciaux (1) : G. V. 101 pour les billets simples, G. V. 2/102, 2 *ter*/102 *ter*....., etc. (voir plus haut) pour les billets de natures diverses (aller et retour, abonnements.....).

Les billets simples du G. V. 101, titre I (parcours empruntant au moins deux réseaux) sont, sauf quelques exceptions précisées par le tarif, établis *par tout itinéraire,* même viâ Paris, au choix des voyageurs ; pour l'établissement des prix, les relations sont classées en deux groupes :

a) pour les billets délivrés à première demande (voir au tarif dans quels cas les billets sont délivrés, soit à première demande, soit sur demande présentée un certain temps à l'avance), les prix s'obtiennent en soudant les *prix des billets simples* de chaque réseau. Les diverses distances à utiliser se déterminent alors comme pour les billets simples du trafic intérieur ; les gares peuvent utiliser à cet effet, *pour les parcours sur les autres réseaux* dont elles n'ont pas les tableaux des distances intérieures : 1° les *tableaux de distances du Chaix G. V.* qui donnent les distances courtes intérieures de toutes les gares, stations ou haltes G. V. d'un réseau aux divers points d'entrée sur ce réseau, 2° pour les relations avec les réseaux contigus, les *Tableaux de Trafic direct* Midi-P.-O. (couverture violette), Etat A. R.-P.-O. (couverture orange), Etat R. R. O.-P.-O. (couverture jaune) et P.-L.-M.-P.-O. (couverture bleue), 3° enfin, pour les parcours allongés, soit sur des réseaux contigus lorsque l'itinéraire utilisé ne figure pas au tableau de trafic direct, soit dans des réseaux non contigus, les *tableaux I et II annexés aux tarifs généraux de grande vitesse,* qui permettent de déterminer une distance quelconque par addition de distances courtes successives.

b) pour les billets dont la délivrance est subordonnée à une demande présentée un certain temps à l'avance (3 heures ou 24 heures, suivant les cas), les prix sont déterminés par la soudure des prix *des barèmes* des tarifs généraux de chaque réseau, appliqués sur les distances obtenues à l'aide des tableaux I et II annexés aux tarifs généraux de grande vitesse : ces tableaux, que je vous ai déjà cités précédemment, constituent pour ce cas le seul document de recherche des distances.

Je n'insisterai pas ici sur le détail de l'emploi des divers tableaux de distances dont nous venons de parler, détail qui vous sera exposé dans les leçons suivantes consacrées à des exercices pratiques de taxation ; retenez seulement que, pour cet emploi, il y a lieu de vous conformer aux indications suffisamment explicites qui accompagnent chaque tableau et que vous devrez lire avec attention de façon à bien en pénétrer la portée.

Je ferai donc seulement à ce sujet deux remarques :

1° la recherche des distances pour le calcul des prix des billets du

(1) Un projet de tarifs généraux *intérieurs et communs* de grande vitesse a été soumis à l'homologation ministérielle ; ce projet, d'ailleurs déposé dans les gares, règlera la délivrance des billets simples aussi bien en trafic commun qu'en trafic intérieur.

G. V. 101 n'est nécessaire que lorsque les prix à souder résultent de barèmes; elle est inutile pour les relations où le G. V. 101 donne des *prix exceptionnels* ou prix fermes de bout en bout ; de même, lorsque le prix total résulte de la soudure des *prix des billets simples* de chaque réseau (cas visé en *a*) ci-dessus), certains de ces prix de billets simples peuvent être des prix fermes ou exceptionnels, et il est inutile de rechercher la distance sur les réseaux correspondants ;

2° dans la pratique, les billets à utiliser en trafic direct pour les relations et itinéraires usuels, et pour les catégories courantes de voyageurs, sont, comme pour le trafic intérieur, des billets fixes imprimés portant l'indication de la relation, de l'itinéraire et du prix ; il est encore évident qu'en pareil cas, les gares n'ont pas à se préoccuper des distances qui ont été calculées une fois pour toutes lors de l'établissement des billets imprimés (1).

3° Autres tarifs.

Les règles à suivre pour la recherche des distances d'application des autres tarifs de voyageurs rentrent dans les formules envisagées ci-dessus ; il vous suffira de suivre dans chaque cas les indications du tarif, et je ne m'étendrai pas davantage sur ce point.

Marchandises à grande vitesse.

Pour les transports G. V. (autres que les voyageurs et leurs bagages, ceux-ci étant en cas d'excédent taxés sur la même distance que les voyageurs), il n'existe pas de règles uniformes pour le calcul des distances ; les tarifs généraux intérieurs de grande vitesse en particulier sont muets sur ce point ; le tarif général commun se borne à dire que « la distance s'établit « par l'itinéraire le plus court, tel qu'il résulte de l'édition en vigueur du « tableau des distances de réseau à réseau dont l'établissement a été « approuvé par décision ministérielle » ; quant aux tarifs spéciaux, les uns sont entièrement muets à l'égard des distances ; d'autres contiennent des dispositions plus ou moins étendues adaptées à leur situation propre.

Vous remarquerez tout d'abord que nous venons de rencontrer, à propos du tarif général commun, un document nouveau, d'un usage très fréquent pour le calcul des distances de réseau à réseau : c'est le « *Tableau des distances de réseau à réseau* », constitué en réalité de deux parties et plus connu sous le nom de « *Tableaux A et B* » ; je vous laisse le soin d'étudier la notice très claire qui figure en tête de ces tableaux et indique leur mode d'emploi, les leçons ultérieures devant vous éclairer davantage à ce sujet.

Pour en revenir à notre question, et sans entrer dans le détail des règles variables prévues dans les divers tarifs généraux ou spéciaux G. V., je vous indiquerai sommairement les principes essentiels sur lesquels ces règles sont fondées :

1° d'une manière générale, l'expéditeur n'a, *sauf disposition spéciale du tarif appliqué*, d'autre droit, au regard de l'itinéraire, que de fixer l'origine et l'aboutissement du transport ; si toutefois il est fait application des tarifs généraux *intérieurs* (uniformes, mais non communs), il faut considérer qu'il est effectué autant de transports qu'il y a de réseaux successivement empruntés et que l'expéditeur peut stipuler les points de transit successifs et même si, entre deux points, on a le choix de deux réseaux, préciser à quel réseau il confie le transport ; ainsi, il pourra, entre Montauban et Rodez, spécifier que l'expédition se fera toute voie Midi, ou toute voie P.-O., ou par P.-O. jusqu'à Albi et Midi au delà.

---

(1) Cette remarque, déjà formulée au sujet des billets simples du trafic intérieur, s'applique aussi aux billets d'aller et retour : je ne la répèterai pas.

2° comme conséquence du principe qui précède, et sauf l'exception que je viens de mentionner, l'itinéraire à considérer pour le calcul de la distance est, si le tarif est muet, la distance courte, soit intérieure, soit commune suivant le cas. A noter que, dans le cas d'application du tarif général commun entre deux gares d'un même réseau entre lesquelles l'itinéraire court emprunte un autre réseau (Exemple déjà cité de Varennes-s.-Loire à La Haye-Descartes, avec passage par l'Etat de Port-Boulet à Port-de-Piles), les Tableaux A et B ne peuvent donner la distance, puisqu'ils ne comprennent que les distances entre gares de réseaux différents ; le tableau des distances intérieures ne donnant en principe que la distance intérieure courte, la distance la plus courte doit être établie en faisant la somme des distances intérieures des réseaux successivement empruntés (savoir, dans l'exemple ci-dessus : distance P.-O. de Varennes-s.-Loire à Port-Boulet + distance Etat de Port-Boulet à Port-de-Piles + distance P.-O. de Port-de-Piles à La Haye-Descartes). Pour dispenser les gares de consulter en pareil cas les tableaux de distances du Chaix G. V. qui donnent les distances entre points de transit sur les divers réseaux, et pour leur éviter les tâtonnements que comporterait ce mode de recherche (l'itinéraire court pouvant ne pas être évident *a priori*), on a introduit dans la dernière édition du tableau des distances intérieures P.-O., pour les relations présentant cette particularité, la double indication de la distance courte intérieure et de la distance la plus courte, même avec emprunt d'un tiers réseau (voir à ce sujet la Notice insérée en tête du tableau des distances intérieures P.-O.).

Certains tarifs spéciaux communs qui ne comportent pas la faculté pour l'expéditeur de choisir un autre itinéraire que l'itinéraire court donnent sur ce point des précisions complètes, que ne comporte pas le tarif général commun G. V. (voir le G. V. 15/115, chap. I, § 2, et le G. V. 28/128, chap. I et II).

3° Il est de toute évidence que, pour l'application d'un tarif donné, l'itinéraire le plus court à considérer pour le calcul de la distance ne peut être qu'un itinéraire empruntant seulement les lignes des réseaux participant au tarif ; pour un tarif intérieur, c'est une distance courte intérieure que l'on aura à rechercher ; pour un tarif commun à tous les Grands Réseaux, c'est une distance courte par les voies des Grands Réseaux, à l'exclusion des lignes des réseaux secondaires, même si l'emprunt de ces derniers constitue raccourci (comme cela se présente parfois en fait) : aussi, les tableaux A et B tiennent-ils compte seulement des lignes des grands réseaux ; enfin, pour un tarif commun à quelques grands réseaux seulement, il y a lieu de ne tenir compte que des lignes de ces réseaux, à l'exclusion de celles des autres grands réseaux : dans ce cas, si l'itinéraire court des tableaux A et B emprunte un grand réseau non participant au tarif, on recherche la distance à appliquer en se servant des distances intérieures des réseaux participants, et l'on trouve, pour les réseaux autres que P.-O., les indications suffisantes aux tableaux de distances du Chaix G. V. ; un exemple de ce dernier cas est fourni par le G. V. 28/128, chap. III, applicable seulement sur P.-L.-M. et P.-O. et qui comporte dans son texte les précisions que je viens de vous exposer.

4° Les tarifs qui prévoient la faculté d'utiliser un itinéraire détourné indiquent en même temps comment se calcule la distance en cas d'emprunt d'un tel itinéraire : on utilise alors les tableaux I et II annexés aux tarifs généraux de grande vitesse (document déjà visé plus haut) ; toutefois, par mesure de simplification, il est généralement prévu que si le jalonnement de l'itinéraire allongé est précisé seulement par des gares de transit, on utilise les tableaux des distances intérieures des réseaux successivement empruntés (pour les réseaux autres que P.-O., il suffit dans la pratique d'utiliser les tableaux du Chaix G. V.).

Les nouveaux tarifs généraux intérieurs et communs de grande vitesse, actuellement en projet, reproduiront en les unifiant l'ensemble des règles variables énoncées ci-dessus.

Marchandises à petite vitesse.

Pour les transports à petite vitesse, les principes de la détermination de la distance sont identiques à ceux que nous venons de passer en revue pour les marchandises à grande vitesse, mais leur codification a été réalisée dans les textes, tant des tarifs généraux intérieurs et communs que des tarifs spéciaux (Conditions générales d'application) ; je les résume donc rapidement, tels qu'ils résultent de l'article 39 des tarifs généraux et de l'art. 9 des tarifs spéciaux, dont il importe que vous connaissiez bien le mécanisme.

La distance à utiliser pour le calcul du prix de transport découlant d'un barème déterminé s'établit par l'itinéraire *le plus court*, à moins que l'expéditeur n'ait demandé sur sa déclaration d'expédition l'emprunt d'un itinéraire déterminé. La distance correspondant à l'itinéraire le plus court s'obtient :

— entre gares d'un même réseau, au moyen des tableaux de distances intérieures des grands réseaux ; si l'itinéraire court entre deux telles gares emprunte un autre grand réseau, les gares trouvent les indications utiles dans le fascicule à couverture verte du Chaix P. V., intitulé « *Tableaux des* « *distances de toutes les gares de chaque réseau aux points de jonction de ce* « *réseau avec les réseaux voisins* » et qui est, pour la petite vitesse, l'équivalent des tableaux de distances insérés au Recueil Chaix pour la G. V. ; en outre, *entre gares P.-O.*, les renseignements utiles figurent au tableau des distances intérieures ainsi que je vous l'ai indiqué pour la grande vitesse.

— entre gares de réseaux différents, au moyen des tableaux A et B.

Pour l'application d'un barème indiqué par un tarif spécial limité à certains grands réseaux ou à l'un d'eux seulement, la distance courte déterminée comme il vient d'être dit ne peut être utilisée que si l'itinéraire correspondant emprunte seulement les réseaux ou le réseau auxquels le tarif est limité ; s'il en est autrement, on doit rechercher au moyen des tableaux des distances intérieures des réseaux participants l'itinéraire le plus court par les lignes de ces réseaux ; ici encore, intervient, pour la recherche des distances sur les autres réseaux, le fascicule vert du Chaix P. V.

Si l'expéditeur a demandé un itinéraire déterminé différent de l'itinéraire court (cet itinéraire déterminé devant être défini par des gares de jalonnement), la distance s'obtient, soit au moyen des distances intérieures des réseaux empruntés si les gares de jalonnement sont uniquement des gares de transit (on utilise encore le fascicule vert au lieu des tableaux des distances intérieures des autres réseaux), soit, si les gares de jalonnement comprennent une ou plusieurs gares situées à l'intérieur du ou des réseaux intéressés, au moyen des tableaux I et II annexés aux tarifs généraux de grande vitesse (nous avons déjà parlé de ce document) et des tableaux complémentaires I et II annexés aux tarifs généraux de petite vitesse (nous avons signalé ces tableaux en examinant la consistance du fascicule I du Chaix P. V.), tableaux complémentaires qui sont établis pour les gares ouvertes exclusivement au service de la petite vitesse et pour les gares de transit de Grande et de Petite Ceinture de Paris.

Observation générale. — Il est bien entendu que, quel que soit le mode de détermination de la distance, et qu'il s'agisse de voyageurs ou de marchandises à grande ou à petite vitesse, le résultat obtenu doit, le cas échéant, être modifié pour tenir compte des minima de distance dont je vous ai parlé précédemment et sur lesquels je ne reviendrai pas ici.

c) Barèmes développés et tableaux de conversion.

Je vous ai indiqué plus haut comment l'on peut déterminer, pour une distance donnée, le prix d'un barème défini par ses bases kilométriques. Pour éviter aux gares d'effectuer ce calcul pour chaque expéditeur, il a été établi des tableaux dits « *barèmes développés* » qui donnent, pour toutes les distances susceptibles de se présenter, et de kilomètre en kilomètre, les prix résultant des divers barèmes.

Je vous signalerai tout d'abord, à propos de ces barèmes, que ceux de grande vitesse sont établis en tenant compte de la majoration et de l'impôt, tandis que ceux de petite vitesse comprennent seulement les prix nus, que l'on doit ensuite frapper de la majoration pour obtenir le prix réel à l'unité (tonne, tête, mètre carré), prix réel sur lequel on applique ensuite l'impôt.

Les barèmes usuels de grande vitesse sont insérés au Chaix G. V., à la suite du texte des tarifs généraux ; ils comprennent :

— le barème n° 1, donnant les prix des billets de voyageurs de chaque classe pour les billets simples à place entière, à demi-place, et au tarif militaire, et pour les billets d'aller et retour ordinaire, et, en outre, les prix de billets de chiens, y compris le droit d'enregistrement ; les prix indiqués ne comprennent pas le droit de timbre-quittance pour les prix supérieurs à 10 francs, ni le droit de timbre spécial pour les chiens (droit frappant les enregistrements de bagages).

— le barème n° 2, donnant les prix applicables au transport des chiens avec bulletins de bagages, et des excédents de bagages, tant des voyageurs civils que des militaires et marins ; pour les excédents de bagages, les prix sont indiqués séparément pour les diverses coupures de 0/5, 5/10, 10/20, 20/30 et 30/40 kg. et par tonne pour les excédents d'un poids supérieur à 40 kg. Les prix du barème comprennent les droits de manutention pour les excédents de plus de 40 kg., mais non le droit d'enregistrement (qui varie suivant la nature des bagages), ni le droit de timbre-quittance pour les sommes supérieures à 10 francs ou le droit de timbre spécial aux bagages.

— le barème n° 3, donnant pour les messageries et les denrées, par colis pour les coupures de 0/5, 5/10, 10/20, 20/30 et 30/40 kg. et par tonne pour les expéditions de plus de 40 kg., les prix, y compris les frais de manutention lorsqu'il y a lieu, la majoration et l'impôt, mais non compris le droit d'enregistrement ni le timbre du récépissé ;

— le barème n° 3 *bis*, donnant, y compris les frais de manutention lorsqu'il y a lieu, la majoration et l'impôt, mais non compris le droit d'enregistrement, ni le timbre du récépissé, les prix à appliquer aux finances, valeurs et objets d'art, soit *ad valorem*, soit au poids, suivant que l'expédition dépasse ou non 40 kg. ; aux voitures à un fond ou à deux fonds, par unité ; aux cercueils, par train omnibus ou par train express, par unité, et aux animaux (3 catégories suivant la taille, plus une catégorie spéciale aux chevaux des militaires et marins), par tête.

Les gares disposent, en outre, de barèmes spéciaux pour les cartes d'abonnement des tarifs G. V. 3/103 et 3 *bis*/103 *bis* et pour les divers tarifs spéciaux de marchandises à grande vitesse ; ces barèmes ne figurent pas au Chaix, mais sont donnés sous forme de documents séparés.

Enfin, certains barèmes analogues sont donnés aux Chaix G. V. pour divers réseaux secondaires, dans les parties du Recueil propres à ces réseaux.

Pour la petite vitesse, les barèmes développés, qui sont beaucoup plus nombreux, ne sont pas insérés au Chaix ; ils forment de petits fascicules distincts, distribués à part aux gares, et comprenant :

— sous couverture bleue, deux fascicules, l'un des séries du tarif général, l'autre des barèmes courants des tarifs spéciaux (barèmes n°ˢ 9 à 27 et R¹ à R¹¹) ;

— sous couverture rose, et à raison d'un fascicule par tarif, les barèmes spéciaux des divers tarifs spéciaux.

Indépendamment des barèmes développés complets, on trouve généralement dans les tarifs spéciaux eux-mêmes, tant de grande que de petite vitesse, *un jalonnement des barèmes spéciaux* comportant l'indication des prix aux distances rondes (généralement de 100 en 100 km. et en outre aux points où se produit un changement de la base kilométrique) ; il est facile au moyen de ce jalonnement de calculer rapidement le prix à une distance quelconque ; par exemple, si on prend le cas du barème spécial du P. V. 2/102, § 1ᵉʳ, et qu'on cherche le prix correspondant à 492 km., on a, avec le tableau de jalonnement qui figure à la suite du tableau des bases des barèmes :

Prix à 400 km.	13 fr.
De 400 à 492 km. : 92 km. à 0,02 = ...	1 fr. 84
Prix à 492 km.	14 fr. 84 (arrondi à 14 fr. 85).

Les *tableaux de conversion,* dont un certain nombre figurent aux Chaix G. V. et P. V., comme je vous l'ai déjà dit, sont de nature variée, suivant les époques et les besoins ; indépendamment des divers tableaux à utiliser momentanément lors des modifications apportées soit à la majoration, soit à l'impôt, jusqu'à ce que de nouveaux barèmes développés aient pu être établis et distribués aux gares, les principaux tableaux de conversion en la possession des agents sont deux tableaux de conversion à couverture chamois, dits « tableau I » et « tableau II », destinés à être utilisés surtout *en petite vitesse,* et qui donnent :

— le tableau I, la somme à substituer à celle que fait ressortir un barème lorsque le tarif prévoit sur les prix de ce barème l'application d'un taux de réduction ou de majoration donné ;

— le tableau II, la somme à percevoir, majoration comprise, et le montant de l'impôt, suivant le taux à appliquer, pour une taxe de base donnée.

A noter qu'il existe un tableau II spécial pour les transports passibles de la majoration réduite de 290 0/0.

Le mode d'utilisation des tableaux de conversion est précisé par l'intitulé de chacun d'eux et, en outre, pour les tableaux I et II susvisés, par l'Instruction insérée en tête de chaque fascicule.

d) Nomenclature des gares.

Pour permettre à une gare de savoir si elle peut ou non accepter un transport déterminé pour une destination donnée, il est dressé par chaque réseau une « Nomenclature des gares », avec l'indication du service assuré par chacune d'elles, et des modalités suivant lesquelles ce service est assuré; je vous ai signalé chemin faisant les nomenclatures qui sont insérées au Chaix tant G. V. que P. V. et qu'il y a lieu de consulter pour vous assurer à l'occasion de chaque transport présenté que la gare d'arrivée est bien ouverte à ce transport. (Je suppose que tout agent connaît une fois pour toutes l'étendue du service de sa propre gare, qu'indique d'ailleurs la même nomenclature). Indépendamment des Chaix, il existe pour notre réseau un fascicule spécial donnant pour nos gares tous les renseignements utiles.

e) Documents divers. Indépendamment des diverses catégories de documents que nous venons de passer en revue (collections de tarifs, tableaux de distance, barèmes développés et tableaux de conversion, nomenclature des gares), les gares peuvent encore avoir à connaître, pour l'application des tarifs, certaines *instructions* (voir Recueil des Instructions du Service de l'Exploitation, chapitre III : Trafic, et chapitre V : Service commun avec les autres réseaux de chemins de fer) et *Circulaires* (voir dans la collection des Circulaires la série 1500 « Services Commerciaux ») ; divers *Avis* et des *Notes aux gares.* Tous ces documents ne font d'ailleurs que rappeler aux gares certaines dispositions, parfois perdues de vue, des tarifs, et préciser des points sur lesquels l'expérience a révélé des interprétations défectueuses. Je vous signale particulièrement, parmi les « Notes aux Gares », les notes roses du Bureau des Tarifs Voyageurs, relatives à l'application des tarifs de voyageurs et qui doivent être annexées à ces tarifs, dans la collection des tarifs de grande vitesse que possèdent les gares, et les notes du Bureau des Tarifs-Marchandises, qui doivent, aux termes de la note du 12 mai 1927, être classées dans une collection spéciale en séparant : 1° les notes communes à la grande et à la petite vitesse, 2° les notes concernant la grande vitesse, 3° les notes concernant la petite vitesse.

En même temps que les documents qui précèdent, je mentionnerai le « *Manuel des agents à la manutention* », le « *Guide pratique des litiges* » et le « *Guide pratique des taxes* » (qui vient d'être substitué à l'ancien Manuel du taxateur) et qui contiennent, à des points de vue divers, des précisions importantes sur l'application des tarifs marchandises de grande et de petite vitesse.

Enfin, et pour être complet, j'ajouterai d'un mot l'*Ordre Général 19*, intitulé « Ordre Général réglant les mesures à prendre pour le transport par « chemin de fer des matières dangereuses (explosibles, inflammables, vénéneuses, etc...) et des matières infectes » ; cet ordre général, sujet d'ailleurs à des modifications fréquentes, énumère les marchandises dont le transport doit être refusé ou ne peut être accepté que sous certaines conditions ; il doit donc être consulté pour les marchandises en cause qui, comme nous le verrons plus loin, sont spécialement désignées dans la Classification générale et dans la Table générale des marchandises, insérées au Chaix de petite vitesse (fascicule 1 pour la Classification, fascicule 2 pour la Table).

V. — Recommandations générales

Pour en terminer avec cette première leçon sur les tarifs, déjà longue, et au cours de laquelle je me suis surtout efforcé de dégager les idées générales sur lesquelles repose la tarification, il me reste à vous faire quelques recommandations essentielles dont l'utilité ressort de l'expérience des erreurs trop fréquentes commises par les gares dans l'établissement des taxes. Ces recommandations se résumeront d'ailleurs à chercher à vous pénétrer de la nécessité de *bien lire* les documents que vous avez à utiliser : bien lire les tarifs eux-mêmes, bien lire les tableaux de distances au moyen desquels vous les appliquez, bien lire enfin tous les documents annexes, nomenclature des gares, barèmes, tableaux de conversion, instructions, circulaires, notes et avis.

Nous constatons trop souvent que des dispositions, très claires pourtant, des tarifs sont négligées, perdues de vue. C'est là une faute d'autant moins excusable que la tarification actuelle est très simple, par rapport à celle que vos devanciers ont connue jusqu'au lendemain de la guerre ; les tarifs spéciaux applicables à une même catégorie de marchandises sont clairement groupés en un petit nombre de pages du Chaix ; encore ne faut-il pas perdre de vue que certains tarifs sont subdivisés en chapitres ou paragraphes, ou comportent des annexes, et que l'on doit avant tout rechercher, pour chaque transport, quel chapitre, quel paragraphe ou quelle annexe il y a lieu d'appliquer, en regardant quelles sont les relations sur lesquelles chacun d'eux est valable. De même si d'ordinaire les barèmes indiqués dans chaque partie d'un tarif sont applicables à toutes les relations visées par ce tarif, faut-il encore ne pas perdre de vue les modifications apportées à ces barèmes par des renvois, des Nota ou des « Observations importantes », qui stipulent soit une réduction particulière pour des tonnages importants (Exemple : Nota du chapitre I du P. V. 14/114 pour les expéditions par 180 tonnes), ou pour certaines catégories de destinataires (Exemple : renvoi 1 du chapitre I du P. V. 10/110), ou encore sur certains réseaux ou pour les expéditions effectuant un parcours minimum déterminé, etc.... De même aussi, il ne faut pas négliger les indications relatives aux conditions de tonnage, au mode d'emballage, auxquelles l'application d'un barème est subordonnée.

Les erreurs de distances sont elles aussi trop nombreuses. Le fait que les gares ont été mises en possession depuis le 1er janvier 1927 de tableaux donnant directement les distances, sans avoir à recourir aux correctifs précédemment utilisés pour tenir compte des rebroussements, a fait disparaître l'une des sources principales de ces erreurs. Le nouveau mode de présentation du tableau des distances intérieures P.-O. qui fait maintenant apparaître, le cas échéant, en même temps que la distance courte intérieure, la distance la plus courte même avec emprunt d'un tiers réseau, en a supprimé une autre. Mais là encore il importe d'utiliser correctement les documents, et pour cela : 1° de bien connaître leur mode d'emploi ; 2° d'éviter les lectures trop rapides avec les erreurs de ligne ou de colonne qui en résultent.

Les erreurs dues à des confusions entre gares desservant une même localité ou entre gares dont les noms se ressemblent, celles qui proviennent de l'oubli des prescriptions des tarifs 29/129 (Masses indivisibles et objets de dimensions exceptionnelles, embranchements particuliers, transport dans des wagons particuliers, etc...) sont trop grossières pour que j'ai besoin d'y insister ; celles qui résultent d'erreurs de calcul (nous en avons vu où une taxe de 601 fr. 10 était devenue 14 fr. 80, sans aucune espèce d'explication raisonnable) et en particulier d'erreurs dans le placement d'une virgule, sont tout à fait inadmissibles.

Enfin, l'oubli de prescriptions élémentaires telles que la taxation des objets encombrants ou des matières dangereuses, qui doivent être constamment présentes à votre esprit, ou la mauvaise interprétation des règles qui fixent les frais accessoires ou le mode d'application de la majoration et de l'impôt, sont autant de fautes qu'il est facile d'éviter avec un peu d'attention ; à cet égard, je vous répète, ce que je vous ai déjà dit, que de nombreuses indications sont fournies sur ces questions aux gares, chaque fois que nous constatons ou la répétition fréquente d'une même erreur, ou une compréhension inexacte de certaines dispositions ; il est absolument nécessaire que vous preniez attentivement connaissance des indications de cette nature et que vous les appliquiez exactement.

DEUXIÈME PARTIE

Dispositions essentielles des Tarifs Généraux et des Tarifs Spéciaux

Nous avons vu dans la leçon précédente comment se classent les tarifs, quels sont les éléments constitutifs des perceptions du chemin de fer, de quoi se compose le principal de ces éléments : la « taxe » principale ou proprement dite, enfin de quels documents il doit être fait usage pour l'application des tarifs.

Nous allons maintenant entrer de plus près dans l'examen des dispositions essentielles des tarifs généraux et des tarifs spéciaux, en commençant par les premiers et en considérant parallèlement pour chacun d'eux les voyageurs, les marchandises à grande vitesse et les marchandises à petite vitesse ; nous nous attacherons d'ailleurs moins aux dispositions de détail qui sont susceptibles de varier plus ou moins rapidement qu'aux principes d'ensemble qui présentent un certain caractère de permanence.

I. — Tarifs généraux

Je vous ai dit plus haut qu'il existe en grande vitesse des tarifs généraux intérieurs (uniformes, mais non communs), un tarif général commun pour les messageries et les denrées, et un tarif général commun pour le transit par Paris, et, en petite vitesse, des tarifs généraux intérieurs et communs.

Je n'aurai rien à vous dire des tarifs généraux communs de grande vitesse ; celui qui s'applique aux messageries et aux denrées n'a d'autre objet que de rendre applicables en trafic commun les barèmes à bases décroissantes des tarifs généraux intérieurs (1), et, en dehors de la stipulation relative au calcul de la distance, dont je vous ai parlé, il est purement et simplement soumis, comme son texte même l'indique, aux conditions des tarifs généraux intérieurs ; celui qui s'applique au transit par Paris, dont l'objet est limité suivant son titre même, renferme la même clause au point de vue des conditions d'application.

La connaissance détaillée des tarifs généraux tant de grande que de petite vitesse est absolument indispensable, même à un débutant ; nombre de clauses en sont d'ailleurs communes ou très voisines pour la grande et pour la petite vitesse, et nous poursuivrons notre examen parallèlement pour les deux vitesses, après avoir parcouru d'un coup d'œil rapide la table des matières des deux tarifs généraux G. V. et P. V. que vous trouverez réunie dans le tableau comparatif suivant, où les titres des chapitres, des sections et des paragraphes sont mis en évidence par la disposition typographique du texte :

---

(1) C'est ce qui explique qu'il soit limité aux messageries et aux denrées, seuls transports pour lesquels les bases des barèmes des tarifs généraux intérieurs ne sont pas à base kilométrique constante.

TARIFS GÉNÉRAUX DE GRANDE VITESSE

NATURE DES DISPOSITIONS	CHAPITRES	SECTIONS	Paragraphes	ARTICLES
VOYAGEURS — PRIX DE TRANSPORT ET CONDITIONS D'APPLICATION	I			
Prix de transport :				
Voyageurs ordinaires				1
Militaires et marins				2
Enfants				3
Conditions d'application :				
Paiement préalable, déclassement				4
Distribution des billets				5
Contrôle				6
Étendue du tarif, itinéraire				7
BAGAGES, ARTICLES DE MESSAGERIE, MARCHANDISES, DENRÉES, LAIT, FINANCES, VALEURS, OBJETS D'ART, CHIENS	II			
Prix de transport et conditions d'application		I		
Bagages			I	
Prix de transport :				
Bagages en franchise ; limitation dans les express et rapides				8
Tarif des excédents :				
Voyageurs ordinaires				9
Militaires et marins				10
Conditions d'application :				
Paiement préalable				11
Modalités d'enregistrement ; timbre ; étiquetage				12
Délais d'enregistrement ; bagages présentés tardivement				13
Articles de messagerie et marchandises			II	14
Denrées			III	15
Groupage des colis (disposition commune aux messageries et denrées)				15 *bis*
Finances, valeurs et objets d'art			IV	
Tarif				16
Conditionnement ; responsabilité du chemin de fer				17
Chiens			V	
Tarif				18
Transport dans les voitures				19
Chargement et déchargement des chiens non accompagnés				20
Faculté d'expédier les chiens au tarif des animaux en cages				21

TARIFS GÉNÉRAUX DE PETITE VITESSE

NATURE DES DISPOSITIONS	CHAPITRES	SECTIONS	Paragraphes	ARTICLES
MARCHANDISES	I			
Classification		I		
Classes du Cahier des Charges				1
Répartition en six séries				2
Prix de transport et conditions d'application		II		
Marchandises en général			I	
Barèmes des 6 séries, exportation				3
Colis de 40 kg. au plus ; groupage				4 et 5
Colis renfermant des marchandises de séries différentes				6
Coupures de poids pour le calcul des taxes				7
(Le § II, art. 3, qui visait le plaqué d'or et d'argent, les broderies, les dentelles, les objets d'art et le mercure, a été supprimé et remplacé par l'art. 12 *bis* ci-après).				
Monnaies de billon			III	9

TARIFS GÉNÉRAUX DE GRANDE VITESSE

NATURE DES DISPOSITIONS	CHAPITRES	SECTIONS	Paragraphes	ARTICLES
Marchandises ne pesant pas 200 kg. sous le volume d'un mètre cube			VI	22
Masses indivisibles et objets de dimensions exceptionnelles			VII	23
Frais accessoires		II		
Enregistrement				24
Manutention				25
Pesage				26
Magasinage				27
(L'art. 28 relatif à l'avis de majoration de taxe pour magasinage prolongé a été supprimé et ses dispositions ont été insérées à l'art 62 ci-après).				
Dépôt des bagages				29
VÉHICULES ROUTIERS, POMPES FUNÈBRES, ANIMAUX	III			
Prix de transport et conditions d'application		I		
Véhicules routiers			I	
Prix à percevoir				30
Voitures dépassant le gabarit				31
Pompes funèbres			II	32
Animaux			III	
Prix à percevoir; personnes accompagnant des animaux; petits animaux en caisses				33
Chevaux des militaires et marins				34
Animaux d'une valeur supérieure à 5.000 fr.				35
Animaux de petite taille en cages, caisses ou paniers				36
Gares acceptant les voitures, chevaux et bestiaux				37
Frais accessoires		II		
Enregistrement				38
Manutention				39
Magasinage				40
Cas des transports taxés au poids				41

TARIFS GÉNÉRAUX DE PETITE VITESSE

NATURE DES DISPOSITIONS	CHAPITRES	SECTIONS	Paragraphes	ARTICLES
Marchandises ne pesant pas 200 kg. sous le volume d'un mètre cube			IV	10
Matières inflammables ou explosibles et matières dangereuses, vénéneuses ou infectes			V	11
(Le § VI, art. 12, qui visait les masses indivisibles et objets de dimensions exceptionnelles, a été supprimé et remplacé par l'art. 41 *bis* ci-après).				
Frais accessoires		III		
Enregistrement				13
Manutention; transmission et transbordement; location au public des grues et appareils de levage				14
Pesage				15
Magasinage				16
VOITURES, ANIMAUX	II			
Prix de transport et conditions d'application		I		
Véhicules routiers			I	
Prix à percevoir				17
Voitures de déménagement				18
Exclusion des voyageurs dans les voitures transportées en petite vitesse				19
Voitures dépassant le gabarit				20
Animaux			II	
Prix à percevoir; personnes accompagnant des animaux; petits animaux en caisses				21
Animaux d'une valeur supérieure à 5.000 fr.				22
Animaux dangereux				23
Animaux de petite taille en cages, caisses ou paniers; exclusion des chiens				24
Gares acceptant les voitures, chevaux et bestiaux				25
Exportation				25 *bi*
Frais accessoires		II		
Enregistrement				26
Manutention				27
Transmission et transbordement				28
Magasinage				29
Location au public des grues et appareils de levage; pesage				30

TARIFS GÉNÉRAUX DE GRANDE VITESSE

NATURE DES DISPOSITIONS	CHAPITRES	SECTIONS	Paragraphes	ARTICLES
DISPOSITIONS GÉNÉRALES	IV			
Distances				42
Fractions de poids pour le calcul des taxes				43
Calcul des taxes				44
Minimum de perception par expédition				45
Animaux dangereux ; matières dangereuses, inflammables, vénéneuses, etc... et matières infectes				46
Conditionnement des marchandises				47
Déclarations				48
Fausses déclarations				49
Paiements				50
Débours				51
Remboursements				52
Lettre de voiture et récépissé ; comptage				53
Délais de transport et de livraison				54
Avis d'arrivée				54 *bis*
Délais de livraison et d'enlèvement des marchandises				55
Envoi des avis d'arrivée des marchandises				56
Avis concernant les manutentions à faire par les particuliers				57
Camionnage d'office				58
Jours fériés				58 *bis*
Désinfection des wagons				59
Demandes de matériel pour le transport des voitures et des animaux				60
Avis de livraison				61
Avis de souffrance et de majoration de taxes pour magasinage à adresser à l'expéditeur				62
Modification du contrat de transport primitif				63
FORMALITÉS EN DOUANE	V			
Conditions générales d'accomplissement des formalités				64
Accomplissement des formalités par le chemin de fer				65
Accomplissement des formalités en douane par le public				66

TARIFS GÉNÉRAUX DE PETITE VITESSE

NATURE DES DISPOSITIONS	CHAPITRES	SECTIONS	Paragraphes	ARTICLES
MATÉRIEL ROULANT	III			
Prix de transport		I		31
Frais accessoires		II		
Enregistrement				32
Manutention ; transmission				33
Pesage				34
Magasinage				35
CHARGEMENT, DÉCHARGEMENT ET STATIONNEMENT DES WAGONS DONT LA MANUTENTION EST FAITE PAR LES PARTICULIERS	IV			
Chargement des wagons				36
Déchargement des wagons				37
Wagons appartenant à des particuliers				38
DISPOSITIONS GÉNÉRALES	V			
Distances et itinéraires				39
Fractions de poids				40
Calcul des taxes				41
Masses indivisibles et objets de dimensions exceptionnelles				41 *bis*
Matières inflammables ou explosibles, animaux et objets dangereux				42
Plaqué d'or ou d'argent, broderies, dentelles, objets d'art, mercure				42 *bis*
Conditionnement des marchandises				43
Déclarations				44
Fausses déclarations				45
Paiements				46
Débours				47
Remboursements				48
Lettre de voiture				49
Récépissé ; comptage				50
Délais de transport				51
Avis d'arrivée				51 *bis*
Délais de livraison et d'enlèvement des marchandises				52
Envoi des avis d'arrivée des marchandises				53
Avis concernant les manutentions à faire par les particuliers				54
Avis de livraison				55
Camionnage d'office				56
Jours fériés				57
Désinfection des wagons				58
Avis de souffrance à adresser à l'expéditeur				59
Modification du contrat de transport primitif				60
Conditions particulières aux tarifs d'exportation et de transit, justification de l'exportation et du transit				61
FORMALITÉS EN DOUANE	VI			
Conditions générales d'accomplissement des formalités				62
Accomplissement des formalités par le chemin de fer				63
Accomplissement des formalités en douane par le public				64

Comme vous le voyez par l'énumération qui précède, les tarifs généraux sont très étendus (1) ; à côté des stipulations relatives aux prix, on y trouve un très grand nombre de stipulations d'ordre divers relatives aux conditions d'exécution du transport ; c'est un point sur lequel j'ai déjà appelé votre attention dans la première leçon.

Si nous classons ces stipulations d'après leur nature, nous voyons que certaines sont particulières à la grande vitesse : ce sont surtout celles qui visent les voyageurs (chap. I), leurs bagages (chap. II, section I, paragraphe I), les finances, valeurs et objets d'art (mêmes chapitre et section ; paragraphe IV), les chiens (mêmes chapitre et section, paragraphe V) et les cercueils (partie du chapitre III) : il s'agit là de transports qui, par leur nature, ne peuvent s'effectuer qu'en grande vitesse. D'autres au contraire sont spéciales à la petite vitesse : ce sont celles qui visent le matériel roulant sur rails (chapitre III) qui n'est admis au transport qu'en petite vitesse, et le chargement, le déchargement et le stationnement des wagons dont la manutention est faite par les particuliers (chapitre IV). Mais la plupart sont communes à la grande et à la petite vitesse.

Je vous invite à retenir la division en chapitres, sections et paragraphes des tarifs généraux tant de grande que de petite vitesse, ainsi que l'objet de chaque article, ce qui est absolument indispensable pour que vous puissiez rapidement vous reporter au texte exact de telle disposition que vous auriez à appliquer ; il serait d'ailleurs utile que vous acquériez rapidement une connaissance complète des textes eux-mêmes dont l'application est de tous les instants.

a) Voyageurs.

Les dispositions des tarifs généraux de grande vitesse applicables aux voyageurs (chap. I, article 1 à 7) ne motivent pas d'observation spéciale ; elles sont très succinctes et suffisamment claires pour que vous en saisissiez toute la portée par une lecture attentive. Je vous ai déjà indiqué en détail comment elles s'appliquent en ce qui concerne le calcul de la distance, dans lequel joue d'ailleurs l'article 42, qui fixe les minima de distances (voir plus haut). Je me bornerai donc à vous signaler que, contrairement à ce que nous verrons pour les autres transports, le transport d'un voyageur est toujours *payé par avance* (2), et que ce paiement donne lieu à la délivrance d'un billet qui constitue à la fois *reçu* (d'où l'application du droit de timbre-quittance) et *contrat de transport* constatant les droits et obligations du voyageur (du fait qu'il définit le parcours à effectuer, et la classe à utiliser). La durée de validité du billet n'est pas expressément indiquée par le texte, mais elle découle des prescriptions relatives à l'heure de délivrance du billet par rapport au train à utiliser pour le départ (art. 5), à la limitation de sa validité à la date qu'il porte (art. 4), et du fait que le billet ne donne au voyageur que le droit d'être transporté jusqu'à sa destination, et non celui de s'arrêter ou de séjourner en cours de route.

---

(1) Ils comprennent en grande vitesse cinq chapitres, dont deux, les chap. II et III, se décomposent en deux sections ; la première de ces sections se subdivise à son tour en 7 paragraphes pour le chap. II et en 3 paragraphes pour le chap. III ; au total, il existe 68 articles numérotés de 1 à 66 (compte tenu de la suppression de l'art. 28 et de l'existence des art. 15 *bis*, 54 *bis* et 58 *bis*).

En petite vitesse, les tarifs généraux comprennent six chapitres, dont trois (les chapitres I, II et III) se subdivisent, le premier en trois sections, chacun des autres en deux sections ; les sections II du chap. I et I du chap. II comprennent elles-mêmes, la première 4 et la seconde 2 paragraphes ; au total, il existe 66 articles numérotés de 1 à 64 (compte tenu de la suppression des art. 8 et 12 et de l'existence des art. 25 *bis*, 41 *bis*, 42 *bis* et 51 *bis*.

(2) A noter que cette règle s'applique aussi aux bagages.

b) Marchandises.

1° Déclarations d'expédition.

La première des dispositions communes à la grande et à la petite vitesse dont j'aurai à vous entretenir en ce qui concerne les marchandises est celle qui définit la contexture de la déclaration d'expédition (art. 48 G. V. et 44 P. V.). La *déclaration d'expédition* est la pièce que remet l'expéditeur, en même temps que la marchandise, pour demander l'exécution du transport ; cette pièce doit être datée et signée, et indiquer :

1° le nom et l'adresse de l'expéditeur ;

2° le nom et l'adresse du destinataire ;

3° le nombre, le poids et la nature des colis, leurs numéros, marques ou adresses, et, en outre, pour la petite vitesse, *si le chargement est fait par l'expéditeur*, les lettres de série, le numéro et les marques de propriété des wagons, inscrits sur ceux-ci dans un cadre spécial ;

4° la mention « à domicile » ou « en gare », selon que la marchandise devra ou non être camionnée (le tarif précise qu'à défaut de cette mention, la marchandise sera, s'il s'agit de grande vitesse, adressée à domicile dans les localités où existe un service de factage, et, s'il s'agit de petite vitesse, adressée en gare) ;

5° (en P. V. seulement), la ou les gares jalonnant l'itinéraire allongé revendiqué. (Nous avons vu précédemment, en parlant des distances, la portée de cette indication ; bien que les tarifs généraux de grande vitesse soient muets sur ce point, nous avons également vu que l'expéditeur peut aussi dans certains cas fixer un itinéraire) ;

5° en G. V. ou 6° en P. V., la mention « en port dû » ou « en port payé », selon que la totalité des frais de transport doit être payée par le destinataire ou par l'expéditeur ; ou encore l'une des mentions « en port payé à l'exclusion des frais de factage » ou « en port payé jusqu'à..... » si une partie seulement des frais de transport doit être payée par l'expéditeur (voir plus loin Paiements, art. 50 G. V. et 46 P. V.).

6° en G. V. ou 7° en P. V., la somme (inscrite en toutes lettres) à faire suivre, soit comme débours, soit comme remboursement, et le tarif à appliquer au retour des fonds ;

7° en G. V. ou 8° en P. V., la mention que les frais de retour des remboursements sont à la charge soit de l'expéditeur, soit du destinataire. (Il résulte de cette disposition que seul l'expéditeur a qualité pour décider sur ce point, le destinataire n'ayant pas le pouvoir de modifier cette décision) ;

8° en G. V. ou 9° en P. V., la demande de comptage, si l'expéditeur désire que le nombre des pièces soit inscrit sur le récépissé, conformément aux articles 53 G. V. et 50 P. V. et moyennant, s'il y a lieu, le paiement de la taxe prévue pour cette opération ;

9° ou 10° pour certains transports spéciaux, des renseignements particuliers que nous rencontrerons à l'occasion de l'étude des prix de transport.

Indépendamment des indications ainsi définies que doit comporter toute déclaration et qui sont évidemment nécessaires à la conclusion du contrat de transport, l'expéditeur doit en outre fournir, en vertu des mêmes articles 48 G. V. et 44 P. V., s'il s'agit de colis soumis aux contributions indirectes, à la douane ou à l'octroi, tels pièces et renseignements que de besoin, afin que le transport et la transmission de ces colis ne puissent subir aucun retard ou empêchement, ou, en d'autres termes, afin que soit possible pour le chemin de fer l'exécution du contrat de transport qu'il s'agit de conclure. (Voir l'Instruction 641, en ce qui concerne l'octroi de Paris, et aussi le Règlement de Comptabilité, art. 426 à 436).

Enfin, pour la petite vitesse, l'article 44 comporte encore une clause d'après laquelle toute expédition qui ne serait pas complétée dans les 24 heures peut être refusée et la marchandise renvoyée au domicile de l'expéditeur ou transportée dans un magasin public, à ses frais ; cette disposition tend à empêcher le public d'utiliser abusivement nos gares comme magasins, au risque de les encombrer et de gêner le bon fonctionnement du service ; il est prévu par ailleurs (art. 16, 29 et 35 P. V.) que le chemin de fer peut, s'il n'use pas de la clause susvisée de l'article 44, conserver la marchandise en gare sur la demande de l'expéditeur en percevant une taxe de magasinage, mais il lui est toujours loisible de refuser cette faculté, ce que l'on ne fait d'ordinaire que si le défaut de place le rend nécessaire dans l'intérêt du service. (Voir au sujet des dépôts en gare, avant remise au transport, la circulaire 1505, qui traite du cas particulier des dépôts de paille et de bois).

L'un des premiers soins des agents du chemin de fer, en présence d'un expéditeur, doit naturellement être de s'assurer que la déclaration est dûment remplie et que les renseignements qui y figurent sont bien d'accord avec la réalité, notamment en ce qui concerne la désignation des marchandises (3° ci-dessus) ; dans les petites gares, c'est le même agent qui a la charge de toutes ces opérations : reconnaissance de la marchandise, pesage, vérification de la teneur de la déclaration ; dans les gares plus importantes, où le travail a pu être spécialisé, il existe des agents reconnaisseurs qui contrôlent la désignation et le poids de la marchandise et certifient par un visa approprié l'exactitude des indications de la déclaration ; le taxateur n'a plus, avant de faire la taxe, qu'à s'assurer que la déclaration a été régulièrement remplie et a été visée par le reconnaisseur.

Il n'appartient en aucun cas aux agents des gares de compléter ou de rectifier eux-mêmes les indications portées par l'expéditeur sur sa déclaration ; ils doivent seulement, si ces indications sont insuffisantes ou inexactes, inviter l'expéditeur à régulariser sa déclaration, sauf à refuser l'expédition en cas de refus. Par contre, il peut arriver que les énonciations obligatoires pour l'expéditeur soient insuffisantes pour permettre l'établissement de la taxe ; il est en effet nécessaire dans certains cas de connaître le volume des colis (s'ils ne pèsent pas 200 kg. sous le volume d'un mètre cube), leur largeur ou leur longueur (objets de dimensions exceptionnelles), l'empattement ou même la puissance du moteur s'il s'agit de voitures, la portée ou la capacité, la tare, le nombre d'essieux et le type de freins s'il s'agit de transport en wagons particuliers : les agents doivent ajouter eux-mêmes sur la partie de la déclaration réservée à la gare celles de ces mentions dont l'inscription ne serait pas imposée à l'expéditeur, à défaut de prescriptions des tarifs généraux, par les clauses des tarifs spéciaux applicables (voir à ce sujet le Guide pratique des taxes, article 2).

Fausses déclarations.

Pour permettre au chemin de fer de déceler les indications erronées que peut contenir la déclaration lorsque la marchandise est présentée emballée, les articles 49 G. V. et 45 P. V. prévoient que le chemin de fer peut, soit au départ, soit à l'arrivée, exiger l'ouverture des colis et que procès-verbal est dressé de cette opération. L'Instruction 601 « Surveillance des fausses déclarations » et les Circulaires 1508 et 1534 qui complètent cette Instruction précisent les mesures à prendre en pareil cas ; j'ai à peine besoin de vous signaler que la vérification des déclarations présente une grande importance pour les recettes des Réseaux et réclame des agents toute leur vigilance dans la répression des fraudes auxquelles tentent parfois de se livrer certains expéditeurs peu scrupuleux. Le *Manuel des agents à la manutention* renferme aussi à ce sujet certaines indications intéressantes, et vous aurez à vous y reporter.

Paiements.

Vous avez vu, il y a un instant, que la déclaration d'expédition doit indiquer à qui incombe le paiement des frais de transport. Les articles 50 G. V. et 46 P. V. renseignent sur les droits laissés à l'expéditeur à cet égard ; celui-ci peut choisir entre le paiement des frais, soit par l'expéditeur (port payé), soit par le destinataire (port dû), soit partie par l'un et par l'autre, la somme à laisser dans ce dernier cas à la charge du destinataire ne devant d'ailleurs comprendre que les frais de factage à l'arrivée (si l'expédition a été stipulée livrable à domicile) et les frais afférents au parcours effectué au delà de la gare de sortie des réseaux participants (si le transport est à destination d'un au delà de la dite gare, c'est-à-dire en général d'un réseau secondaire, et si en outre la taxation au delà de cette gare ne résulte pas d'un tarif commun applicable de part et d'autre de la dite gare).

Il est fait exception à la faculté ainsi accordée à l'expéditeur, et celui-ci doit obligatoirement payer tous les frais, s'il s'agit d'envois qui, d'après l'appréciation du chemin de fer, sont sujets à prompte détérioration ou qui, à cause de leur valeur minime ou de leur nature, ne garantissent pas suffisamment le paiement des frais de transport.

Déboursés.

Les articles 51 G. V. et 47 P. V. disposent que l'avance, au départ, des frais ou déboursés dont une expédition peut être grevée n'est obligatoire que de Compagnie à Compagnie et au transit d'une ligne de fer sur une autre.

Je vous ai précisé plus haut que les débours doivent rester limités à des sommes suffisamment faibles pour être couvertes en toute certitude par la valeur de la marchandise ; lorsqu'il n'en est pas ainsi, le paiement doit en être refusé et l'expéditeur est invité à en faire suivre le montant comme remboursement (voir à ce sujet les articles 307 et 308 du Règlement de Comptabilité).

Remboursements.

Les articles 52 G. V. et 48 P. V. portent que les sommes qui suivent les expéditions à titre de remboursement sont soumises au retour à la taxe portée au tarif général ou aux tarifs spéciaux de la grande vitesse pour le transport des finances. Les tarifs spéciaux ainsi visés se résument en fait dans le tarif G. V. 15/115 dont le chapitre I comporte un paragraphe III spécial aux « retours d'argent pour les expéditions faites contre remboursement ». J'appelle à ce sujet votre attention sur ce qu'exceptionnellement, pour les colis agricoles (voir ce tarif), le retour des fonds est effectué, en gare ou à domicile, aux prix et conditions prévus pour les remboursements dans le tarif pour le transport des colis postaux.

(Voir pour les remboursements les articles 311 à 341 du Règlement de Comptabilité et les Instructions Générales, émanant du Contrôle Commun, concernant le trafic direct de grande vitesse, art. 21 à 30, et de petite vitesse, art. 22 à 31).

Conditionnement des marchandises.

Pour en terminer avec la déclaration d'expédition, les indications qu'elle doit comporter et les vérifications auxquelles elle doit donner lieu, il me reste à vous signaler les dispositions très importantes des articles 47 G. V. et 43 P. V. relatives au conditionnement des marchandises. Aux termes de ces dispositions, le chemin de fer n'est pas tenu d'accepter non emballées les marchandises que le commerce est dans l'usage d'emballer, ni d'accepter les marchandises remises dans un emballage défectueux ou qui présentent une trace évidente de détérioration. Une disposition récente vise en outre les mesures à prendre pour les appareils munis de moteurs électriques.

Vous saisirez aisément l'importance de ces clauses et l'intérêt qui s'attache à vérifier à ce point de vue les expéditions pour ne pas engager abusivement la responsabilité de la Compagnie. Sans doute, cette responsabilité est-elle exclue pour les avaries qui résultent du vice propre de la chose ou d'une faute de l'expéditeur, et notamment celles qui sont dues à un emballage défectueux ou insuffisant, ou à l'état même de la marchandise (fruits et légumes dont la maturité est avancée, par exemple), mais il ne faut pas oublier que, le cas échéant, la preuve du vice propre ou de la faute de l'expéditeur est à la charge de la Compagnie et que, si le défaut de réserves au départ ne saurait lui être opposé, rien ne vaut néanmoins à cet égard la reconnaissance des défectuosités faite sur la note de remise originale de l'expéditeur (voir à ce sujet le chapitre II du *Guide des Litiges,* ainsi que les indications détaillées du *Manuel des Agents à la Manutention*).

L'article 43 P. V. exclut également du transport les marchandises en vrac, telles que les pommes de terre, la houille, le soufre, etc..., qui sont susceptibles de se confondre avec d'autres marchandises de même nature ou dont le contact pourrait être nuisible, à moins qu'elles ne soient remises par wagon complet d'au moins 4.000 kg. ou que, la charge étant insuffisante, l'expéditeur ne consente à payer pour ce poids ; en pareil cas, la manutention doit être effectuée par le public tant au départ qu'à l'arrivée.

L'article 47 G. V. stipule en outre que les Administrations n'acceptent pas le transport des objets dont les dimensions excèdent celles du matériel (cette clause se trouve en P. V. dans l'art. 41 *bis,* relatif aux masses indivisibles et objets de longueur exceptionnelle, dont nous parlerons plus loin).

Indépendamment des dispositions qui viennent d'être indiquées et qui se rapportent plus spécialement au Conditionnement des marchandises, les articles 47 G. V. et 43 P. V. renferment encore des clauses, dans le détail desquelles je n'entrerai pas, relatives à l'étiquetage, soit des colis, soit des wagons. Ces clauses, bien qu'elles aient donné lieu et donnent encore lieu à de vives protestations du commerce, ont le grand avantage de faciliter l'application des colis égarés ou séparés de leurs écritures ; leur mise en vigueur après la guerre s'est montrée très efficace pour réduire le nombre des pertes de colis, et il y a à cet égard le plus grand intérêt à en exiger la stricte application.

2° Lettre de voiture et récépissé.

Si la déclaration d'expédition est la base essentielle du contrat de transport, elle ne constitue pas à elle seule ce contrat, puisqu'elle émane de l'expéditeur seul ; elle doit donc être complétée par un document émanant du chemin de fer, lequel document est généralement constitué par le récépissé à l'expéditeur, prévu aux articles 53 G. V. et 50 P. V. Il y a lieu tout d'abord de signaler à cette occasion qu'aux termes de l'article 53 G. V., tout expéditeur peut demander la constatation de l'expédition par une lettre de voiture timbrée, dont un exemplaire reste aux mains du chemin de fer et l'autre aux mains de l'expéditeur ; en petite vitesse, les tarifs généraux ne reproduisent pas cette disposition, qui est de droit commun, mais indiquent (art. 49) que le chemin de fer n'accepte que pour le coût du timbre le débours des lettres de voiture fournies par l'expéditeur et n'est pas tenu d'accepter les lettres de voiture payables au retour (Voir au sujet de la lettre de voiture, dont l'usage est d'ailleurs très peu fréquent en dehors du trafic international, l'art. 272 du Règlement de Comptabilité).

Lorsque, ce qui est le cas de beaucoup le plus général, l'expéditeur ne fournit pas (en P. V.) ou ne demande pas (en G. V.) de lettre de voiture, le chemin de fer est tenu de lui délivrer un récépissé énonçant la nature, le poids et la désignation des colis, les nom et adresse du destinataire, le prix total du transport et le délai dans lequel le transport devra être effectué. En petite vitesse (art. 50), il est en outre prévu que le récépissé doit énoncer la superficie du wagon utilisé, si la taxe s'établit à la surface, et les lettres de série, numéros et marques de propriété des wagons, s'il s'agit de marchandises dont le chargement est fait par l'expéditeur ; il est de plus précisé que la première partie du récépissé accompagne l'expédition et doit être remise au destinataire, la seconde étant délivrée à l'expéditeur. Bien que les tarifs généraux G. V. ne parlent pas de récépissé au destinataire, la pratique suivie est d'ailleurs la même en G. V. et en P. V. : il est établi simultanément au décalque deux récépissés, l'un pour l'expéditeur, l'autre pour le destinataire (voir à ce sujet les articles 254 à 271 du Règlement de Comptabilité).

Je vous ai longuement parlé dans la précédente leçon du droit de timbre du récépissé, et des règles spéciales aux envois comprenant plusieurs wagons ; je n'y reviendrai pas ici, me bornant à vous signaler que ces dispositions figurent aux articles 53 G. V. et 50 P. V.

Comptage.

Nous avons vu plus haut que la déclaration d'expédition peut comporter une demande de comptage. Les articles 53 G. V. et 50 P. V. précisent les cas où cette demande est recevable et les taxes à percevoir pour l'exécution de cette opération (voir les articles 394 et 395 du Règlement de Comptabilité).

Bulletin de bagages.

Les dispositions qui précèdent (déclaration d'expédition, récépissé à l'expéditeur) ne sont pas applicables aux bagages, pour lesquels le voyageur n'a pas à remettre de document spécial, et dont l'enregistrement est constaté par un récépissé d'un modèle spécial, dit « bulletin de bagages » (art. 12 G. V.) ; nous avons vu dans la précédente leçon les dispositions particulières à ce bulletin en ce qui concerne le timbre du récépissé et, le cas échéant, le timbre-quittance.

L'article 12 susvisé impose au voyageur l'étiquetage de ses bagages, dans des conditions analogues à celles qui sont prévues pour les expéditions G. V. et P. V. ordinaires. (Voir l'article 162 du Règlement de Comptabilité).

3° Modification du contrat de transport.

L'échange de la déclaration d'expédition, remise par l'expéditeur au chemin de fer, et du récépissé, remis par le chemin de fer à l'expéditeur, consacre la conclusion définitive du contrat de transport. Mais le chemin de fer demeure jusqu'à la livraison responsable de la marchandise vis-à-vis de l'expéditeur et celui-ci garde le droit d'en disposer en modifiant le contrat initial. Les articles 63 G. V. et 60 P. V. règlent le mode d'exercice de ce droit, et il est essentiel de ne tenir compte des instructions de ce genre que lorsqu'elles remplissent bien les conditions stipulées ; bien entendu, elles ne sont plus recevables lorsque le destinataire a commencé à prendre livraison de la marchandise, ou plus exactement à compter du moment où, ayant réglé les frais, il est entré en possession du récépissé qui lui est destiné.

4° Modalités d'exécution du transport. Délais.

Le contrat de transport conclu (et, le cas échéant, modifié), comme il vient d'être dit, comporte comme conditions essentielles, d'une part des prix sur lesquels nous reviendrons, d'autre part des modalités diverses au premier rang desquelles il y a lieu de mentionner les délais de transport et de livraison.

Ces délais sont réglés par les articles 54 à 58 *bis* et 60 à 62 en G. V. et par les articles 51 à 57 en P. V., qui définissent à la fois les obligations du chemin de fer en matière de transport et de livraison et celles du public en matière de demande de matériel, et d'enlèvement des marchandises ; sur le point spécial des délais proprement dits, les dispositions de ces articles sont évidemment différentes pour la grande et pour la petite vitesse, puisque c'est précisément par les délais impartis au chemin de fer que se différencient ces deux modes de transport. Nous avons déjà vu à ce sujet, dans la précédente leçon, que les transports à grande vitesse sont ceux qui s'effectuent par les trains de voyageurs (ou par des trains de marchandises spéciaux de vitesse comparable à celle des trains de voyageurs), alors que les transports à petite vitesse sont ceux qui s'effectuent par des trains spéciaux au service des marchandises et à marche généralement plus lente. Pour les premiers, les délais sont définis par les horaires mêmes des trains utilisés ; pour les seconds, au contraire, ils se décomptent en jours, suivant la distance, sans faire intervenir les horaires des trains.

Les articles 54 G. V. et 51 P. V. reproduisent les dispositions des arrêtés ministériels qui définissent les délais et, en même temps que ceux-ci, les périodes d'ouverture des gares au public.

Ouverture des gares au public.

Les gares sont ouvertes, pour la réception et la livraison des marchandises, pendant les intervalles de temps ci-après définis :

a) *pour la petite vitesse,* au moins huit heures par jour, en deux périodes allant de 7 h. à 12 h. et de 14 h. à 17 h. (de 8 à 12 h. et de 14 à 18 h. sur le Réseau A. L. pendant les mois d'octobre à mars).

b) *pour la grande vitesse,* au moins neuf heures par jour, en deux périodes allant :

— en règle générale, de 7 h. à 12 h. et de 14 à 18 heures ;

— exceptionnellement sur le réseau A. L. et d'octobre à mars, de 8 h. à 12 h. et de 14 à 19 h. ;

— exceptionnellement aussi dans les gares de Paris, pendant 8 heures seulement, savoir de 9 h. à 12 h. et de 14 à 19 h. pour la réception des marchandises, et de 7 h. à 12 h. et de 14 à 17 h. pour la livraison des marchandises.

(Se reporter pour les détails et les dérogations diverses à ces principes aux textes eux-mêmes, aux Tableaux de dérogations des Chaix G. V. et P. V. et à l'Instruction 672).

Délai d'expédition.

Les conditions d'ouverture des gares au service étant ainsi définies, les délais de transport sont déterminés en considérant successivement un délai d'expédition, une durée du trajet, des délais de transmission de réseau à réseau s'il y a lieu et enfin un délai de livraison à l'arrivée : la somme des délais ainsi définis est d'ailleurs dans tous les cas seule opposable au chemin de fer.

En grande vitesse, les marchandises doivent être expédiées par le premier train de voyageurs comprenant des voitures de toutes classes et correspondant avec leur destination, pourvu qu'elles aient été présentées à l'enregistrement *trois heures* au moins avant l'heure réglementaire de ce train, faute de quoi ils sont remis au départ suivant. On ne retient pour l'application de cette formule ni les trains express, ni les trains poste auxquels la Compagnie admet exceptionnellement des voitures de 2e et 3e classes, lorsque ces trains sont nommément désignés, sur les tableaux de marche des trains et sur les livrets horaires mis à la disposition du public, comme ne transportant pas les marchandises à grande vitesse.

Le délai de trois heures défini ci-dessus est ramené à deux heures pour les expéditions présentées à l'enregistrement pendant l'heure qui commence la seconde période quotidienne d'ouverture des gares, indiquée plus haut.

En petite vitesse (où, comme je vous l'ai déjà dit, les délais se décomptent en jours), les marchandises doivent être expédiées dans le jour qui suit celui de la remise : c'est ce que l'on traduit d'ordinaire en disant que le jour de la remise ne compte pas dans le délai et qu'il est compté un jour pour l'expédition.

Durée du trajet.

En grande vitesse, les tarifs généraux sont muets sur le mode de décompte de la durée du trajet ; celui-ci résulte simplement des horaires des trains parcourant les lignes successives à utiliser jusqu'à destination, en considérant bien entendu pour le calcul du délai l'itinéraire sur lequel la taxe a été calculée ; aucun délai de correspondance n'est prévu en cas de changement de train en cours de route ; en ce cas, sont d'ailleurs seuls à envisager, au delà du point où a lieu le changement, les trains définis plus haut comme transportant les marchandises à grande vitesse (trains de voyageurs de toutes classes, à l'exclusion de certains trains express et trains poste désignés).

En petite vitesse, la durée du trajet est fixée en jours, *séparément sur chaque réseau emprunté,* à raison de 24 heures par fraction indivisible de 125 km., les excédents de distance qui ne dépassent pas 25 km. n'étant pas comptés. Toutefois, sur certaines lignes désignées à l'article 51 P. V., la durée du trajet est réduite à 24 heures par fraction indivisible de 200 km.

Un barème des délais de transport P. V. est inséré au fascicule I du Chaix P. V., à la suite des Tarifs généraux, et donne toutes les indications détaillées nécessaires à son application, notamment pour le cas où le trajet à effectuer sur un même réseau comprend à la fois des lignes où le délai est d'un jour par 125 km. et des lignes où ce délai est d'un jour par 200 km.

Délais de transmission.

En grande vitesse, il est prévu, à chaque point de passage des marchandises d'un réseau à un autre (1), un délai de transmission fixé à :

— trois heures lorsque la transmission se fait dans une gare commune.

— six heures lorsqu'elle se fait entre deux gares distinctes en communication par rails, les heures de fermeture de nuit ne comptant pas pour le calcul de ces six heures.

— six heures pour la transmission entre gares têtes de lignes à Paris, entre lesquelles le service de la grande vitesse n'est pas organisé au moyen de trains de jonction sur la ligne de Petite Ceinture.

Ce délai peut être augmenté dans certains cas particuliers par décision ministérielle, sans toutefois dépasser huit heures ; il s'entend à compter de l'arrivée du train qui apporte la marchandise, l'expédition devant avoir lieu par le premier train utile (train de voyageurs de toutes classes non interdit à la G. V.) dont le départ suit l'expiration du délai.

En petite vitesse, le délai de transmission est d'un jour dans une gare commune, de deux jours entre gares distinctes en communication par rails ; dans le cas de transmission par Petite Ceinture entre gares de Paris, ces gares sont considérées comme gares distinctes en communication par rails et le délai de transmission entre elles est de deux jours, y compris la durée du trajet sur la Petite Ceinture.

Le délai de transmission P. V. peut être augmenté dans certains cas particuliers par décision ministérielle, sans toutefois dépasser trois jours ; il n'y est pas ajouté de nouveau délai d'expédition.

Délai pour formalités en douane, et conditions d'exécution de ces formalités.

Les divers délais définis ci-dessus ne comprennent pas le temps nécessaire, le cas échéant, pour l'exécution des formalités en douane ; ce temps s'ajoute, s'il y a lieu, pour sa valeur réelle, au délai de transport proprement dit.

(1) A cet égard, les deux réseaux Etat AR et Etat RRO sont considérés comme ne formant qu'un seul et même réseau, et il n'est pas compté de délai de transmission entre eux.

Les articles 64 à 66 G. V. et 62 à 64 P. V., dans le détail desquels je n'entrerai pas, définissent en détail les conditions d'exécution de ces formalités et les taxes à percevoir lorsque le chemin de fer en assume la charge.

Délai de livraison.

Les délais qui précèdent, définissant l'heure limite (en G. V.) ou la date limite (en P. V.) à laquelle la marchandise doit parvenir à la gare de destination, sont complétés par l'indication d'un délai pour la mise à disposition du destinataire.

En grande vitesse, ce délai est de deux heures, à compter de l'expiration du délai de transport proprement dit ; si ce délai de deux heures expire dans l'intervalle de temps qui sépare les deux périodes d'ouverture d'une même journée, la marchandise doit être mise à disposition au plus tard une heure après le début de la seconde période de la journée.

En petite vitesse, les expéditions doivent être mises à la disposition des destinataires dans le jour qui suit celui de leur arrivée effective en gare ; c'est ce que l'on exprime d'ordinaire dans le calcul des délais en ajoutant un jour pour la livraison.

Avis d'arrivée.

Le chemin de fer, indépendamment des obligations qui lui sont imposées en matière de délai proprement dit, est encore tenu de faire connaître par avis, aux destinataires des envois livrables en gare, le moment où il peut mettre ces envois à leur disposition ; l'envoi des avis est obligatoire dès que la mise à disposition est possible.

Les articles 54 *bis* G. V. et 51 *bis* P. V. qui édictent cette disposition en règlent les modalités d'application.

La circulaire 1524 détaille en certains points le régime actuel des avis à l'arrivée ; le Règlement de Comptabilité, d'autre part, dans ses articles 290 à 294, comporte sur le même sujet un certain nombre de précisions auxquelles vous devrez vous reporter, en ce qui concerne en particulier le modèle de la dispense d'avis qui doit être rédigée sur papier timbré, l'envoi de l'avis au destinataire réel et non au porteur d'un ordre général d'enlèvement donné par ce destinataire (sauf le cas où cet ordre général dispose que les avis d'arrivée doivent être adressés à celui qui en est porteur), et surtout la remise des avis au guichet (mode d'envoi non prévu par le texte des tarifs, mais parfaitement licite).

Délais de livraison et d'enlèvement des marchandises.

Si le chemin de fer est tenu d'effectuer le transport et de tenir la marchandise à disposition du destinataire dans un certain délai, le destinataire d'un envoi adressé en gare, dûment avisé de l'arrivée de la marchandise, est tenu de son côté d'en prendre livraison dans un délai déterminé ; cette disposition est analogue à celle que nous avons rencontrée précédemment et qui prévoit, en petite vitesse, l'obligation pour l'expéditeur de compléter chaque expédition dans un délai de 24 heures. Les délais d'enlèvement des marchandises sont fixés par les articles 55 G. V. et 52 P. V. qui règlent en même temps les délais de mise à disposition par le chemin de fer.

L'obligation du chemin de fer consiste à mettre la marchandise à la disposition du destinataire au plus tard le lendemain de l'envoi de l'avis d'arrivée, à l'heure d'ouverture de la gare, qu'il s'agisse de grande ou de petite vitesse.

L'obligation du destinataire consiste :

— si la gare est dispensée de l'envoi de l'avis d'arrivée, à enlever la marchandise dans le courant de la journée où, d'après les documents du chemin de fer, elle a été à sa disposition le matin à l'ouverture de la gare ;

— dans le cas contraire, à enlever la marchandise dans le courant de la journée où elle a été mise à sa disposition, pourvu que l'avis lui ait été adressé de façon à lui parvenir la veille avant 18 heures (dans certaines gares du réseau du Nord, en cours de construction et n'offrant pas de voies de débord suffisantes, cette limite est reportée à 19 heures sur avis au public apposé dans chaque gare intéressée) pour les envois par wagons à décharger par le destinataire, et avant midi pour les expéditions manutentionnées par le chemin de fer ; si ces heures limites ne sont pas respectées, le délai assigné au destinataire est augmenté de 24 heures.

Les articles 55 G. V. et 52 P. V. rappellent d'ailleurs que leurs dispositions ne modifient en rien les obligations du chemin de fer au point de vue du délai de transport précédemment défini.

Jours fériés.

Les articles 58 *bis* G. V. et 57 P. V. complètent les dispositions ci-dessus en précisant que les dimanches et jours fériés ne sont pas comptés dans la supputation des délais pour la mise à disposition des destinataires et pour l'enlèvement des marchandises ou pour le chargement et déchargement des wagons.

Camionnage d'office.

L'inobservation par le destinataire des délais d'enlèvement qui lui sont impartis entraîne deux ordres de sanctions, savoir d'une part le camionnage d'office à ses frais, ou bien d'autre part la perception de frais de magasinage ou de stationnement.

Les dispositions relatives au camionnage d'office figurent aux articles 58 G. V. et 56 P. V. ; l'Instruction 602 en règle certaines modalités de détail.

Magasinage.

D'autre part, lorsque les marchandises ne sont pas enlevées, pour quelque cause que ce soit, à l'expiration des délais d'enlèvement et jusqu'à ce que la marchandise ait été enlevée par le destinataire ou camionnée d'office dans les conditions que nous venons de voir, il est perçu une taxe spéciale dite de magasinage.

Les taux à appliquer et les conditions correspondantes sont indiqués aux articles 27, 29, 40 et 41 G. V. et aux articles 16, 29 et 35 P. V. ; les taux fixés par ces articles sont d'ailleurs applicables, en ce qui concerne la petite vitesse, aux parties d'expéditions non complétées par l'expéditeur dans les 24 heures et que le chemin de fer consent à conserver en gare (voir ci-dessus « Déclaration d'expédition »).

L'article 29 G. V. traite du cas particulier des bagages ; il prévoit, non seulement le magasinage des bagages qui ne sont pas retirés à l'arrivée des trains, mais aussi la garde de bagages déposés dans les gares avant le départ sous la responsabilité du chemin de fer ; une clause de camionnage d'office, analogue à celle des articles 58 G. V. et 56 P. V., complète ces dispositions.

Pour les marchandises ordinaires (autres que les cercueils, voitures, animaux et matériel roulant), qui sont taxées au poids, les articles 27 G. V. et 16 P. V. prévoient un droit de magasinage au poids, par période de 24 heures et par coupure de 100 kg. (en G. V., il existe en outre une coupure spéciale pour les expéditions de 50 kg. au plus, qui paient la moitié des droits d'une coupure de 100 kg.) ; ces droits sont augmentés, pour les articles taxés à la valeur (G. V.), d'une taxe *ad valorem*.

Les droits ainsi définis sont applicables, non seulement aux expéditions adressées en gare et non enlevées dans les délais fixés, mais également aux expéditions adressées à domicile, dont le destinataire est absent ou inconnu, ou refuse de prendre livraison ; en ce cas, avis de ces circonstances doit être immédiatement donné à l'expéditeur ou au cédant, et les frais de retour des colis à la gare sont à la charge de la marchandise. En outre, en petite vitesse, ces droits sont aussi applicables dans le cas où le chemin de fer accepte de conserver en gare partie d'une expédition qui n'a pas été complétée dans les 24 heures (voir ci-dessus déclaration d'expédition).

Pour les cercueils (art. 40 G. V.), les droits de magasinage sont dus en cas de non enlèvement dès l'arrivée.

Pour les animaux (art. 40 G. V. et 29 P. V.), y compris les chiens (art. 27 G. V.), il n'est pas prévu de droits de magasinage à l'arrivée ; tout animal dont il n'est pas pris livraison à l'arrivée est mis en fourrière aux frais, risques et périls de qui de droit, et les frais de fourrière sont remboursés sur justification des dépenses.

Pour les véhicules et matériel routier et assimilés (art. 40 G. V., 29 P. V.), il est fait deux catégories, savoir :

— pour ceux dont la taxe s'établit uniquement à l'unité (voitures à voyageurs sans moteur mécanique munies ou non de leur carrosserie ou de leurs roues, et en outre, en P. V. seulement, voitures de déménagement vides), le droit est fixé à l'unité à des chiffres identiques en G. V. et en P. V.

— pour ceux dont la taxe s'établit au poids avec minimum par véhicule, ou à la fois à la pièce et au poids (voitures de déménagement chargées, en P. V.), le droit est fixé, *en G. V., à l'unité* (mêmes taux que pour la catégorie précédente pour les voitures sans moteur et ces taux doublés pour les voitures avec moteur) et *en P. V., à la tonne*, aux taux fixés par l'art. 16 P. V., mais avec un minimum par véhicule égal au double des taux à l'unité susvisés, ce minimum n'étant toutefois pas applicable aux véhicules, appareils ou engins emballés ou non dont le poids par colis n'excède pas 300 kg. (400 kg. pour les véhicules, appareils ou engins à moteur mécanique expédiés en caisses).

Les droits ainsi définis sont encore applicables, tant en G. V. qu'en P. V., au départ et dès l'expiration des 24 heures qui suivent la remise en gare des véhicules si le chemin de fer consent, sur la demande de l'expéditeur, à les conserver au delà de ce délai, le chemin de fer n'étant d'ailleurs tenu d'accepter que les véhicules prêts à être expédiés.

Par dérogation aux dispositions qui précèdent, les droits de magasinage sont calculés en G. V. (art. 41) sur le poids de l'expédition et aux taux fixés par l'art. 27 G. V. pour les marchandises ordinaires taxées au poids, s'il s'agit de véhicules dont la taxe de transport s'établit elle-même au poids, sans minimum à la pièce (véhicules dont le poids n'excède pas 300 kg. pour les véhicules à moteur mécanique emballés et 200 kg. dans les autres cas).

Pour le matériel roulant et assimilé, transporté en P. V. seulement, l'article 35 P. V. prévoit un droit de magasinage fixé par essieu, s'il s'agit de matériel de chemin de fer ; et au poids, d'après le tarif de l'article 16 P. V., s'il s'agit d'autre matériel, sans que dans ce dernier cas le droit puisse être inférieur par objet au taux fixé pour la première catégorie. Pour le matériel de chemin de fer, le même article 35 prévoit l'application de droits identiques au départ, dans les mêmes conditions que pour les voitures.

Stationnement.

Le chapitre IV P. V. (art. 36 à 38) prévoit en outre le détail des délais de chargement et de déchargement des wagons dont la manutention incombe à l'expéditeur et au destinataire, ainsi que les droits de stationnement à percevoir tant au cas de dépassement de ce délai qu'à celui d'immobilisation de matériel vide ou chargé qu'un embranché ne peut recevoir sur ses voies au moment où il est mis à sa disposition ; je n'entrerai pas dans le détail des dispositions de ces articles, qu'il vous suffira de lire attentivement pour en comprendre le sens et la portée, et qui sont en outre précisées sur certains points par l'Instruction 602, déjà citée à propos du camionnage d'office.

L'exacte perception des droits de magasinage et de stationnement est nécessaire pour la bonne marche et l'économie du service ; elle contribue en effet à assurer le dégagement des gares et à éviter des immobilisations de matériel, qui sont toujours onéreuses pour le chemin de fer et risquent de provoquer parfois des retards dans l'exécution des transports, faute de wagons.

La circulaire 1523 renferme au sujet de la perception des droits de magasinage des prescriptions que vous aurez à consulter, ainsi d'ailleurs que les dispositions de l'article 406 du Règlement de Comptabilité.

Avis de souffrance.

Je vous ai dit plus haut à propos du magasinage (art. 27 G. V. et 16 P. V.) que, dans le cas où une marchandise livrable à domicile a dû être ramenée en gare parce que le destinataire est absent ou inconnu ou parce qu'il refuse de prendre livraison, avis de cette circonstance doit être donné immédiatement à l'expéditeur. C'est là seulement un cas particulier de l'impossibilité où peut se trouver le chemin de fer de livrer la marchandise. Lorsque cette impossibilité se présente, on dit que la marchandise est en souffrance à la gare destinataire, et les mesures à prendre en pareil cas sont définies par les articles 62 G. V. et 59 P. V. Aux termes de ces articles, le chemin de fer est tenu d'aviser directement l'expéditeur de la souffrance, par lettre mise à la poste dans les 24 heures de la constatation du fait matériel qui s'oppose à la livraison, s'il s'agit de marchandises livrables en gare, et dans le même délai augmenté du délai de factage, de camionnage ou réexpédition (sans que cette augmentation puisse excéder 48 heures), s'il s'agit de marchandises livrables à domicile. (Ces délais sont augmentés des dimanches et jours fériés).

Les articles 62 G. V. et 59 P. V. définissent de façon précise ce qu'il faut entendre par marchandises en souffrance.

L'envoi à l'expéditeur de la lettre contenant l'avis de souffrance donne lieu à la perception d'une taxe égale au coût de l'affranchissement d'une lettre ordinaire en service intérieur ou en service international, suivant le cas.

La marchandise qui a fait l'objet de l'avis de souffrance reste à la disposition du destinataire primitif, dans les conditions du droit commun, jusqu'à la réception, par la gare destinataire, des instructions nouvelles de l'expéditeur.

La marchandise en souffrance est d'office soumise aux majorations de taxe pour magasinage ou stationnement prolongé ; toutefois, le chemin de fer ne peut percevoir le montant intégral de ces majorations que si l'avis de souffrance a bien été adressé à l'expéditeur dans les délais indiqués ci-dessus ; si cet avis a été lancé en retard, les taxes de magasinage et de stationnement non majorées (c'est-à-dire aux taux fixés pour la 1re période de 24 heures) sont seules opposables à l'expéditeur pour la période comprise entre la date à laquelle l'avis de souffrance aurait dû être envoyé et celle à laquelle il l'a été effectivement.

Ces dispositions sont reproduites et commentées dans le Guide des Litiges, au titre « Souffrances » (art. 65 à 69) et dans les articles 361 à 365 et 405 du Règlement de Comptabilité, qui précisent certains détails d'ordre matériel ou comptable.

Avis de livraison.

Le contrat de transport prend fin en principe avec la livraison de la marchandise au destinataire ; l'expéditeur peut avoir intérêt à être avisé de cette livraison et les articles 61 G. V. et 55 P. V. lui donnent la faculté d'obtenir un « *avis de livraison* » pour les marchandises à destination d'une gare d'un quelconque des Grands Réseaux français (y compris les Ceintures de Paris).

L'avis de livraison peut être demandé soit au moment de l'envoi, sur la déclaration d'expédition, soit postérieurement à cet envoi ; dans ce dernier cas, la demande est constatée par un reçu spécial.

L'avis de livraison est donné directement par la gare destinataire à l'expéditeur ; il doit être envoyé à compter de la livraison, dans des délais analogues à ceux qui sont prévus pour l'envoi de l'avis de souffrance à compter de la constatation de la souffrance. (24 heures pour les marchandises livrables en gare, 24 heures plus le délai de factage, camionnage ou réexpédition, sans maximum, pour les marchandises livrables à domicile).

La taxe à percevoir pour l'envoi d'un avis de livraison est fixée à 0 fr. 25, majoration et impôt non compris ; elle est encaissée par la gare de départ, soit au titre « au-delà », si la demande d'avis est portée sur la déclaration, soit contre le reçu spécial visé plus haut dans le cas contraire.

Les modalités spéciales à l'avis de livraison figurent aux articles 403 et 404 du Règlement de Comptabilité.

5° Dispositions relatives aux prix de transport proprement dits.

Il nous reste, pour en terminer avec l'examen des tarifs généraux, à examiner les stipulations relatives aux prix et qui visent, les unes, la taxe principale, les autres, certaines perceptions accessoires. Je me bornerai d'ailleurs à ce sujet à vous signaler les dispositions principales des tarifs sans entrer dans le détail des chiffres que vous trouverez dans les textes eux-mêmes.

Dispositions d'ordre général.

Les articles 42 à 45 G. V. et 39 à 41 P. V. renferment tout d'abord diverses dispositions d'ordre général ; règles relatives au calcul des distances et au minimum de distance à considérer (art. 42 G. V. et 39 P. V.), au choix des itinéraires (art. 39 P. V., nous avons examiné cette question précédemment ; voir à ce sujet les articles 14, 21, 40 et 62 du Guide pratique des taxes) ; règles relatives aux fractions de poids pour le calcul des taxes (art. 43 G. V. et 40 P. V., lorsque la taxe s'établit au poids, elle s'applique par fraction indivisible de 10 kg., sauf pour les expéditions G. V. de 5 kg. au plus pour lesquelles la taxe s'applique sur le poids de 5 kg.) ; règles relatives à l'arrondissement des prix des barèmes (question déjà examinée plus haut) et du prix total d'une expédition [art. 44 G. V. et 41 P. V. — le prix total est arrondi suivant les mêmes règles que le prix résultant du barème ; si l'expédition comprend des marchandises de catégories différentes, taxées à des barèmes différents, l'arrondissement est fait séparément pour les taxes résultant de chaque barème (1)] ; enfin, règles relatives au minimum de perception [art. 45 G. V. et art. 7 P. V., ce dernier ne visant que les transports taxés au poids, et aucun minimum de perception n'étant prévu pour les autres transports P. V. — cette question a été traitée précédemment (2)].

Bagages.

Les dispositions relatives aux bagages figurent aux articles 7 à 13 G. V. ; nous avons déjà parlé de l'article 12, qui traite du bulletin de bagages et du

---

(1) A noter que ces règles ne visent que l'arrondissement des taxes nues ; les tarifs sont muets sur le mode d'arrondissement à appliquer dans la transformation d'une taxe nue, soit en une taxe unique comprenant la majoration et l'impôt, soit d'une part en taxe majorée et d'autre part en impôt. Dans la pratique, on arrondit toujours selon la même règle le résultat de tous ces calculs.

(2) Voir d'ailleurs ci-après les minima de perception particuliers à certains transports (bagages des militaires et marins, chiens).

droit de timbre dont il est passible. Je ne m'étendrai pas sur les autres dispositions de ces articles, me bornant à vous indiquer qu'au delà d'un poids de 30 kg. par personne (20 kg. pour les enfants transportés à moitié prix ; pas de gratuité pour les enfants transportés gratuitement, ni pour les voyageurs de 4e classe sur le réseau A. L.), il est perçu sur les excédents une taxe fixée par tonne et par kilomètre, à des taux différents pour les excédents de plus de 40 kg. et pour les excédents de 40 kg. au plus des voyageurs civils, et pour les excédents de bagages des militaires et marins voyageant au tarif militaire (voir le minimum de perception réduit prévu pour ce cas).

Vous aurez à vous reporter, au sujet des bagages, aux Instructions 577 (4e tirage), 584 et 585, aux circulaires 1504 (3e tirage), 1510 (2e tirage), 1511 (2e tirage), 1514 (3e tirage), 1515 (4e tirage), 1516, 1519, 1520 (3e tirage) et 1535 ; enfin, aux dispositions du chapitre II (Bagages et chiens) du 1er volume du Règlement de Comptabilité, qui rappelle et explicite diverses dispositions des tarifs.

Cercueils.

Les cercueils sont transportés exclusivement en grande vitesse. L'article 32 G. V. indique que les cercueils sont taxés à l'unité à des prix variables suivant qu'ils sont transportés par trains omnibus ou mixte, dans un compartiment isolé, ou par train express, dans une voiture spéciale.

Les cercueils transportés dans des voitures des pompes funèbres ne sont pas soumis à des règles spéciales, la taxation à appliquer étant alors celle des voitures.

Les personnes qui accompagnent un cercueil isolé montent dans les voitures des Compagnies et paient les places qu'elles occupent, dans les mêmes conditions que les voyageurs ordinaires.

Marchandises ordinaires.

La catégorie de transports la plus importante est, tant en G. V. qu'en P. V., celle qui est constituée par les marchandises proprement dites (c'est-à-dire autres que bagages, cercueils, finances et valeurs, voitures, animaux et matériel roulant).

La taxation à appliquer aux marchandises ordinaires figure dans les articles 14, 15 et 15 *bis* G. V. et 1 à 6 P. V.

En *grande vitesse*, les marchandises ordinaires sont rangées en deux catégories : les articles de messagerie, dénomination qui englobe toutes les marchandises non reprises à la catégorie suivante, et les denrées. L'article 15 G. V. énumère les marchandises à comprendre sous la seconde dénomination ; cette énumération est complétée et précisée par une liste spéciale en la possession des gares, qui est mise à jour périodiquement.

Les articles 14 et 15 G. V. indiquent respectivement la tarification des messageries et celle des denrées ; il est prévu d'une part un barème spécial pour les paquets et colis pesant isolément 40 kg. et au-dessous, ce barème étant le même pour les messageries et pour les denrées (1) ; d'autre part, deux barèmes applicables respectivement aux messageries et aux denrées pour les expéditions de plus de 40 kg. Tous ces barèmes sont à base décroissante ou du système belge ; ils figurent, non seulement aux tarifs généraux intérieurs, mais encore au tarif général commun G. V. dont je vous ai signalé l'existence, de telle sorte qu'ils sont applicables aussi bien en trafic commun qu'en trafic intérieur. Il est stipulé qu'en aucun cas, la taxe à appliquer à un

---

(1) Cette identité des barèmes n'existe que pour les prix nus ; le taux de l'impôt n'étant pas le même pour les messageries et pour les denrées, les barèmes développés qui comprennent l'impôt font en réalité ressortir des prix différents (Voir : « Guide pratique des taxes », article 22).

colis de 40 kg. ne peut être supérieure à celle qui serait applicable à un colis de 41 à 50 kg. de même nature du fait du barème correspondant pour les expéditions de plus de 50 kg. : la comparaison de taxes que cette règle implique est fournie aux gares par les barèmes développés n°s 3 et 3 *bis* du Chaix G. V. qui indiquent que le barème des expéditions d'un poids supérieur à 40 kg. (appliqué sur 50 kg.) doit être appliqué à partir de

120 km. pour les messageries et 54 km. pour les denrées, pour les colis de 30 à 40 kg.

et à partir de 194 km. pour les denrées, pour les colis de 20 à 30 kg.

L'art. 15 *bis* G. V. précise dans quelles conditions le barème des colis de 40 kg. au plus peut être appliqué à un ensemble de paquets ou colis pesant isolément 40 kg. au plus, et également dans quelles conditions un ensemble analogue peut être taxé aux barèmes prévus tant au tarif général que dans les tarifs spéciaux pour les expéditions de plus de 40 kg. ; la portée de cet article est précisée par l'Instruction 594.

En petite vitesse, les marchandises sont rangées, non plus en deux catégories seulement, mais d'une part en quatre classes, d'après les indications du cahier des charges, d'autre part en six séries ; l'énumération des marchandises par classe et par série ne pouvant, en raison de son développement, être insérée dans les articles 1 et 2 P. V. qui prévoient ce classement, fait l'objet d'un document spécial qui, dans le fascicule 1 du Chaix P. V., précède immédiatement les Tarifs Généraux intérieurs et communs ; ce document, intitulé « *Classification générale des marchandises* », donne, par ordre alphabétique, une liste d'environ 1.400 dénominations, en indiquant pour chacune d'elles la classe du cahier des charges et la série du tarif général qui lui sont applicables ; on y trouve en outre des signes (astérisques) indiquant les marchandises soumises aux dispositions, dont nous parlerons plus loin, qui sont prévues pour les marchandises encombrantes et les matières dangereuses.

La Classification Générale ne pouvant, malgré son développement, comprendre toutes les marchandises susceptibles d'être remises au transport, et toute modification de ce document exigeant une homologation administrative régulière qui comporte un certain délai, les Réseaux ont établi un autre document, qui est à la fois plus complet et plus aisé à mettre à jour : c'est la *Table Générale des marchandises* qui figure en tête du fascicule 2 du Chaix P. V. Cette table, établie elle aussi dans l'ordre alphabétique, qui occupe plus de 130 pages du Recueil et contient près de 5.400 dénominations, reproduit toutes les désignations de la Classification et y ajoute toutes celles que l'expérience a révélées comme pouvant être utilisées dans la pratique ; elle indique en regard de chaque dénomination la désignation correspondante de la Classification Générale, la série du tarif général à appliquer (ou, le cas échéant, l'article, pour les marchandises passibles de taxations autres qu'au poids), les numéros des tarifs spéciaux intérieurs et communs dans lesquels la marchandise est susceptible de figurer, enfin l'indice prévu pour le régime de bâchage (voir ci-après tarifs spéciaux) ; elle donne également les indications utiles pour les marchandises encombrantes, dangereuses ou infectes.

Bien que la Table Générale soit assez complète pour suffire dans l'immense majorité des cas, il peut arriver néanmoins qu'une gare se trouve en présence d'une marchandise présentée par l'expéditeur sous une appellation non reprise à la Table. Elle doit, alors, inviter l'expéditeur à spécifier sur sa déclaration une désignation inscrite à la Table et correspondant à la nature de la marchandise ; en cas de refus, elle doit en référer à son Arrondissement et considérer la marchandise comme appartenant à la première série.

La série à appliquer à une marchandise une fois déterminée au moyen de la Table Générale, le prix découle des bases indiquées à l'article 3, qui porte en outre que les marchandises (autres que certaines marchandises dangereuses) bénéficient, lorsqu'elles sont exportées, d'une réduction de 10 0/0 sur les prix ordinaires des barèmes. Je vous ai déjà signalé que les barèmes du tarif général P. V. sont à bases décroissantes : je ne reviendrai pas sur ce point, non plus que sur l'usage des barèmes développés dont les gares sont munies.

Les articles 4 et 5 P. V. prévoient que les prix fixés à l'article 3 ne sont applicables qu'aux paquets ou colis pesant isolément plus de 40 kg., les colis de 40 kg. au plus étant taxés à 0 fr. 315 par tonne et par kilomètre, sans que d'ailleurs la taxe puisse être en aucun cas supérieure à celle d'une expédition de même nature pesant plus de 40 kg. L'article 5 reproduit en outre les clauses que je vous ai déjà signalées et qui figurent à l'article 15 *bis* G. V.

L'article 6 stipule le mode de taxation des paquets ou colis de plus de 40 kg. qui contiennent des marchandises de séries différentes ; la taxe à appliquer est alors celle de la série la plus élevée, à moins que l'expéditeur ne justifie de la nature et du poids détaillés des objets transportés, auquel cas les marchandises sont taxées séparément suivant la série à laquelle elles appartiennent. (*Guide pratique des taxes*, article 81) (1).

Les dispositions générales qui précèdent pour les marchandises ordinaires sont complétées par certaines clauses spéciales aux finances et valeurs, aux marchandises encombrantes, aux masses indivisibles et objets de dimensions exceptionnelles, et aux matières dangereuses infectes.

Finances, valeurs et objets d'art.

Les articles 16 et 17 G. V. prévoient pour les finances, valeurs et objets d'art (2) que la taxe à appliquer ne peut être inférieure :

— ni à la taxe résultant du poids constaté et du tarif général des articles de messagerie et marchandises à grande vitesse (art. 14) ;

— ni à une taxe calculée d'après la valeur (taxe *ad valorem*).

Ces dispositions impliquent l'obligation pour l'expéditeur de déclarer la valeur de ces objets, en l'inscrivant sur la déclaration d'expédition ; en cas de perte, le chemin de fer n'est pas tenu de rembourser au delà de la somme déclarée.

Le chemin de fer n'est pas tenu d'accepter les finances et valeurs à découvert ; l'expéditeur doit se conformer pour leur conditionnement aux dispositions du Règlement spécial les concernant (je vous ai signalé l'existence de ce Règlement en vous donnant la liste des matières insérées au Chaix G. V. à la suite des Tarifs Généraux intérieurs ; je me bornerai ici à vous y renvoyer).

En petite vitesse, l'article 42 *bis* classe les mêmes marchandises en deux catégories : celles de la 1re catégorie ne sont pas admises au transport en P. V. ; les autres paient les prix de la 1re série, augmentés de moitié, sauf pour le mercure, qui est accepté aux prix de la première série, sans majoration.

En grande comme en petite vitesse, les parties en métal précieux, telles que tubes de platine, des machines ou appareils quelconques, doivent être

(1) Nous avons déjà vu qu'en ce qui concerne l'impôt, le taux réduit de 5,75 0/0 est uniquement applicable aux expéditions composées *exclusivement* de marchandises des 5e et 6e séries ; des marchandises de ces séries, comprises dans une même expédition avec des marchandises d'une série supérieure, seraient donc passibles de l'impôt de 11,50 0/0.

(2) L'article 16 énumère les marchandises rentrant dans ces catégories.

enlevées par l'expéditeur avant la remise de ces objets à la gare de départ et expédiées à part, sous le régime qui leur est propre ; par contre, les monnaies de billon (art. 16 G. V., article 9 P. V.) sont considérées, non comme valeurs, mais comme marchandises, et taxées au poids (barème des messageries en G. V., 1re série en P. V.).

Marchandises encombrantes.

Les marchandises encombrantes ou, plus exactement, les marchandises qui ne pèsent pas 200 kg. sous le volume d'un mètre cube, sont soumises aux dispositions spéciales des articles 22 G. V. et 10 P. V.

Aux termes de ces articles, les denrées et objets qui ne sont pas nommément énoncés dans le tarif du cahier des charges et qui ne pèseraient pas 200 kg. sous le volume d'un mètre cube sont taxés moitié en sus des prix fixés par le tarif général, selon leur nature en G. V. (messageries ou denrées), ou selon la série du tarif à laquelle ils appartiennent en P. V., sans que, dans aucun cas, la taxe à percevoir puisse être supérieure à celle qui résulterait de l'application du tarif simple au poids fictif calculé à raison de 200 kg. par mètre cube.

Les marchandises susceptibles d'être soumises à ces dispositions sont indiquées avec un astérisque dans la classification générale des marchandises à petite vitesse.

La majoration prévue ci-dessus n'est applicable ni aux colis de 0 à 40 kg. taxés aux prix des barèmes exceptionnels prévus pour ces colis aux articles 14 et 15 G. V. et à l'article 5 P. V., ni aux marchandises soumises à un prix (barème ou prix ferme) inséré dans un tarif spécial, à moins que ce tarif spécial ne donne une indication contraire. Cette majoration s'applique uniquement à la taxe de transport proprement dite, et non aux frais accessoires.

Je vous ai déjà dit précédemment que, pour de telles marchandises, il y avait lieu de porter sur la déclaration le volume (avec, bien entendu, les dimensions qui ont servi à le déterminer) ; vous trouverez d'ailleurs dans l'Instruction 595 diverses indications qui précisent la portée des dispositions ci-dessus ; en outre, le *Guide pratique des taxes* (art. 20, 34, 35 et 91) renferme des renseignements complémentaires qui pourront vous être utiles. A noter en particulier qu'aux termes de l'Instruction 595, la majoration pour insuffisance de densité ne doit pas être appliquée en G. V. aux colis taxés au tarif des denrées.

Masses indivisibles et objets de dimensions exceptionnelles.

Les articles 23 G. V. et 41 *bis* P. V. édictent des dispositions spéciales à ces transports particuliers.

Tout d'abord, le chemin de fer n'est pas tenu d'accepter au transport les masses indivisibles pesant plus de 8 tonnes en G. V. ou de 20 tonnes en P. V., ni les objets dont les dimensions excèdent celles du matériel (ou, en outre, en P. V., celles du gabarit) ; il peut aussi en P. V. refuser le transport des masses indivisibles et des objets de longueur ou de largeur exceptionnelle dont le transport lui paraît constituer une cause de danger pour la sécurité (résistance d'un ouvrage d'art, par exemple, ou encore insuffisance de section d'un tunnel).

Si, nonobstant la clause de limitation de poids et de dimensions qui précèdent, un réseau transporte des masses ou des objets excédant les limites indiquées, il est tenu d'accorder pendant trois mois les mêmes facilités, dans les mêmes conditions, à tous ceux qui lui en feront la demande ; dans ce cas, le prix du transport est d'ailleurs fixé par l'Administration Supérieure sur la proposition du réseau.

Dans la limite des poids de 8 tonnes en G. V. et de 20 tonnes en P. V., sont considérés comme masses indivisibles les objets dont le poids est de 3 tonnes au moins ; les articles 23 G. V. et 41 *bis* P. V. indiquent les majorations à appliquer pour ces objets à la taxe ordinaire résultant du tarif.

Ces dispositions sont, pour la petite vitesse, complétées par diverses prescriptions spéciales qu'il serait trop long de vous indiquer ici (voir les tarifs).

Enfin, en grande comme en petite vitesse, le chargement, le déchargement ou le transbordement des masses indivisibles de plus de 5 tonnes sont obligatoirement faits, avec toutes les conséquences de droit, par les soins et aux frais de l'expéditeur et du destinataire, dans toutes les gares qui ne possèdent pas d'engins de levage d'une force suffisante (nous avons vu que la Nomenclature des gares insérées aux Chaix P. V., fascicule 1, indique sur tous les Réseaux, la force des engins de levage, au moins lorsque cette force excède 5 tonnes).

Le *Guide pratique des taxes* (art. 36, 37, 93 et 94) précise le mode d'application des règles qui précèdent ; à noter ici encore que les majorations prévues ne s'appliquent qu'à la taxe de transport proprement dite et non aux frais accessoires.

Matières dangereuses ou infectes.

Le transport par chemin de fer des matières dangereuses (explosibles, inflammables, vénéneuses, etc...) et des matières infectes est réglementé par un arrêté interministériel du 12 novembre 1897, qui est fréquemment modifié dans ses détails, et inséré à l'ordre général 19, tenu à jour par des « Avis » fréquents. Le principe de cette réglementation comporte, d'une part, l'interdiction absolue du transport de certaines matières (nitroglycérine, fulminates autres que le fulminate de mercure et les poids fulminants, explosifs non agréés par le Ministre de la Guerre) et le classement des autres matières visées en six catégories qui comprennent : les quatre premières, les matières explosibles et inflammables; la cinquième, les matières vénéneuses; et la sixième, les matières infectes ; des précautions diverses sont imposées pour chacune de ces catégories (voir pour plus de détails l'Ordre Général 19 et les Instructions 677 et 678 qui le complètent).

Les articles 46 G. V., 11 et 42 P. V. règlent vis-à-vis du public les conditions du transport de ces matières.

Tout d'abord, l'article 46 G. V. dispose qu'elles ne sont admises au transport à grande vitesse que si ce mode de transport est autorisé par les lois ou règlements en vigueur (1) et que, dans aucun cas, les matières des 1re, 2e, 3e et 6e catégories ne sont ni acceptées comme bagages, ni admises au dépôt dans la salle de consigne. D'autre part, l'art. 42 P. V. subordonne leur acceptation en petite vitesse à l'observation des mesures de précaution prescrites ou à prescrire par l'autorité compétente. Enfin, tant en grande qu'en petite vitesse, il est stipulé que les machines ou appareils quelconques comportant l'emploi, comme combustible ou autrement, de matières inflammables ou explosibles classées par l'arrêté du 12 novembre 1897, ne sont acceptées au transport que si les récipients ou parties d'appareils, destinés à contenir les dites matières, sont rigoureusement vides, ce dont l'expéditeur doit donner l'assurance par écrit sur la déclaration d'expédition.

Pour l'application de ces prescriptions, les gares disposent de la Table des matières insérée à la fin de l'Ordre Général 19, qui donne par ordre

(1) Sont en fait exclus des trains de voyageurs les explosifs classés dans la 1re catégorie et en outre, sur les lignes où il existe des trains de marchandises, les autres matières de cette catégorie, celles de la 2e catégorie et enfin les explosifs de sûreté et matières assimilées de la 3e catégorie ; ces diverses matières ne peuvent donc pas être taxées en G. V.

alphabétique la désignation de toutes les matières dangereuses ou infectes et, en regard de chacune d'elles, son classement dans les 6 catégories et les numéros des articles du règlement à lui appliquer. En outre, pour la petite vitesse, dans laquelle s'effectuent le plus souvent ces transports, la Classification Générale des marchandises porte entre parenthèses, à la suite des dénominations intéressées, la mention « art. 11, ...e catégorie » avec un renvoi ainsi conçu : « Consulter les arrêtés ministériels réglementant le « transport par chemin de fer des matières dangereuses (explosibles, inflam- « mables, vénéneuses, etc...) et des matières infectes », et la Table Générale des Marchandises donne les mêmes indications dans ses deux premières colonnes.

En ce qui concerne la taxation, elle comporte, par rapport aux prix ordinaires du tarif général, certaines majorations définies par l'article 46 G. V. et l'article 11 P. V.

Les articles 33 et 92 du *Guide pratique des taxes* contiennent des précisions sur cette taxation spéciale ; il est notamment fait remarquer que les majorations de taxes prévues pour les matières dangereuses sont, contrairement aux majorations prévues pour les objets de faible densité, applicables aux colis de moins de 40 kg., taxés au prix de 0 fr. 315 par tonne et par km. de l'article 5 P. V.

Voitures.

La taxation applicable aux voitures (plus exactement véhicules routiers) fait l'objet des articles 30 et 31 G. V., et 17 à 20 P. V. ; notons tout d'abord que le transport des voitures dont les dimensions dépassent le gabarit n'est pas accepté (art. 31 G. V. et 20 P. V., — voir d'ailleurs à ce sujet ci-dessus les objets de dimensions exceptionnelles), qu'il n'est pas admis de voyageurs dans les voitures transportées à petite vitesse (art. 19 P. V.), alors qu'en G. V., il peut être admis quelques voyageurs dans les voitures à voyageurs (art. 30 G. V.), et que, en G. V. comme en P. V., l'expéditeur est tenu : de plomber ou fermer à clé, de telle façon qu'une violation de la fermeture laisse nécessairement une trace apparente d'effraction, les capots des véhicules à moteur mécanique et les caisses à outils contenant les accessoires, et de mentionner sur sa déclaration d'expédition les accessoires remis au transport qui ne sont pas contenus dans ces caisses.

Pour la taxation (art. 31 G. V., 17 P. V.), on distingue les véhicules routiers en groupes ainsi constitués :

<table>
<tr><td rowspan="3">A. — Voitures à voyageurs, montées ou non sur roues, munies ou non de leur carrosserie.</td><td rowspan="2">1° Voitures sans moteur mécanique.</td><td>A 2 ou 4 roues, à 1 fond et à une seule banquette dans l'intérieur.</td></tr>
<tr><td>A 4 roues, à 2 fonds et à 2 banquettes dans l'intérieur (omnibus, diligences, etc...).</td></tr>
<tr><td colspan="2">2° Voitures avec moteur mécanique.</td></tr>
</table>

B. — Véhicules vides (autres que les voitures à voyageurs) avec ou sans moteur mécanique, montés ou non sur roues, munis ou non de leur caisse, y compris les tracteurs, les remorques, les tonneaux d'arrosage et autres véhicules aménagés pour le transport des gaz ou des liquides.

Les véhicules du groupe A, 1° sont taxés à la pièce et au kilomètre ; les autres véhicules sont taxés au poids, aux prix du barème des messageries en G. V. et de la 1re série du tarif général en P. V., avec un minimum par véhicule et par kilomètre, ce minimum n'étant toutefois pas exigible pour certains véhicules de faible poids (voir les textes).

Les dispositions relatives aux masses indivisibles sont applicables aux véhicules pesant plus de 3 tonnes ; je vous ai dit plus haut comment elles jouent pour les véhicules taxés à la pièce. Je vous rappelle également qu'il peut y avoir lieu de tenir compte, pour les véhicules à moteur mécanique, des stipulations que je vous ai signalées à propos des matières dangereuses et infectes.

Vous pourrez, le cas échéant, pour les voitures taxées au tarif général, vous reporter aux articles 38 et 82 à 85 du *Guide pratique des taxes.*

Animaux. Chiens.

Les chiens, lors même qu'ils sont expédiés en cages, ne peuvent être transportés qu'en grande vitesse (art. 24 P. V.) ; les règles applicables figurent aux articles 18 à 21 G. V. ; le prix de transport est de 0 fr. 015 par tête et par kilomètre, avec minimum de perception de 0 fr. 30 (art. 18 G. V., — ce minimum n'existe pas sur l'Etat A. R.).

Aucun animal n'est admis dans les voitures servant au transport des voyageurs, sauf dans les compartiments spéciaux que le Chemin de fer peut affecter dans certains trains aux voyageurs aux chiens ; les chiens doivent être muselés en toute saison (voir l'Instruction 586 relative à la vente de muselières dans les gares), sauf pour les chiens transportés dans les fourgons, que l'expéditeur aurait remis dans des caisses présentant des garanties jugées suffisantes. Le chargement et le déchargement des chiens non accompagnés doivent être faits par l'expéditeur et le destinataire, ce dernier étant tenu d'être présent dès l'arrivée du train.

Les chiens accompagnés ou non peuvent aussi, si l'expéditeur le désire, être transportés, toujours en G. V., sous le régime des petits animaux en cages, que nous allons voir plus loin, sans que dans ce cas la taxe par tête puisse être supérieure à celle que je viens de vous indiquer.

Autres animaux.

Les taxes et conditions de transport des animaux autres que les chiens figurent aux articles 33 à 36 G. V. et 21 à 24 P. V.

Il est distingué selon la taille trois catégories d'animaux, savoir :

1° bœufs, vaches, taureaux, chevaux, mulets, ânes, poulains, bêtes de trait, biches, cerfs, daims, autruches, chameaux et dromadaires ;

2° veaux, porcs et chevreuils ;

3° moutons, brebis, agneaux et chèvres,

et la taxe s'établit, à la tête et au kilomètre, à des prix variables suivant la catégorie, un prix spécial plus réduit étant prévu en grande vitesse pour les chevaux des militaires et marins voyageant au tarif militaire.

Les personnes qui accompagnent des animaux montent, en grande vitesse, dans les voitures à voyageurs en payant les places occupées, et en petite vitesse dans les wagons du chemin de fer en payant le prix des places de 3e classe. (Je n'ai pas besoin de vous rappeler qu'il s'agit toujours uniquement ici du tarif général, les tarifs spéciaux G. V. 1/101 et P. V. 1/101 comportant à cet égard un régime tout différent).

Les animaux dénommés ci-dessus, placés dans des caisses fournies par les expéditeurs et dont le poids, emballage compris, ne dépasse pas 150 kg. par caisse, et les animaux de petite taille, *tels que* chiens (en G. V. seulement), chats, singes, écureuils, oiseaux (le tarif P. V. dénomme en outre les cochons d'Inde), placés dans des cages ou paniers fournis par les expéditeurs, sont taxés au poids, conformément aux prix et conditions du tarif général, soit de la messagerie en G. V., soit de la 1re série en P. V. ; la perception de la taxe a lieu sur le double du poids des animaux et des caisses, cages ou paniers qui les renferment (sous réserve du maximum indiqué plus haut pour les chiens en G. V.).

Animaux de valeur.

Les taxes prévues pour le transport des animaux sont majorées de 50 0/0 pour les animaux dont la valeur déclarée excèderait 5.000 francs ; à défaut de déclaration d'une valeur supérieure à ce chiffre, le Chemin de fer n'est responsable qu'à concurrence de 5.000 francs par tête, en cas d'accident survenu aux animaux au cours du transport (art. 35 G. V. et 22 P. V.).

La valeur doit en pareil cas être inscrite par l'expéditeur sur sa déclaration d'expédition.

Animaux dangereux.

Les animaux dangereux pour lesquels des règlements de police édicteraient des précautions spéciales sont transportés en petite vitesse, au prix de 0 fr. 25 par wagon spécial contenant un animal et par kilomètre. L'expéditeur a néanmoins la faculté de placer plusieurs animaux en cages solides et séparées dans un même wagon, pourvu qu'il n'en puisse résulter aucun danger ni pour les animaux, ni pour le personnel, ni pour les tiers ; il paie dans ce cas pour chaque animal une taxe moitié en sus de celle des animaux de haute taille, soit 0 fr. 15 par kilomètre (art. 23 P. V.).

Désinfection.

Des arrêtés ministériels des 26 mai 1903 et 13 mars 1906 imposent au chemin de fer l'obligation de procéder, dès l'achèvement du transport, à la désinfection des wagons ayant servi à transporter, soit des animaux, soit des matières infectes.

Cette opération est rémunérée par la perception d'une taxe fixée par les art. 59 G. V. et 58 P. V. à des chiffres identiques en G. V. et en P. V., et en distinguant 4 catégories d'animaux :

1° chevaux, poulains, ânes, mulets, autruches, chameaux, dromadaires ;

2° bœufs, taureaux, vaches, biches, cerfs, daims ;

3° veaux, porcs, chevreuils ;

4° moutons, agneaux, brebis, chèvres.

Cette taxe est applicable même si ces animaux sont transportés en caisses, cages ou paniers ; elle ne peut dépasser, pour les transports d'un même expéditeur, un maximum déterminé par wagon, ce maximum étant d'ailleurs toujours perçu si, sur la demande de l'expéditeur, un wagon est spécialement affecté à ses animaux quel qu'en soit le nombre, et étant également appliqué à tout wagon ayant servi au transport de matières infectes.

La taxe de désinfection n'est perçue qu'une fois, quel que soit le nombre des réseaux empruntés, à moins qu'il n'y ait transbordement et celui-ci ne pouvant être imposé à l'expéditeur qu'aux gares frontières et aux gares de jonction de deux lignes entre lesquelles l'échange du matériel est impossible.

L'Instruction 632, qui reproduit les arrêtés ministériels relatifs à la désinfection, précise divers points et notamment le mode de répartition de la taxe correspondante lorsqu'un même wagon est utilisé pour plusieurs expéditions.

Le *Guide pratique des taxes* renseigne d'autre part aux articles 28 à 31 et 86 à 89 sur la taxation des animaux transportés au tarif général et sur la taxe de désinfection. (Voir notamment la particularité signalée à l'art. 29 au sujet de la taxation des porcs en caisses en grande vitesse).

Conditions communes aux voitures et aux animaux.

Le transport des voitures, chevaux et bestiaux n'est accepté qu'aux stations et pour les stations pourvues de quais d'embarquement ; ces stations sont indiquées par des renvois à la nomenclature des stations par ordre alphabétique (art. 37 G. V. et 25 P. V.).

En outre, en petite vitesse seulement, les prix de transport proprement dits (frais accessoires non compris) des voitures et animaux sont réduits de 10 0/0 pour les transports destinés à l'exportation (art. 25 *bis* P. V.).

Enfin, en grande vitesse seulement, il est prévu (art. 60 G. V.) que les expéditeurs de voitures et d'animaux (sauf pour les chiens et animaux en cage) sont tenus de prévenir la gare de départ 24 heures au moins à l'avance, en faisant connaître le nombre et la nature des voitures ou animaux à expédier.

Matériel roulant.

Le matériel roulant sur rails (matériel de traction ou de transport du chemin de fer et matériel assimilé tel que grues, excavateurs) n'est admis au transport qu'à petite vitesse. Les prix applicables sont fixés à l'unité ou à l'essieu, suivant le cas, par l'article 31 P. V. auquel vous aurez à vous reporter au besoin ; ils sont réduits de 10 0/0 pour les transports destinés à l'exportation.

La mise sur rails du matériel roulant au départ et son enlèvement à l'arrivée incombent s'il y a lieu (ceci vise les cas où ces opérations ne se font pas sur embranchement particulier) à l'expéditeur ou au destinataire, avec toutes les conséquences de droit.

Le matériel roulant (autre que les voitures et wagons) doit être accompagné d'un agent compétent fourni par l'expéditeur pour assurer le graissage ; cet agent voyage gratuitement dans le train où se trouve le matériel qu'il accompagne et prend place, soit sur ce matériel, soit dans un des fourgons du train ; son retour s'effectue également gratuitement, en 3e classe.

6° Dispositions relatives aux frais accessoires. Enregistrement.

Le droit d'enregistrement est fixé en G. V. pour les articles 24 et 38, savoir, par expédition :

— pour les bicyclettes et les voitures d'enfant ou de blessés et de malades transportés comme bagages, à 0 fr. 14 ;

— pour les autres bagages, à 0 fr. 19 ;

— pour les journaux transportés aux prix et conditions du tarif G. V. 18/118, à 0 fr. 15 ;

— pour tous les autres transports G. V., à 0 fr. 35.

En P. V., le droit d'enregistrement est uniformément de 0 fr. 50 par expédition (articles 13, 26 et 32).

En grande comme en petite vitesse, ce droit n'est perçu qu'une fois, quel que soit le nombre des réseaux empruntés.

Je vous rappelle que ce droit est passible des majorations et de l'impôt ; les instructions d'ordre comptable adressées aux gares en cas de changement du taux, soit de la majoration, soit de l'impôt, indiquent pour chaque catégorie de transports les chiffres à appliquer, majoration et impôt compris, tels qu'ils doivent être portés sur les écritures. Actuellement ces chiffres résultent de l'Instruction du 10 août 1926 des Produits-Voyageurs et des Produits-Marchandises (art. 7-8) à laquelle vous vous reporterez le cas échéant.

(Voir aussi au sujet du droit d'enregistrement l'article 7 du *Guide pratique des taxes*).

Manutention.

Les droits de manutention perçus au départ et à l'arrivée pour rémunérer le chargement, le déchargement et les manœuvres de gare sont fixés par les articles 25 et 39 G. V., 14, 27 et 33 P. V.

En grande vitesse, sont exempts de tout droit de manutention : 1° les expéditions dont le poids ne dépasse pas 40 kg. (seulement lorsqu'elles sont taxées aux barèmes spéciaux prévus pour ces expéditions) ; 2° les articles taxés à la valeur ; 3° les chiens. Les autres articles, qu'il s'agisse de bagages, messageries, denrées, voitures ou animaux, sont soumis aux droits ci-après :

— lorsque la taxe de transport proprement dite s'établit à la tonne (bagages, messageries, denrées, véhicules routiers taxés au poids sans minimum à la pièce, animaux en caisses, en cages ou en paniers) : 6 fr. par tonne, applicables par fraction indivisible de 10 kg. (ce taux est réduit à 2 fr. 30 pour les journaux taxés aux prix du tarif G. V. 118).

— pour les transports taxés à la pièce, à la tête ou au poids avec minimum à la pièce (cercueils, voitures, animaux) : un droit fixé par pièce pour les cercueils et les voitures, ou par tête pour les animaux (classés en catégories comme pour le calcul des taxes).

En petite vitesse, sont également exemptes de tout droit de manutention les expéditions dont le poids ne dépasse pas 40 kg. Les autres articles sont soumis aux droits ci-après :

— lorsque la taxe de transport proprement dite s'établit à la tonne (marchandises ordinaires, voitures et animaux taxés au poids) :

a) pour les marchandises transportées sans condition de tonnage : *6 fr. par tonne,* dont 2 fr. 90 pour frais de chargement et de déchargement (1 fr. 45 au départ + 1 fr. 45 à l'arrivée) et 3 fr. 10 pour frais de gare (1 fr. 55 au départ + 1 fr. 55 à l'arrivée) ; exceptionnellement, si la taxe à la tonne (frais accessoires et majorations non compris et compte tenu des réductions qui ne portent pas elles-mêmes sur les frais accessoires) est inférieure à 10 fr., les frais *de gare* fixés ci-dessus sont diminués, tant au départ qu'à l'arrivée, d'autant de fois 0 fr. 05 qu'il y a de coupures entières ou entamées de 0 fr. 50 dans la différence entre 10 fr. et la taxe à la tonne définie ci-dessus.

b) pour les marchandises transportées par expédition de 4.000 kg. et au-dessus ou par wagon complet, quel que soit le tarif appliqué (et, bien entendu, sauf stipulation contraire dans les tarifs spéciaux régulièrement homologués) : *3 fr. 60 par tonne,* dont 2 fr. pour frais de chargement et de déchargement (1 fr. au départ + 1 fr. à l'arrivée) et 1 fr. 60 pour frais de gare (0 fr. 80 au départ + 0 fr. 80 à l'arrivée) ; si la taxe à la tonne (définie comme ci-dessus) est inférieure à 5 fr., ces frais de gare sont diminués dans des conditions analogues à celles que je vous ai indiquées en *a*) ci-dessus.

— lorsque la taxe de transport proprement dite s'établit autrement qu'au poids, des droits fixés à la pièce pour les véhicules taxés à l'unité, à la tête pour les animaux taxés à la tête (avec minimum au wagon pour les animaux dangereux soumis par les règlements de police à des précautions spéciales), enfin à l'essieu pour le matériel roulant sur rails, s'il s'agit de matériel de chemin de fer, et au poids comme pour les marchandises ordinaires, s'il s'agit de matériel assimilé tel que grues, excavateurs, etc..., sans que dans ce cas la taxe par objet puisse être inférieure à celle qui est indiquée pour le matériel de chemin de fer.

Indépendamment de ces taux et toujours pour la petite vitesse, il est en outre prévu :

— pour les marchandises taxées au poids, que les frais de chargement et de déchargement sont indépendants du mode employé par le chemin de fer pour l'exécution de ces opérations (main d'homme, grue, couloir, plateau, bascule, etc.).

— que, pour les marchandises transportées par expédition de 4.000 kg. et au-dessus ou par wagon complet, pour les voitures et pour les animaux, les frais de chargement et de déchargement ne sont pas perçus si le tarif laisse ces opérations à la charge de l'expéditeur et du destinataire, les frais de gare étant par contre dus dans tous les cas ; c'est la règle déjà signalée ci-dessus pour les animaux dangereux et le matériel roulant sur rails ; à noter que c'est seulement si le tarif laisse la manutention à la charge du public que les frais de chargement et de déchargement sont supprimés et que ces frais doivent être perçus dans le cas contraire, même si le public fait bénévolement tout ou partie de la manutention, pour accélérer l'expédition ou l'entrée en possession de la marchandise.

— que, pour les expéditions en provenance ou à destination d'un embranchement particulier, sur lequel la manutention est obligatoirement faite par l'embranché (1), il est dû seulement à la gare correspondante des frais de gare, qui sont les mêmes que ceux déjà indiqués s'il s'agit de voitures ou d'animaux taxés à l'unité ou de matériel roulant, mais qui, pour les transports taxés au poids, sont fixés aux taux spéciaux ci-après : 0 fr. 40, 0 fr. 35 ou 0 fr. 30 par tonne suivant que la taxe de transport à la tonne (définie comme il a été dit plus haut) est, soit égale ou supérieure à 4 fr., soit égale ou supérieure à 2 fr. sans atteindre 4 fr., soit enfin inférieure à 2 fr. (Pour les transports en provenance d'un embranchement et à destination d'une gare, ou vice versa, les droits de manutention sont perçus côté embranchement et côté gare suivant les règles et taux différents propres à chaque situation).

— que, en ce qui concerne les droits de manutention établis au poids, les frais de gare sont applicables, aux taux indiqués plus haut pour les marchandises manutentionnées en gare, aux points de jonction entre les lignes d'intérêt général des grands réseaux et les lignes des administrations étrangères (c'est-à-dire en général dans les gares-frontières de terre).

Transmission et transbordement.

Indépendamment des droits de manutention proprement dits, dont je viens de vous parler et qui s'appliquent aux opérations des gares de départ et d'arrivée, il est perçu en petite vitesse, dans certains cas, des droits analogues, dits de transmission et de transbordement, qui se rapportent aux opérations effectuées dans les gares de jonction entre des lignes, soit de réseaux différents, soit de largeurs de voies différentes (art. 14, 28 et 33 P. V.).

Je vous signalerai tout d'abord qu'en grande vitesse, il n'existe pas de perception similaire ; pour les expéditions de trafic direct taxées aux tarifs généraux intérieurs, c'est-à-dire séparément sur chacun des réseaux empruntés, les droits de manutention sont appliqués sur chaque réseau indépendamment des autres parcours ; s'il est au contraire fait application d'un barème commun (et notamment du tarif général commun des messageries et des denrées), il n'est tenu compte des droits de manutention qu'aux gares de départ et d'arrivée, rien n'étant perçu aux points de transmission ; toutefois, cette règle n'est valable que pour les grands réseaux participants au tarif commun, et, s'il y a transmission de l'un de ces réseaux à un réseau secondaire ou à un réseau étranger, ou vice-versa, la gare de transmission est, pour l'application du tarif, considérée comme gare de provenance ou de destination de l'expédition, et les droits de manutention ordinaires y sont perçus.

En petite vitesse, le droit de transmission entre deux lignes d'intérêt général concédées à des Administrations différentes (qu'il s'agisse ou non des grands réseaux ou de réseaux secondaires d'intérêt général) est fixé en

(1) Voir au P. V. 29, chap. II, les règles spéciales au cas exceptionnel où des expéditions de détail sont acceptées de ou pour un embranchement particulier.

principe, sauf exceptions autorisées, et au profit de chacun des réseaux intéressés, à 0 fr. 60 par tonne pour les marchandises pour lesquelles les droits de manutention s'établissent d'après le poids, et à des taux divers à l'unité pour les véhicules taxés à la pièce ; les animaux taxés à la tête ; les animaux dangereux soumis par les règlements de police à des précautions spéciales, et le matériel roulant sur rails, s'il s'agit de matériel de chemin de fer, et 0 fr. 60 par tonne (le matériel roulant, tel que grues, excavateurs, etc... assimilé au précédent, est soumis à des droits à la tonne sans que le droit par objet puisse être inférieur à celui qui est prévu pour le matériel de chemin de fer).

Toutefois, ces droits de transmission ne sont dus, ni aux points de jonction des embranchements particuliers (où sont seuls applicables les frais de gare ordinaires), ni aux points de jonction entre eux des réseaux participant aux tarifs généraux communs. D'autre part, entre une ligne d'intérêt général d'un grand réseau et une ligne secondaire d'intérêt général ou une voie ferrée d'intérêt local, le droit à percevoir à la gare de jonction n'est égal aux taux ci-dessus qu'en ce qui concerne le grand réseau d'intérêt général, le soin de fixer le droit similaire pour le réseau secondaire d'intérêt général ou la voie ferrée d'intérêt local étant laissé à la règlementation propre à ce réseau ou à cette voie.

Il résulte de ces restrictions que les droits de transmission indiqués plus haut ne sont, en fait, applicables que :

1° aux gares frontières, pour les expéditions en provenance ou à destination de l'étranger, et seulement pour les droits à l'unité (voir ci-dessus frais de manutention pour les expéditions taxées au poids, échangées avec des réseaux étrangers).

2° aux points de jonctions entre une ligne d'intérêt général d'un grand réseau et une ligne secondaire et seulement pour ce qui concerne le grand réseau.

Indépendamment des droits de transmission, qui sont l'équivalent de l'élément « frais de gare » des droits de manutention, il est dans certains cas perçu aux gares de jonction des droits de transbordement, qui équivalent à l'élément « frais de chargement et de déchargement » des droits de manutention. La perception de ces droits est subordonnée à la double condition : 1° que l'échange du matériel soit impossible entre les lignes en contact au point de jonction, c'est-à-dire qu'un transbordement soit réellement nécessaire (le droit de transbordement est d'ailleurs applicable dans le cas où, pour éviter l'opération effective du transbordement, on place les wagons sur des trucks transporteurs spéciaux ; les dépenses qu'entraîne l'usage de ces trucks se substituant alors à celles du transbordement proprement dit et étant couvertes par la même taxe) ; 2° que les lignes entre lesquelles il y a transbordement soient exploitées par des Administrations ou des concessionnaires différents (à noter que certaines dérogations à cette règle sont prévues dans la 1re annexe aux Tarifs généraux, aux chapitres Alsace et Lorraine — lignes à voie étroite de Colmar à Marckolsheim et de Lutzelbourg à Drulingen — et Midi, § VI : ligne à voie étroite de Villefranche-Vernet-les-Bains à Bourg-Madame ; dans ces cas, les droits de transbordement sont applicables aux points de jonction). Le taux des droits de transbordement, entre lignes d'intérêt général des grands réseaux, est fixé à *1 fr. par tonne* pour les marchandises taxées au poids, et à des chiffres divers par unité pour les véhicules, et les animaux, suivant la catégorie à laquelle ils appartiennent, lorsque les dits véhicules ou animaux ne sont pas taxés exclusivement au poids (ces taux sont notamment applicables, en ce qui nous concerne, aux gares de Chateaulin et de Rosporden, pour les échanges entre nos lignes et celles des lignes à voie étroite du « réseau breton » de l'Etat R. R. O.) (1). Entre une ligne d'intérêt général des grands réseaux et une ligne secondaire d'intérêt général ou une voie ferrée d'intérêt local, les droits de transbordement sont fixés par la réglementation propre à ce réseau ou à cette voie.

Vous remarquerez qu'il n'est pas fixé de droit de transbordement pour les animaux dangereux, ni pour le matériel roulant sur rails ; le transbordement est en effet assuré en pareil cas, s'il est nécessaire, par les soins et aux frais des intéressés, et ne donne pas lieu à la perception d'une taxe.

Bâchage.

L'article 14 P. V., qui règle les frais de manutention, transmission et transbordement des marchandises ordinaires, prévoit aussi que lorsqu'il y a lieu, en vertu des tarifs appliqués, de déduire des prix du transport ou d'y ajouter les frais correspondant à une opération de bâchage ou de débâchage, ces frais sont fixés à 1 fr. par wagon, pour chacune de ces opérations.

Pesage.

Nous avons vu plus haut, à propos de la déclaration d'expédition, que le chemin de fer doit faire, à ses frais, un pesage au départ pour vérifier le poids indiqué par l'expéditeur et établir la taxe. L'expéditeur ou le destinataire a en outre la faculté de demander, s'il le désire, un pesage supplémentaire, à la suite duquel il lui est délivré un bulletin constatant le poids des marchandises pesées. Cette opération est rémunérée par la perception des taxes définies par les articles 26 G. V., 15, 30 et 34 P. V.

La taxe de ces pesages supplémentaires n'est pas exigible lorsque ces pesages constatent une erreur commise au préjudice de l'expéditeur ou du destinataire.

La question du pesage est traitée à divers points de vue dans l'art. 397 du *Règlement de Comptabilité*, dans les art. 17 à 19 du *Manuel des agents à la Manutention* et dans l'art. 97 du *Guide des Litiges*.

Location au public des grues et engins de levage.

Les gares sont, comme vous le savez, munies, dans la mesure où la nature et l'importance du trafic le justifient, d'engins de levage appropriés aux opérations de manutention qui doivent être effectuées par le chemin de fer ; je vous ai précédemment indiqué, à propos des masses indivisibles, que la nomenclature des gares et stations de chaque réseau renseigne sur la puissance maximum de ces engins pour chaque gare. Les articles 14 et 30 P. V. fixent les conditions dans lesquelles ces engins doivent être mis à la disposition du public, pour les opérations dont il a la charge, lorsqu'ils ne sont pas occupés pour le service du chemin de fer ou en réparation ; cette fourniture est subordonnée à la condition formelle que la manutention aura lieu avec toutes les conséquences de droit par les soins et aux frais de l'expéditeur ou du destinataire ; elle donne lieu à la perception d'une taxe établie par tonne et par opération de chargement ou de déchargement, avec un minimum de perception par demi-heure indivisible, en distinguant les appareils manœuvrés à bras, sans le concours des agents du chemin de fer, et les appareils à moteur mécanique, pour lesquels la taxe comprend le salaire du mécanicien et la fourniture de la force motrice nécessaire au fonctionnement de l'appareil.

Quelle que soit la nature de l'engin, le temps consacré à la manœuvre des wagons n'est pas compté dans le calcul du délai sur lequel est basé le minimum de perception ; les bases indiquées sont applicables aussi bien aux marchandises ordinaires qu'aux voitures et aux animaux.

---

(1) Voir d'autre part à l'Annexe aux tarifs généraux les dispositions particulières aux transports empruntant les lignes à voie étroite du réseau d'Orléans.

Il n'est pas prévu de disposition analogue en grande vitesse, où la manutention est en principe faite par le chemin de fer et où les exceptions à cette règle portent surtout sur des marchandises n'exigeant pas l'emploi d'appareils de levage.

II. — Annexes aux Tarifs Généraux (1)

Pour compléter cette revue, forcément un peu longue, des dispositions des tarifs généraux qui, je vous le répète encore, tirent leur importance de ce qu'elles constituent la base essentielle de la tarification, il me resterait à vous parler des dispositions figurant aux Annexes des tarifs généraux que je vous ai signalées, chemin faisant, tant pour la grande que pour la petite vitesse, en énumérant les matières contenues dans chaque fascicule du Recueil Chaix.

Je ne m'étendrai pourtant pas longuement sur ces Annexes, dont l'étude détaillée sortirait du cadre restreint de ces leçons élémentaires, et je me bornerai à mentionner rapidement les dispositions essentielles qui intéressent notre réseau et les documents dans lesquels vous pourrez puiser les renseignements utiles à l'égard de ces dispositions. Dans cet ordre d'idées, je passerai successivement en revue, pour que vous en connaissiez l'existence :

1° les dispositions spéciales aux transports P. V. empruntant les lignes à voie étroite concédées à la Cie d'Orléans (voir la 1re Annexe aux tarifs généraux, Orléans, chap. VIII, § 9 ; voir aussi le *Guide pratique des taxes*, art. 76 à 79).

2° les dispositions exceptionnelles complétant sur P.-O. pour la période du 1er septembre au 31 décembre l'art. 37 P. V., en instituant une prime pour la libération anticipée du matériel (voir 1re Annexe aux tarifs généraux, Orléans, chap. VIII, § 10).

3° le mode de taxation des transports G. V. et P. V. empruntant à Bordeaux la ligne de raccordement Bordeaux-Bastide-Bordeaux-St-Jean (voir pour la G. V. les « Dispositions exceptionnelles sur certains parcours » — § 3° — qui précèdent le tableau des distances P.-O. du Chaix et l' « Avis Important » — § 1 — qui suit dans ce Recueil la Nomenclature des gares Midi ; pour la P. V., voir la 1re Annexe aux Tarifs généraux, Midi, § 1, et Orléans, chap. VIII, § 8).

4° les dispositions spéciales aux transports P. V. empruntant la Ceinture de Bordeaux (voir 1re Annexe aux Tarifs généraux, Midi, § II).

5° les dispositions spéciales aux transports G. V. et P. V. de ou pour l'Espagne vià Hendaye-Irun ou Cerbère-Port-Bou (voir en G. V. l' « Avis Important », Midi, déjà cité, §§ II et III, et en P. V. la 1re Annexe aux Tarifs généraux, Midi, §§ III et IV).

6° les dispositions spéciales aux transports P. V. transitant à Montpellier-Arène-transit avec les chemins de fer d'intérêt local de l'Hérault, ou à Margaux avec les voies ferrées des Landes (voir Annexe aux Tarifs généraux, Midi, §§ V et VII).

7° les dispositions spéciales aux transports G. V. et P. V. empruntant la ligne à voie étroite de Villefranche-Vernet-les-Bains à Bourg-Madame (voir

(1) Il est traité dans ce paragraphe, en même temps que des « Annexes » proprement dites, des dispositions de même ordre éparses au Chaix sous des titres divers.

en G. V. l' « Avis Important », Midi, déjà cité, § IV, et en P. V. la 1re Annexe aux Tarifs généraux, Midi, § VI), ou les lignes à voie étroite de Colmar à Marckolsheim et de Lutzelbourg à Drulingen (voir les indications des Nomenclatures des gares G. V. et P. V., Alsace-Lorraine, et la 1re Annexe aux Tarifs généraux P. V., Alsace et Lorraine).

8° les frais de gare supplémentaires à appliquer aux transports P. V. utilisant la voie spéciale de Lannion (1re Annexe aux Tarifs généraux, Etat R. R. O., § I).

9° les Conditions d'application des tarifs généraux et spéciaux G. V. et P. V. aux transports empruntant la section de St-Dié à Provenchères-sur-Fave (ce document vous a été signalé dans l'énumération des matières des Chaix G. V. et P. V., fascicule 1).

10° les dispositions complémentaires applicables en P. V. aux relations P.-O. et Etat A. R., qui définissent la règle de *l'itinéraire légal* (voir la 1re Annexe aux Tarifs généraux, Dispositions complémentaires, Etat, et chap. VII, P.-O. ; voir aussi le tarif P. V. 33 Etat qui se trouve au fascicule 2, à la suite des divers tarifs P. V. 29 et 129 particuliers à certains réseaux ; voir enfin le *Guide pratique des taxes*, qui renferme aux articles 98 à 107 des indications détaillées et précises sur ces dispositions).

11° les dispositions spéciales applicables entre Paris et Saumur aux voyageurs (voir « Dispositions Exceptionnelles », P.-O., § 2, et G. V. 9, Etat, renvoi 4) et aux transports P. V. (voir 1re Annexe aux Tarifs généraux, Etat, § C, et Orléans, chap. VIII, § 6).

12° les dispositions spéciales aux relations P. V. de Nantes-local ou maritime et de Chantenay avec les réseaux Etat A. R. et Orléans (1re Annexe aux Tarifs généraux, Etat, § A et Orléans, chap. VIII, § 7), de Doulon avec le réseau Etat A. R. vià Nantes (1re Annexe, Etat, § B) et de Paris avec certaines gares P.-O. au delà de Château-du-Loir (1re Annexe, Orléans, chap. VIII, § 2).

13° les règles relatives *à l'application provisoire des prix* des tarifs généraux ou spéciaux de grande ou de petite vitesse *dans les relations entre certains points (dont Paris) communs à l'Orléans et à l'Ouest,* leurs au-delà et les gares intermédiaires (voir en G. V. les indications figurant à la suite du tableau des distances Ouest, et, au titre P.-O., les Dispositions Exceptionnelles, § 1° ; et, en P. V., la 1re Annexe aux Tarifs généraux, Ouest, § 1 et Orléans, chap. VIII, § 1. — Voir aussi les indications des articles 108 à 111 du *Guide pratique des taxes*).

14° les dispositions spéciales applicables aux transports G. V. et P. V. entre les gares Ouest et Nantes-Etat, St-Nazaire ou Pont-Château (voir en G. V. les indications insérées à la suite du tableau des distances Ouest et en P. V. la 1re Annexe, Ouest, § 2), et aux transports P. V. dans les relations entre les gares Ouest et Nantes-Orléans (1re Annexe, Ouest, § 3, et P.-O., chap. VIII, § 3), Nantes-Maritime Etat (1re Annexe, Ouest, § 4 *bis*), Chantenay et Nantes-Maritime Orléans (1re Annexe, Ouest, § 4 et P.-O., chap. VIII, § 4), ainsi que dans les relations entre Paris et ses au-delà et les gares des sections de : Le Mans (inclus) à Angers (exclu), Mayet (exclu) à Arnage (inclus) et La Flèche à La Suze, à Sablé, à Angers (exclu) et à Vivy (inclus). — (Voir 1re Annexe, Ouest, § 5 et P.-O., chap. VIII, § 5), et dans les relations des gares Etat A. R. avec certaines gares Ouest de Paris et de sa banlieue (voir 1re Annexe, Etat, § D, et Ouest, § 1°, dernier alinéa et § 6).

15° les dispositions contenues dans l' « Avis Important » concernant les tarifs spéciaux P. V. Ouest (Chaix P. V., 1er fascicule, à la suite des Conditions générales d'application des tarifs spéciaux) et relatives aux gares de Paris et de la banlieue, de Rouen, Sotteville, Darnetal et Elbeuf, de Muids et des Andelys, d'Evreux-Ville, du Petit-Quevilly et du Grand-Quevilly, et de Dieppe, Fécamp, Etretat, St-Valéry-en-Caux, Bolbec-Ville, Lillebonne et Clères-Jonction.

III. — Tarifs Spéciaux

Il ne saurait entrer dans le cadre de cette conférence d'entreprendre l'étude détaillée des tarifs spéciaux ; mais il est essentiel que vous connaissiez tout au moins leurs caractères essentiels. Je vous ai déjà dit au début de la première leçon, en vous parlant de la classification des tarifs, qu'il existe des tarifs spéciaux de grande vitesse et des tarifs spéciaux de petite vitesse, et que les premiers comprennent eux-mêmes deux séries distinctes, l'une pour les voyageurs et bagages, l'autre pour les marchandises ; je vous ai aussi donné une liste des principaux tarifs spéciaux de chaque catégorie, en les distinguant en tarifs intérieurs, tarifs communs, tarifs intérieurs et communs, et mentionnant à part ceux dans lesquels interviennent des réseaux secondaires ou étrangers ou des compagnies de navigation. Je ne vous parlerai pas ici, faute de place, des tarifs spéciaux de voyageurs, vous renvoyant à leur sujet à l'énumération que je vous en ai donnée et aux observations générales que j'ai formulées à la fin de la première leçon sur la nécessité de lire attentivement les dispositifs des tarifs pour les appliquer correctement.

Pour les tarifs spéciaux de marchandises, il me paraît par contre indispensable d'entrer dans quelques détails complémentaires, et en particulier de vous signaler qu'il existe, pour ces tarifs, et séparément pour la grande et pour la petite vitesse, un ensemble de conditions communes groupées dans des documents que je vous ai d'ailleurs déjà mentionnés, et qui sont en grande vitesse, les « Conditions d'application uniformes des tarifs de grande « vitesse ne concernant pas les voyageurs, les bagages et les chiens » (voir au Chaix G. V., à la suite des tarifs généraux communs, 1re partie du Recueil), et, en petite vitesse, les « Conditions générales d'application des tarifs spéciaux », suivies d'une Annexe explicitant les conditions d'application du régime de bâchage (voir au Chaix P. V., fascicule I, à la suite des Tarifs généraux et de leurs annexes).

Je vous en ai dit assez, dans la première leçon, pour qu'au simple énoncé des titres qui précèdent, vous vous soyez rendu compte que les documents dont il s'agit sont *intérieurs* et uniformes, mais non communs, en grande vitesse, et, au contraire, *intérieurs et communs* en petite vitesse. Un simple coup d'œil rapide sur les textes eux-mêmes vous fera d'autre part apparaître le développement très inégal des deux documents : alors que, pour la grande vitesse, vous ne trouverez que 5 articles, occupant à peine la moitié d'une page du Chaix, les Conditions générales des tarifs spéciaux de petite vitesse comportent 17 articles numérotés de 1 à 15 (compte tenu de la suppression des articles 3, 13 et 14 et de l'existence d'articles 6 *bis* à 6 *sexies*) et occupent, avec les annexes, 13 pages du fascicule I du Chaix P. V.

La liste ci-après, établie parallèlement pour la grande et pour la petite vitesse, vous indiquera la nature des dispositions insérées dans les Conditions générales d'application des tarifs spéciaux, et vous mettra à même de retrouver rapidement, en cas de besoin, chacune de ces dispositions.

GRANDE VITESSE

NATURE DES DISPOSITIONS	ARTICLES
Demande du tarif	1
Minimum de poids	2
Stations intermédiaires	3
Frais accessoires	4
Application. — Conditions des tarifs généraux	5

PETITE VITESSE

NATURE DES DISPOSITIONS	ARTICLES
A. — Conditions applicables à tous les tarifs spéciaux ordinaires, d'exportation, de transit, communs ou non communs.	
Demande du tarif	1
Désignation des marchandises	2
(Il n'existe pas d'art. 3)	
Prolongation de délai	4
Frais accessoires	5
a) Manutention *b)* Fourniture des wagons *c)* Arrivée des wagons *d)* Reconnaissance des wagons après chargement et bâchage *e)* Modifications au chargement ou au bâchage en cours de route	6
Transports à découvert	6 *bis*
Transports à couvert	6 *ter*
Chargements mixtes	6 *quater*
Marchandises dangereuses ou infectes. — Transports internationaux	6 *quinques*
Fourniture de bâches avec cordelettes	6 *sexies*
a) Charges complètes des wagons *b)* Charges incomplètes *c)* Excédent de poids *d)* Minimum de poids	7
Pesage	8
Calcul des taxes	9
Stations intermédiaires	10
Marchandises ne pesant pas 200 kg. sous le volume d'un mètre cube	11
Disposition générale	12
B. — Conditions particulières aux tarifs spéciaux d'exportation et de transit.	
(Il n'existe pas d'articles 13 et 14)	
Colis de 0 à 40 kg.	15
Avis important concernant les tarifs spéciaux P. V. Etat R. R. O.	
Disposition spéciale aux tarifs spéciaux communs d'exportation, en exécution de l'art. 8 du décret du 26 avril 1862.	
Annexe aux conditions générales d'application des tarifs spéciaux P. V. (articles 6 *bis* et 6 *ter* des conditions).	

Les tarifs spéciaux sont, sauf dérogation, soumis aux conditions des tarifs généraux.

Les articles 5 G. V. et 12 P. V. stipulent, en termes légèrement différents, mais dont la portée est identique, que « les conditions du tarif général restent applicables aux transports effectués en vertu des tarifs spéciaux » (texte G. V.) ou que « l'application des tarifs spéciaux reste soumise aux « conditions des tarifs généraux de chaque administration » (texte P. V.), « en tout ce qui n'est pas contraire aux dispositions générales ci-dessus, et « aux conditions particulières de chacun de ces tarifs » (texte G. V., le texte P. V. disant « .....conditions particulières expressément stipulées dans ces « tarifs eux-mêmes »).

D'autre part, la table qui précède donne les titres des paragraphes A et B des Conditions relatives à la petite vitesse, titres dont il résulte que les conditions énoncées sous le paragraphe A sont « applicables à *tous* les tarifs « spéciaux ordinaires, d'exportation, de transit, communs ou non « communs » et que celles du paragraphe B sont au contraire particulières aux tarifs spéciaux d'exportation ou de transit (ce paragraphe se réduit en fait à une seule clause dispensant les groupeurs, pour ces tarifs, des restrictions que stipule à leur égard l'art. 5 des Tarifs généraux). Il y a lieu de noter ici le renvoi qui accompagne le titre du paragraphe A et qui prévoit que les transports internationaux, entre Etats adhérents à la Convention de Berne, sont soumis aux stipulations de cette Convention et, en tout ce qui n'est pas contraire à ces stipulations, aux Conditions générales d'application des tarifs spéciaux.

En grande vitesse (marchandises), à défaut de titres analogues, le champ d'application des « Conditions d'application des tarifs spéciaux de grande « vitesse » est défini par la phrase ainsi conçue qui précède l'énoncé de conditions : « En dehors des conditions particulières explicitement stipulées « dans les tarifs spéciaux eux-mêmes, l'application des dits tarifs est subor- « donnée aux conditions ci-après..... »

Il importe de bien saisir la portée de ces dispositions, d'ailleurs rappelées par le *Guide pratique des taxes* (Observation préliminaire et article 112). Comme je vous l'ai dit au début de la précédente leçon, en énonçant les caractères distinctifs des tarifs généraux et des tarifs spéciaux, ce qui est spécial à ces derniers, c'est qu'ils comportent des prix inférieurs à ceux des tarifs généraux, moyennant certaines conditions supplémentaires à l'avantage du chemin de fer, ces conditions pouvant être suivant le cas soit simplement *complémentaires* de celles des tarifs généraux, soit *dérogatoires* à celles-ci. En résumé :

1° les conditions d'application des tarifs généraux sont applicables à tous les transports, même effectués aux prix d'un tarif spécial, à moins qu'il n'y soit dérogé, soit dans les conditions générales communes à tous les tarifs spéciaux, soit dans les conditions particulières au tarif spécial appliqué lui-même.

2° les conditions générales communes à tous les tarifs spéciaux s'appliquent aux transports effectués aux prix d'un tarif spécial quelconque, à moins qu'il n'y soit dérogé dans les conditions particulières de ce tarif lui-même.

En d'autres termes, un transport taxé à un tarif spécial quelconque est soumis, dans l'ordre de prépondérance : *a)* aux conditions des tarifs généraux, sauf dérogation résultant soit des conditions communes aux tarifs spéciaux, soit des conditions particulières au tarif spécial appliqué ; *b)* aux conditions communes aux tarifs spéciaux, sauf dérogation résultant des conditions particulières au tarif spécial appliqué ; *c)* aux conditions particulières au tarif spécial appliqué.

Tout ce qui vient d'être dit est vrai aussi bien des tarifs spéciaux de grande vitesse (marchandises) que des tarifs spéciaux de petite vitesse ; et c'est encore vrai pour les tarifs spéciaux de voyageurs, avec cette seule différence que, comme il n'existe pas de conditions communes aux tarifs spéciaux de cette catégorie, on n'a alors à considérer que les conditions des tarifs généraux et celles du tarif spécial appliqué.

Demande d'un tarif spécial. Ses conséquences (Art. 1 G. V. et P. V.).

Je vous rappelle qu'au début de la première leçon, définissant les tarifs généraux et spéciaux, j'ai indiqué que les tarifs généraux constituant le droit commun des transports devaient seuls être appliqués en l'absence de la manifestation d'une volonté contraire de l'expéditeur ou du voyageur. Les articles 1 G. V. et 1 P. V. indiquent le mode de demande d'un tarif spécial ; leur rédaction non seulement diffère de forme, mais surtout elle comporte pour la petite vitesse des précisions que l'on n'y trouve pas pour la grande vitesse.

Les dispositions communes, pour lesquelles la forme seule varie, stipulent qu'à défaut d'indication de l'expéditeur, l'expédition est soumise aux prix et conditions des tarifs généraux, et que les prix des tarifs spéciaux ne sont appliqués qu'autant que l'expéditeur en a fait sa demande *sur sa déclaration d'expédition* (en G. V., il est ajouté cette condition que les prix des tarifs spéciaux ne sont appliqués que s'ils sont plus avantageux que ceux des tarifs généraux).

Le texte P. V. fixe le mode de revendication des tarifs spéciaux « soit « par l'indication explicite des tarifs à appliquer, soit par l'une des men- « tions : Tarif spécial, Tarif réduit, Tarif le plus réduit » ; le texte G. V., moins impératif, se borne à dire que l'expéditeur *peut* faire sa demande par l'une des mentions ci-dessus « considérées comme équivalentes », ce qui n'exclut *a priori* aucune autre modalité de la demande ; à noter que la plupart des tarifs spéciaux G. V. (marchandises), G. V. 1/101, G. V. 3/103, G. V. 23/123, G. V. 26/126, G. V. 28/128, reproduisent dans leurs conditions, sous le titre « Demande du Tarif », les dispositions qui précèdent.

Les conséquences de la demande d'un tarif spécial sont de deux ordres : 1° en ce qui concerne l'expéditeur, elle implique, en grande comme en petite vitesse, l'acceptation de toutes les conditions, soit du tarif expressément indiqué par lui, soit du tarif le plus réduit qui sera appliqué ; 2° en ce qui concerne le chemin de fer, la demande faite sous la forme générale « Tarif spécial, réduit ou le plus réduit » entraîne « l'obligation d'appliquer sur « l'ensemble du parcours, la taxe totale la plus réduite, en soudant s'il y a « lieu, en un ou plusieurs points, les prix des tarifs spéciaux (intérieurs ou « communs), soit entre eux, soit avec ceux des tarifs généraux, quand « aucune clause ne l'interdit, en se conformant, sur chaque réseau, au tarif « spécial réglant les conditions de soudure ». Pour appliquer cette règle spéciale à la petite vitesse, il y a lieu de tenir compte, le cas échéant, de l'itinéraire que l'expéditeur a indiqué, auquel cas la recherche du tarif le plus réduit est limitée à cet itinéraire, alors qu'à défaut d'indication de cette nature, la taxe économique doit être recherchée, même en dehors du réseau intéressé et, s'il y a lieu, par itinéraire détourné.

Cette règle, connue sous le nom de *règle de la soudure des prix*, imposait aux gares de sérieuses complications avec la tarification d'avant-guerre qui comportait un très grand nombre de prix spéciaux à certaines relations, sous forme soit de barèmes, soit de prix fermes, sans interdiction de soudure ; elle n'est plus guère gênante aujourd'hui, d'une part parce que les prix spéciaux de cette nature sont relativement rares, d'autre part parce qu'en règle presque générale, les tarifs qui renferment de tels prix comportent une clause interdisant de les souder à aucun autre prix, même par voie de réexpédition. Je vous signalerai toutefois le cas particulier des dispositions exceptionnelles applicables entre certains points communs Etat-Ouest, les au-delà de ces points et les gares intermédiaires, dispositions qui conduisent parfois à des soudures de taxes, d'ailleurs très simples (ce cas a été cité plus haut sous le n° 12 au chapitre « Annexes aux tarifs généraux », et je vous ai renvoyé à son occasion au *Guide pratique des taxes*, qui donne, aux articles 108 à 111, des exemples d'application de la règle de la soudure. A noter d'ailleurs que le chapitre V du tarif spécial P. V. 29 Orléans, que vous trouverez au fascicule 2 du Chaix P. V., indique les conditions de soudure visées dans le texte cité ci-dessus de l'art. 1 P. V. et que l'art. 123 du *Guide pratique des taxes* analyse sommairement ces conditions).

Remarquons, en outre, ce qui est évident, que l'obligation de rechercher la taxation la plus économique implique seulement la comparaison des diverses taxes possibles par divers itinéraires et dans la limite des tarifs régulièrement applicables sur chacun d'eux.

Calcul des taxes. (*Art. 9 P. V.*).

Nous venons de voir que l'expéditeur peut en petite vitesse revendiquer l'application d'un tarif (déterminé ou non) en indiquant en outre l'itinéraire de son choix. L'article 13 P. V. explicite comment doit s'entendre l'application des barèmes des tarifs spéciaux ; il précise notamment qu'à défaut d'indication d'itinéraire, un barème prévu dans un tarif spécial n'est applicable que par l'itinéraire le plus court empruntant exclusivement les voies des réseaux participant au tarif ; si, au contraire, un itinéraire a été précisé, sont applicables sur cet itinéraire tous les barèmes prévus par des tarifs auxquels participent tous les réseaux que traverse le dit itinéraire, même si celui-ci n'est pas le plus court. Je n'insisterai pas sur ce point, tous les développements nécessaires vous ayant été fournis au cours de la précédente leçon lors de l'étude du mode de recherche de la distance (voir d'ailleurs à ce sujet l'article 117 du *Guide pratique des taxes*).

Stations intermédiaires. (*Art. 3 G. V. et 10 P. V.*).

Aux termes des articles 3 G. V. et 10 P. V., les transports effectués aux conditions d'un tarif spécial, commun ou non, en provenance ou à destination d'une gare non dénommée au dit tarif spécial, mais intermédiaire entre deux gares dénommées, peuvent, s'il y a avantage pour le public, jouir du bénéfice de ce tarif, en payant pour la distance entière depuis la dernière gare dénommée, située avant le lieu de départ, jusqu'à la première gare dénommée, située avant le lieu de destination.

L'art. 10 P. V. précise les conditions particulières d'application de cette clause aux tarifs spéciaux d'exportation.

Il est en outre indiqué, tant en G. V. qu'en P. V., que ne sont en principe considérées comme intermédiaires entre deux gares dénommées que les stations situées sur l'itinéraire le plus court entre les deux gares dénommées ; certaines exceptions à cette règle, exceptions dans le détail desquelles je n'entrerai pas, sont néanmoins indiquées, séparément, pour la grande et pour la petite vitesse.

Comme la clause de la soudure des prix, la clause des stations intermédiaires était, avec la tarification d'avant-guerre, une source de sérieuses complications dans la recherche des prix ; on peut dire qu'actuellement, cette source de complications a disparu, puisque les prix fermes et barèmes particuliers prévus dans les tarifs spéciaux sont pratiquement toujours accompagnés d'une interdiction d'application aux gares intermédiaires. [Voir à ce sujet l'article 122 du *Guide pratique des taxes* ; je vous rappelle toutefois le cas particulier des dispositions exceptionnelles P.-O.-Ouest, où la clause des stations intermédiaires est appelée à jouer en grande vitesse (même pour les voyageurs), comme en petite vitesse (comme l'indiquent d'ailleurs les articles 108 à 111, déjà cités, du *Guide pratique des taxes*)].

Minimum de poids. (*Art. 2 G. V. et 7 P. V.*).

Parmi les conditions auxquelles est subordonnée l'application des tarifs spéciaux, il y a lieu de mentionner en tout premier rang les conditions qui imposent à l'expéditeur un minimum de poids. Ce minimum peut être stipulé, soit par expédition, soit par wagon (1), les tarifs précisant dans chaque cas que la manutention est effectuée par le chemin de fer pour les transports taxés à un barème par expédition, et par le public, pour les transports taxés à un barème par wagon (cette règle ne souffre qu'un petit nombre d'exceptions, dans des cas particuliers tels que voitures, matériel roulant, masses indivisibles).

Les articles 2 G. V. et 10, § *d*) P. V. précisent comment doivent s'entendre les clauses stipulant un minimum de tonnage.

Il est stipulé que le minimum de poids par expédition ou par wagon complet peut être constitué par des marchandises désignées dans un même tarif ou dans des tarifs différents, avec les mêmes barèmes ou les mêmes prix fermes, pourvu que ces marchandises soient assujetties par les dits tarifs aux mêmes conditions particulières, qu'elles soient expédiées par un même expéditeur à un même destinataire, et qu'enfin elles ne puissent se nuire ou s'avarier par le contact. Il peut aussi, sous les mêmes conditions, être constitué par des marchandises désignées avec des barèmes ou des prix fermes différents, en payant comme si le poids total était constitué exclusivement par la marchandise taxée au prix le plus élevé.

Pour la petite vitesse, cette clause est précisée par une disposition générale d'après laquelle les régimes de bâchage des articles 6 *bis* (transports à couvert) et 6 *ter* (transports à découvert) ne sont pas considérés comme constituant des conditions différentes s'opposant à la réunion de marchandises distinctes pour réaliser le minimum de poids imposé, et par deux clauses particulières, l'une aux réseaux A.-L., Est, Nord et P.-L.-M. autorisant la constitution du minimum de poids par wagon avec des marchandises devant être manutentionnées les unes par le chemin de fer, les autres par le public, pourvu que l'ensemble soit manutentionné par le public, l'autre au réseau du Midi acceptant de considérer comme ayant un destinataire unique les expéditions de Paris sur l'Espagne dégroupées au passage à la frontière par le commissionnaire pour le compte duquel elles sont remises au transport.

En outre, l'art. 10 P. V. dans ses alinéas *a*), *b*), *c*) prévoit :

— que l'expéditeur chargeant un wagon peut l'utiliser complètement, au delà du minimum de poids imposé, tout en restant dans la limite de charge prévue pour ce wagon, et en même temps, dans les limites du gabarit;

— que tout envoi dont le poids est inférieur au minimum exigé est néanmoins taxé, s'il y a avantage pour l'expéditeur, en appliquant le barème prévu au minimum de poids exigé. (Les tarifs spéciaux stipulent toujours en conséquence : barème applicable par expédition — ou par wagon chargé — de ... kg. *ou payant pour ce poids*) ;

— que lorsque la charge réalisée sur un wagon excède le minimum imposé, son poids total est soumis au barème prévu ; mais que, si une expédition dont le poids excède le minimum est répartie entre deux ou plusieurs wagons, l'excédent de poids chargé sur un wagon pour lequel le minimum prévu n'est pas atteint est traité comme il vient d'être dit à l'alinéa précé-

(1) Il existe des minima au wagon variant de 1.500 kg. à 20 tonnes, et des minima par expédition variant de 50 kg. à 300 tonnes (rames de wagons chargés à leur capacité complète), et même bien au delà, si l'on tient compte des trains complets qui constituent aussi en fait des transports avec minimum de poids par expédition. Dans le cas d'un transport par rame ou par trains complets, le minimum de poids par expédition se combine d'ailleurs avec un minimum par wagon, égal en général à la charge normale ou à la capacité totale de chaque wagon utilisé.

dent pour les charges incomplètes, l'ensemble de l'expédition étant d'ailleurs en pareil cas régi par les conditions du tarif spécial.

Frais accessoires. *(Art. 4 G. V. et 5 P. V.).*

Une des dernières clauses des conditions communes des tarifs spéciaux G. V. (art. 4) vise les frais accessoires ; elle précise que les frais accessoires dont le montant est indiqué dans les tarifs pour être ajoutés ou déduits des prix de transport doivent être dans tous les cas remplacés par ceux que prévoient les tarifs généraux pour les opérations qu'ils représentent ; que lorsqu'un tarif de grande vitesse prévoit la déduction des frais de chargement ou de déchargement, le taux à appliquer doit être de 1 fr. 45 par opération, quelles que soient les indications du tarif à ce sujet. (Je vous rappelle qu'en G. V. il n'existe en dehors du G. V. 118 qu'un taux de droit de manutention au poids, savoir 6 fr. par tonne, et que les tarifs généraux ne décomposent pas ce droit en frais de chargement et de déchargement et frais de gare ; le chiffre de 1 fr. 45 indiqué ici est égal à la somme représentant en P. V. les frais, soit de chargement, soit de déchargement, dans le droit de manutention global de 6 fr.) ; — enfin, que, si les prix stipulés par un tarif spécial de grande vitesse comprennent les frais accessoires, ils doivent être majorés de la différence entre les taux actuels de ces frais et ceux qui étaient en vigueur lors de l'établissement des dits prix. (Cette clause trouve son application au G. V. 118 où un renvoi signale d'ailleurs cette particularité).

Ces dispositions figurent aussi aux conditions des tarifs spéciaux de petite vitesse (art. 5), sauf toutefois celle qui fixe le montant des frais de chargement et de déchargement à déduire dans certains cas, cette clause étant inutile puisque les tarifs généraux P. V. indiquent eux-mêmes la décomposition du droit de manutention. Mais l'article 5 P. V. comporte par contre un certain nombre d'autres prescriptions : c'est ainsi qu'il indique que les frais accessoires de l'art. 14 des Tarifs généraux s'ajoutent, sauf indication contraire, aux prix des barèmes et prix fermes des tarifs spéciaux (en G. V., où rien n'est stipulé à cet égard, les indications nécessaires sont données dans chaque tarif à la suite de l'énoncé des barèmes) ; qu'il n'est pas perçu, sauf stipulation contraire dans les tarifs, de droit de transmission entre les réseaux participants lorsque le prix résulte d'un barème commun ou d'un prix ferme commun (cette clause se trouve déjà aux articles 14, 28 et 33 des Tarifs généraux pour les tarifs généraux communs) ; enfin, que, dans le cas où, à l'une des gares extrêmes, le transport est en provenance ou à destination d'un réseau non participant, il n'est ni rien ajouté à titre de droit de transmission, ni rien déduit des prix stipulés « frais de chargement, de déchargement et de gare compris » ou indiqués comme ne devant pas être augmentés de tels frais, tandis que, si les prix résultent de barèmes kilométriques auxquels le tarif prescrit d'ajouter des frais accessoires chiffrés à la tonne, ces frais sont remplacés par le droit de transmission.

En outre, tant en G. V. qu'en P. V., il est indiqué (ce que je vous ai déjà dit) que les frais accessoires de toute nature fixés par les arrêtés ministériels en vigueur ou à intervenir sont passibles des majorations applicables aux prix de transport.

Les autres stipulations des conditions générales des tarifs spéciaux sont spéciales à la petite vitesse ; ce sont :

Prolongation de délai.

1° (art. 4) une disposition prévoyant que, sauf indication contraire dans les tarifs, la durée réglementaire du transport pourra être prolongée de 5 jours pour les transports effectués aux conditions des tarifs spéciaux, sans que ce supplément de délai puisse donner lieu à indemnité ; il est en outre précisé à ce sujet que, en cas de soudure de plusieurs tarifs spéciaux intérieurs et communs, le plus grand des allongements spécifiés par ces divers tarifs sera appliqué, sans que l'on puisse cumuler les divers allongements autorisés.

Dans la pratique, le chemin de fer a renoncé à l'allongement de délai pour les animaux vivants (P. V. 1/101), pour la glace (P. V. 6/106) et pour certaines marchandises du P. V. 2/102 (huîtres et moules d'élevage, pommes de terre nouvelles, pour lesquelles toutefois le délai total accordé ne peut être inférieur à 4 jours) et du P. V. 23/123 (arbres, arbustes, plantes vivantes et sarments verts) ; par contre, il a porté l'allongement de délai de 5 à 8 jours pour certains tarifs (P. V. 4/104, 8/108, 9/109, 12/112) et à 10 jours pour d'autres (marchandises pondéreuses ou très encombrantes : P. V. 7/107, partie du P. V. 10/110, P. V. 11/111, P. V. 13/113, partie du P. V. 15/115, chap. 2 du P. V. 22/122, P. V. 26/126) (1).

Pesage.

2° (art. 8) une disposition autorisant le chemin de fer, par dérogation à l'article 15 des tarifs généraux, à effectuer à son gré, non au départ, mais en cours de route ou à l'arrivée, le pesage auquel il doit procéder pour établir la taxe ; cette dérogation, qui n'est valable que si la gare de départ n'a pas de moyens de pesage suffisants, est en outre limitée aux expéditions par wagon complet ; lorsqu'il en est fait usage, la taxe est établie au départ d'après la déclaration de l'expéditeur et rectifiée, s'il y a lieu, à l'arrivée.

Bâchage.

3° (art. 6 *bis* à 6 *sexies* et Annexe) un ensemble de dispositions connues sous le nom de « réglementation du bâchage », qui présentent une grande importance, mais sur lesquelles je ne m'étendrai pas, me bornant à vous renvoyer à leur sujet au Guide pratique des Taxes qui les expose en détail dans ses articles 173 à 189.

Marchandises encombrantes.

4° (art. 11) une clause spécifiant que la surtaxe prévue à l'article 10 des tarifs généraux pour les marchandises ne pesant pas 200 kg. sous le volume d'un mètre cube cesse d'être applicable aux dites marchandises lorsqu'elles sont dénommées dans un tarif spécial, sauf toutefois si ce tarif formule expressément une disposition contraire.

Je vous citerai, à titre d'exemples d'application, d'une part, les meubles montés, qui, au tarif général, sont taxés à la première série avec, éventuellement, la majoration de l'article 10 (ils figurent à la Classification Générale avec un astérisque) et qui, au tarif spécial P. V. 24/124 (lorsqu'ils sont en bois blanc ou en hêtre ni peints ni vernis), sont repris avec le barème 9, sans la dite majoration ; d'autre part, les baignoires en fonte emballées que le P. V. 14/114 (chap. I, renvoi 2) dispense, sans condition de tonnage, de la majoration de l'article 10.

Groupage à l'exportation.

5° (art. 13) une disposition (déjà mentionnée plus haut) dispensant des restrictions insérées à l'article 5 des tarifs généraux les groupages d'un colis d'un poids individuel de 40 kg. au plus, effectués par des intermédiaires de transport, dans le trafic d'importation et de transit (2).

(1) Il existe aussi en grande vitesse certaines clauses d'allongement de délai, mais elles varient suivant les tarifs spéciaux et ne font pas l'objet d'une disposition commune dans les conditions générales (Voir le G. V. 15/115, chap. I, § III, le G. V. 26/126, et surtout le régime des « trains désignés » des G. V. 1/101 et 3/103).

(2) On trouve une clause similaire en grande vitesse dans certains tarifs spéciaux (voir G. V. 23/123, fleurs fraîches coupées. Conditions d'application, taxes et délais).

Désignation des marchandises.

6° (art. 2) une indication relative à la portée des désignations de marchandises inscrites dans les tarifs spéciaux, cette indication précisant que, lorsqu'un tarif spécial reproduit textuellement une désignation du tarif général (c'est-à-dire de la classification générale), cette désignation a la même portée au tarif spécial qu'au tarif général ; en particulier, si une désignation suivie à la classification générale des mots « non dénommés » est reproduite dans un tarif spécial, suivie des mêmes mots, elle s'applique, dans le tarif spécial, aux mêmes marchandises que dans le tarif général, c'est-à-dire à toutes celles qui ne sont pas dénommées à la classification générale (et non à celles qui ne sont pas dénommées au tarif spécial).

Manutention.

7° (art. 6, *a*) une disposition précisant les conséquences de l'obligation faite au public par certains tarifs d'effectuer lui-même la manutention au départ et à l'arrivée. Il est indiqué que la manutention est alors effectuée par les soins et aux frais de l'expéditeur ou du destinataire, avec toutes les conséquences de droit (c'est-à-dire que l'expéditeur est seul responsable des conséquences éventuelles d'un chargement défectueux, et que l'expéditeur et le destinataire sont seuls responsables des accidents pouvant survenir tant à la marchandise qu'à eux-mêmes ou à des tiers au cours de la manutention ou de son fait) ; en outre, il est prévu que si, nonobstant l'obligation formulée, le chemin de fer accepte, sur la demande de l'expéditeur ou du destinataire, de faire en leur lieu et place le chargement et le déchargement ou l'une de ces opérations, il aura droit à la rémunération prévue en pareils cas par les textes relatifs aux frais accessoires (1).

Fourniture et livraison des wagons.

8° (art. 6, *b* à *c*), un ensemble de clauses relatives aux conditions de fourniture du matériel à l'expéditeur au départ, de surveillance des chargements, et de livraison des wagons chargés au destinataire à l'arrivée, lorsque la manutention incombe au public.

Ces clauses, que j'ai gardées pour la fin de cet exposé, méritent un examen attentif, en raison des répercussions qu'elles peuvent avoir sur la responsabilité du chemin de fer, notamment au point de vue des délais de transport et des avaries survenant en cours de route.

Tout d'abord, l'alinéa *b*) indique que les expéditeurs sont tenus de faire connaître, au préalable, à la gare de départ, le nombre de wagons qui leur sont nécessaires pour l'expédition des marchandises, voitures ou animaux, dont ils doivent ou peuvent effectuer le chargement ; ils indiquent en même temps la nature et le poids approximatif de ces objets, ainsi que la gare destinataire et spécifient si l'expédition doit être faite aux conditions des tarifs généraux ou des tarifs spéciaux ; ils peuvent, par une seule et même lettre, formuler des demandes de wagons pour des jours différents, ce qui, bien que cela ne soit pas dit explicitement, implique, au moins en principe, l'obligation de demandes écrites. (L'expéditeur peut toutefois, sous certaines conditions de forme, user du téléphone pour ses demandes de matériel). Les demandes doivent préciser séparément les besoins répondant à des transports par wagon, par rame et par train complet, en indiquant l'ordre de priorité de ces transports.

Les demandes sont enregistrées dans chaque gare sur un registre spécial, dans l'ordre où elle parviennent et aussitôt qu'elles parviennent. (Voir à ce sujet l'Instruction 385). Chaque demande est considérée comme ayant

(1) Chaque tarif spécial précise les cas où la manutention incombe au public. Ce sont en règle générale ceux où il est fait application d'un barème au wagon (voir aussi à ce sujet les P. V. 29 chap. VI de certains réseaux).

en lieu le jour même où elle parvient à la gare, si elle parvient avant la fermeture, et le premier jour ouvrable qui suit, dans le cas contraire.

Le même alinéa *b*) précise ensuite les conséquences de la demande de matériel au point de vue des délais de transport et les obligations qu'elle impose à la Compagnie, suivant que le transport doit s'effectuer par wagon, par rames (on entend sous ce nom, dans ce cas, les transports par lesquels est revendiqué un tarif stipulant un minimum de tonnage de 180 tonnes ou plus) ou par train complet (régime du P. V. 29/129, chap. XIII).

Sous réserve de l'observation des délais de transport prévus par les tarifs appliqués, et dont l'alinéa *b*) définit l'origine, le chemin de fer saisi d'une demande de matériel, n'est tenu d'aucune obligation particulière quant à la date de fourniture de ce matériel, et n'encourt aucune responsabilité en cas de dépassement de la date fixée ou des dates fixées par l'expéditeur pour cette fourniture.

Par contre, il est tenu des obligations suivantes :

— dans le cas d'un transport par wagon, faire connaître à l'expéditeur, dès le premier jour ouvrable qui suit la réception de la demande, soit les jour et heure où les wagons seront mis à sa disposition s'il s'agit d'une demande de fourniture unique, soit ceux où la première livraison de matériel sera faite, s'il s'agit d'une demande de wagons pour des jours différents ; en outre, dans la seconde hypothèse, faire connaître les mêmes renseignements pour chaque livraison ultérieure, par un avis expédié de manière à parvenir à l'expéditeur la veille, au plus tard, de la date fixée par le chemin de fer pour cette livraison ;

— dans le cas d'un transport par rames ou par trains complets, aviser l'expéditeur de la mise à disposition des wagons demandés de façon que l'avis lui parvienne la veille, avant 18 heures, pour les rames, ou 19 h., pour les trains complets.

Dans tous les cas, si l'expéiteur a indiqué une date pour le chargement, les wagons ne doivent être fournis au plus tôt qu'à cette date.

Les avis de mise à disposition envisagés ci-dessus sont soumis, en ce qui concerne les conditions de leur envoi et la taxe à percevoir, aux mêmes règles que les envois d'avis d'arrivée des marchandises (art. 53 des tarifs généraux P. V.).

Le chemin de fer peut, pour chaque fourniture de matériel, spécifier l'affectation des wagons fournis à des expéditions déterminées ; s'il n'use pas de cette faculté, les fournitures faites sont considérées comme répondant aux demandes successives, dans leur ordre de remise, et, pour chaque demande, dans l'ordre de priorité qu'elle indique.

L'alinéa *c*) vise la mise à disposition, à l'arrivée, des wagons chargés. Il indique que le chemin de fer peut, si tous les wagons composant une même expédition ne parviennent pas simultanément à destination, mettre ces wagons à la disposition du destinataire au fur et à mesure de leur arrivée, le destinataire étant tenu, pour la libération de chaque wagon, des mêmes obligations que si ce wagon avait fait l'objet d'une expédition distincte. En outre, il précise que, pour les expéditions en port dû livrées ainsi en plusieurs parties, le chemin de fer peut exiger du destinataire, au moment où il prend livraison de chaque wagon, le versement d'une provision égale à la fraction des sommes à encaisser à l'arrivée qui correspond au chargement des wagons livrés.

Les alinéas *d*) et *e*) s'appliquent à la reconnaissance par le chemin de fer des wagons chargés par l'expéditeur et aux obligations incombant en cours de route au chemin de fer pour de tels wagons ; je me borne à vous les signaler sans vous en exposer le détail (voir d'ailleurs les Instructions 410, 412 et 415, et l'article 11 du *Manuel des agents à la manutention*).

Principales dispositions particulières des tarifs spéciaux.

Ayant ainsi examiné les conditions générales d'application des tarifs spéciaux, il me reste à vous indiquer, au moins sommairement, quelles peuvent être les principales dispositions particulières de chacun de ces tarifs.

Je ne reviendrai pas sur les clauses de minimum de tonnage, d'allongement de délai, et de manutention par le public qui ont été examinées précédemment ; je vous signalerai par contre :

a) les dispositions relatives au conditionnement des expéditions et qui subordonnent l'application d'un tarif spécial à un mode déterminé d'emballage ou de présentation de la marchandise. Les exemples de telles dispositions sont nombreux ; il convient, tout d'abord, de signaler que le tarif général lui-même en prévoit, puisque la Classification Générale comporte, pour certaines marchandises, des dénominations différentes, avec application de séries différentes, suivant leur mode d'emballage ou de présentation, qui influe sur les risques d'avarie ou l'encombrement. (Exemples: « Fontaines » et « fontaines emballées »; « poterie commune en grès ou en terre cuite » et « poterie commune en grès ou en terre cuite, en cadres, cages, caisses, harasses, paniers ou tonneaux »; « meubles démontés ou repliés » et « meubles montés ») ; ce genre de distinctions est très fréquent dans les tarifs spéciaux, où l'on est ainsi conduit à compléter les spécifications de la classification par des précisions additionnelles. (Exemples : au P. V. 9/109, « bois destinés à la trituration ou au défibrage *dont la longueur ne dépasse pas 3 mètres* » ; au P. V. 18/118, « colle de pâte *en fûts* » ; au P. V. 19/119, « papiers imprimés *en feuilles entières, non façonnées* », etc...).

b) les dispositions qui subordonnent l'application d'un prix (barème ou prix ferme) à des conditions particulières de provenance ou de destination du transport, ou d'affectation de la marchandise. Il y a lieu de citer dans cet ordre d'idées :

— les réductions de prix dont bénéficient les marchandises exportées, soit dans les tarifs d'exportation (G. V. 303 Marchandises, P. V. 314 et 315, par exemple), soit dans des chapitres particuliers des tarifs ordinaires (chap. III du P. V. 18/118), soit dans les tarifs ordinaires eux-mêmes où figure généralement, en tête des « Conditions d'application », une clause spéciale à l'exportation.

— les tarifs particuliers au transit (G. V. 403 Marchandises, P. V. 300, par exemple).

— les réductions de prix spéciales à des relations déterminées (substitution pour ces relations de prix fermes aux prix ordinaires résultant des barèmes, par exemple chap. X, XI, XIV et XVI du P. V. 7/107, ou chap. II du P. V. 18/118) ; ou à des groupes de relations déterminées, soit par l'indication d'une ou de plusieurs gares de provenance ou de destination données (P. V. 14/114, chap. I, renvoi 6 pour les envois à destination des gares de Bordeaux ; P. V. 3/103, chap. III, applicable seulement entre les gares desservant les ports de mer de certains réseaux), soit encore par la limitation de certains barèmes aux transports empruntant seulement un ou plusieurs réseaux (voir par exemple le chapitre V du G. V. 3/103 limité à P.-O. et Etat, le chap. VI du P. V. 28/128 limité à Midi, Orléans et P.-L.-M., etc...), soit enfin par la condition que la gare de départ (ou la gare d'arrivée) desserve un établissement industriel ou commercial de catégorie déterminée (P. V. 10/110, chap. I, renvois 1 et 3, indiquant des barèmes applicables seulement aux envois sur des gares desservant certaines catégories d'usines ; P. V. 22/122, chap. II, applicable seulement d'une gare desservant un port de mer à une gare desservant une fabrique de superphosphate de chaux ; P. V. 18/118, chap. I, barèmes spéciaux pour le carbure de calcium expédié d'une gare desservant une usine française de fabrication de ce produit, etc.).

— enfin, les réductions de prix applicables sous certaines conditions d'affectation de la marchandise (Exemples : P. V. 22/122, réservé aux marchandises destinées à l'amendement ou à l'engrais des terres et effectivement employées à cet usage ; G. V. 26/126 et P. V. 26/126, réservés aux emballages ayant servi ou devant servir au transport de marchandises sur le chemin de fer ; P. V. 14/114, chap. I, barème spécial du fil machine destiné à la fabrication de certains produits désignés, etc...).

Il importe de tenir attentivement compte, le cas échéant, des dispositions de cette nature, inscrites soit dans le corps même des tarifs, soit en renvoi, soit dans les Conditions d'application particulières.

c) les dispositions qui subordonnent l'application d'un tarif soit à un maximum de valeur déterminée (P. V. 100, G. V. 1/101 et P. V. 1/101), soit à l'obligation pour l'expéditeur de plomber et cadenasser le wagon (P. V. 100, certains transports du P. V. 24/124).

Le *Guide pratique des taxes* contient d'ailleurs (art. 41 à 57 pour la grande vitesse, 125 à 170 pour la petite vitesse) un certain nombre d'indications que vous consulterez avec fruit, soit sur quelques tarifs spéciaux déterminés, soit sur les réglementations diverses des tarifs G. V. et P. V. 29 et 129, soit enfin sur le régime particulier des transports internationaux.

TITRE III

APERÇUS DE GÉOGRAPHIE COMMERCIALE

Conférence de M. DEGARDIN,

Sous-Chef de l'Exploitation

PRÉAMBULE

Un des rôles essentiels des Services Commerciaux est de poursuivre l'augmentation du trafic du chemin de fer, en s'efforçant de déplacer et de développer au profit des Réseaux les courants de trafic existants, et de créer des courants nouveaux. Les études que les Services Commerciaux entreprennent dans ce sens sont basées sur la connaissance aussi exacte et complète que possible des causes variables des mouvements des voyageurs et des marchandises : cette connaissance est du domaine de la Géographie Commerciale.

Je ne saurais, dans le modeste cadre de cette leçon, vous donner même les éléments essentiels d'une science qui pourrait remplir plusieurs volumes ; je laisserai donc entièrement de côté tout ce qui concerne les voyageurs et je me bornerai, pour les marchandises, à quelques indications d'ordre général, constituant en quelque sorte une préface des connaissances spéciales indispensables en la matière aux hommes de chemins de fer ; pour plus de simplicité, et aussi pour rester mieux dans le plan général de vos occupations, je suivrai dans cet exposé l'ordre des tarifs spéciaux de petite vitesse, qui, comme cela vous a été exposé précédemment, groupent toutes les marchandises, d'après leur nature générale, en 28 grandes catégories ; je résumerai ensuite sommairement en quelques lignes les questions intéressant l'exportation, pour laquelle, comme d'ailleurs pour l'importation des produits exotiques, il serait nécessaire d'avoir un aperçu non seulement de la situation du Réseau ou même de la France entière, mais encore de celle des marchés extérieurs de destination ou de provenance.

Bestiaux

(Tarifs 1/101)

1° *Bovins.* — Les principales régions d'élevage sont la Normandie, la Bretagne, l'Anjou, la Vendée, le Berry, le Poitou, les Charentes, le Bassin de la Garonne, tout le Plateau Central, le Nivernais, le Charolais, la Franche-Comté, la Savoie.

Ces régions alimentent Paris, puis les contrées déficitaires, c'est-à-dire les régions situées au nord de la capitale, la Champagne, la Lorraine, la Gironde, le littoral de la Méditerranée, etc...

2° *Porcs.* — La production est surtout active dans les régions situées au sud de la Loire, en particulier dans les départements de la Charente, la Dordogne, la Corrèze, la Creuse, l'Allier ; dans le Bassin de la Garonne, notamment dans les Landes et le Gers ; dans la Sarthe, la Mayenne, l'Orne, la Manche, les Côtes-du-Nord, dans la Franche-Comté, le Dauphiné, etc...

Les contrées déficitaires sont encore celles du Nord, la Bretagne, Paris et les départements limitrophes, le Lyonnais, la Provence.

3° *Ovins.* — Le Centre est encore la principale région de production ; celle-ci s'étend jusqu'en Beauce aux portes de Paris ; elle est surtout active dans les Causses du Lot, de l'Aveyron ; de nombreux troupeaux existent dans les départements pyrénéens, dans les Landes, en Champagne, dans les régions à céréales de Picardie, etc...

L'Algérie envoie en France de très importants contingents qui alimentent principalement la Provence et atteignent Paris.

4° *Chevaux.* — La production et le commerce des chevaux sont particulièrement actifs dans le Nord de la France, en Normandie, en Bretagne, surtout dans les Côtes-du-Nord et le Finistère, dans le Poitou, le Sud-Ouest, etc...

Il est fait de ces régions de très importantes expéditions à l'intérieur de la France et de l'étranger.

Le trafic des bestiaux est particulièrement considérable sur le Réseau d'Orléans où il est transporté annuellement environ 2.300.000 animaux, le réseau fournissant suivant les espèces de 25 à 40 0/0 des arrivages nécessaires à l'alimentation de l'agglomération parisienne.

Le cheptel qui constitue une des principales richesses de la France avait été considérablement réduit par la guerre à cause de la capture par les Allemands d'une grande partie du bétail des départements envahis et de l'énorme consommation de viande faite par les armées françaises et alliées. Mais la reconstitution du cheptel a été activement poussée dès l'armistice et, dans son ensemble, on peut dire que, sauf toutefois pour les moutons, elle est maintenant à peu près complète, ainsi que le montre le tableau suivant qui donne l'état comparatif des effectifs d'animaux domestiques pour l'ensemble de la France en 1913, 1925 et 1926, d'après les recensements du Ministère de l'Agriculture :

ESPÈCES	1913	1925	1926
Chevaline	3.220.080	2.880.380	2.893.960
Mulassière	188.280	188.320	184.810
Asine	356.310	272.970	263.630
Bovine	14.787.710	14.372.980	14.482.440
Ovine	16.131.390	10.537.020	10.775.260
Porcine	7.035.850	5.792.860	5.776.900
Caprine	1.434.970	1.377.910	1.388.400

La difficulté de reconstitution du cheptel ovin, due surtout à la pénurie de main-d'œuvre pour la garde des troupeaux, est de nature à ouvrir d'importants débouchés pour les moutons étrangers, et notamment pour ceux du Maroc : c'est là un courant de trafic nouveau intéressant le port de

Bordeaux et dont le développement fait l'objet de l'attention et des efforts de la Compagnie d'Orléans.

Pour vous donner en passant un aperçu des études des services commerciaux, je mentionnerai ici les efforts faits pour développer l'utilisation de la grande vitesse pour les transports d'animaux vivants, qui s'accommodent mal de longs trajets en wagons ; notre Compagnie avait dans ce sens créé en 1897 un tarif de grande vitesse relativement réduit ; la même ligne de conduite a été adoptée dans les dernières années par la plupart des Grands Réseaux.

Céréales, Farines, Graines, Légumes secs, Pâtes alimentaires, Pommes de terre

(Tarif 2/102)

1° *Blés.* — Avant la Guerre, la France récoltait à très peu près la quantité nécessaire à sa consommation. Dans les années de déficit, la proportion des blés importés restait encore relativement faible : par exemple, en regard d'une production totale évaluée en 1911 à 8.772.000 tonnes et en 1912 à 9.099.150 tonnes, les importations n'ont pas dépassé, en 1912, 711.189 tonnes, soit 7,81 0/0 de la récolte de 1912.

Mais, depuis la Guerre, la superficie des terres ensemencées en blé a diminué et presque toutes les récoltes ont été plus ou moins largement déficitaires ; c'est ainsi qu'il n'a été ensemencé que 5.600.000 hectares produisant 9.000.000 tonnes, en 1925, année exceptionnellement favorable, 5.250.000 hectares, produisant 6.310.000 tonnes, en 1926, et 5.370.000 hectares, dont la production est actuellement évaluée à 7.800.000 tonnes environ, en 1927, contre 6.540.000 hectares ayant produit 8.700.000 tonnes en 1913. Les blés importés viennent surtout d'Amérique, la Russie, autrefois le grenier de l'Europe, ayant presque cessé d'exporter depuis le régime soviétique.

La culture du blé est surtout répandue en France dans toute la partie du territoire située au nord d'une ligne allant approximativement de La Rochelle à Genève ; cette zone, avec quelques départements de la Gascogne et du Dauphiné, alimente non seulement quelques régions déficitaires qu'elle englobe (Paris, le Nord, la Normandie, certaines parties de la Bretagne), mais encore toutes les régions éloignées du Plateau Central, des Alpes, du littoral de la Méditerranée, de celui du Golfe de Gascogne. Il en résulte des transports à grande distance, auxquels s'ajoutent ceux qu'a provoqués la transformation, dans le sens de la concentration, de l'industrie meunière. On a construit dans les dernières années sur certains points de très importants moulins agencés avec tous les derniers perfectionnements de la technique moderne, qui ont beaucoup réduit les déchets de fabrication. Mais alors que les anciens moulins trouvaient dans leur propre région la plus grande partie des blés qui leur étaient nécessaires, les nouvelles usines, agencées pour produire jusqu'à 15.000 quintaux de farine par jour, doivent aller chercher les blés dans des régions parfois très éloignées, ce qui donne lieu à un trafic important.

La création de ces grands moulins a en même temps amené une modification du trafic. C'est ainsi que les moulins de la grande banlieue parisienne, qui expédiaient sur Paris la plus grande partie de leur production ont vu leurs expéditions diminuer d'une façon considérable à cause de la concurrence des grands moulins de Paris, Puteaux, Pantin. A un trafic de farine sur Paris s'est substitué un trafic de blé.

2° *Orges*. — L'orge a deux emplois : un emploi industriel pour la brasserie de bière, un emploi agricole pour la nourriture des animaux.

L'orge de brasserie offre principalement de l'intérêt au point de vue des transports par fer.

Sa production est surtout développée dans le Nord, en Normandie, en Champagne, en Beauce, dans le Berry et un peu dans le Poitou. La Haute-Loire, un peu isolée, donne une production importante d'orges réputées.

Indépendamment de la consommation des brasseries locales, les orges de Beauce, du Berry, vont sur les brasseries du Nord et dans les malteries du Centre. Beaucoup des orges de Beauce ne sont expédiées par fer que jusqu'à Paris pour prendre de là la voie d'eau à destination du Nord.

3° *Avoine*. — La culture de l'avoine est plus répandue que celle de l'orge, et, à cause de sa dissémination plus grande, donne lieu à des transports moins importants. En ce qui concerne le Réseau d'Orléans, les avoines du Berry, du Poitou vont sur Paris et sur les régions viticoles du Midi.

Le trafic de l'avoine diminue sans cesse à cause de l'extension rapide des automobiles.

4° *Pommes de terre*. - - La production des pommes de terre a une très grande importance dans les régions du Plateau Central où ce tubercule est employé en grande partie à l'engraissement des porcs. Aussi le trafic de ces animaux varie-t-il dans une large mesure avec la production de la pomme de terre.

Celle-ci est également cultivée en grandes quantités en Bretagne, dans la Sarthe, dans les départements frontières de l'Alsace-Lorraine, dans ceux du Bassin du Rhône, dans le Tarn, l'Aveyron, etc...

Les productions du Centre trouvent leur écoulement, partie sur le marché parisien, partie dans les départements du Bassin de la Garonne et aussi à l'exportation par Bordeaux.

L'industrie de la fécule, très développée dans l'Est, n'a pas d'importance sur le réseau d'Orléans.

Denrées, Fruits, Légumes, Produits de laiterie

(Tarifs 3/103/303/403)

Les marchandises de ce groupe sont, à cause de leur nature périssable, tributaires surtout de la grande vitesse.

Les *denrées dites denrées de ferme : lait, beurre, œufs, volaille,* sont l'objet d'une production générale sur tout le territoire ; destiné surtout aux grandes villes, leur trafic est surtout sensible à l'accélération et aux soins donnés au transport.

Le LAIT destiné à Paris vient de la grande banlieue ; le rayon d'approvisionnement est en effet forcément circonscrit par la nécessité de livrer le produit de la traite du soir assez tôt pour la distribution à la première heure du lendemain ; on ne peut guère étendre ce rayon qu'avec des horaires appropriés et des trains suffisamment accélérés ; c'est par ces moyens que l'on a pu comprendre dans la zone intéressée, partie des départements de l'Indre-et-Loire et du Cher.

Le BEURRE arrive à Paris en grande partie de Normandie, de Bretagne, de Vendée, du Poitou, de Touraine, où la production a pris un grand essor avec l'application de procédés perfectionnés venus principalement du Danemark.

La Creuse, le Berry, sont appelés à prendre une part plus active à ce trafic quand la production déjà importante de ces régions aura été améliorée par l'emploi de ces procédés.

Une campagne active de propagande et des combinaisons de transports accélérés favorisent actuellement le développement des envois de l'Ouest sur la Suisse et la Provence.

La VOLAILLE vient surtout du Gâtinais, de la région de Chartres, des départements du Centre (Allier, Cher, Nièvre), de la Bresse et aussi de la région du Midi (Gers, Landes).

Les ŒUFS proviennent des mêmes régions que la volaille et aussi de Normandie, de Picardie, de Bourgogne.

Une grande quantité d'œufs, le tiers environ de la consommation parisienne, est importée de l'étranger. Le Maroc, grand producteur d'œufs, commence à prendre sa part de ce trafic.

Les VIANDES arrivent à Paris, naturellement, des principales régions d'élevage. Ces arrivages de viande remplaçant du bétail vivant augmentent d'ailleurs rapidement ; la viande de veau en forme la plus grande partie, en raison de la plus grande fragilité de ces jeunes animaux et des risques qui en résultent pour le transport à l'état vivant. Il faut noter aussi que la consommation de la viande congelée ou réfrigérée, surtout connue en France depuis la guerre, a fait des progrès sensibles ; il en a été importé 100.000 tonnes en 1924.

Les POISSONS proviennent essentiellement des principales régions de pêche maritime : Boulogne-sur-mer, Dieppe et Fécamp, la côte sud de Bretagne, les Sables-d'Olonne et La Rochelle, Arcachon.

Le trafic de la marée tend à s'accroître avec le développement de la pêche en haute mer par les chalutiers à vapeur. L'ouverture récente à Lorient d'un port de pêche national, muni des perfectionnements les plus modernes, est appelée à développer rapidement ce trafic en ce qui concerne notre réseau.

Sur la côte Sud de Bretagne, de nombreuses usines font la conserve de la sardine et donnent un trafic notable, d'ailleurs très irrégulier, à cause des fluctuations de cette pêche spéciale, tantôt trop abondante, tantôt insuffisante. Dans les années de mauvaise pêche en Bretagne, la consommation est alimentée en conserves de sardines provenant des fabriques situées sur les côtes d'Espagne et du Portugal.

Le poisson d'eau douce est fourni principalement au commerce par des étangs très nombreux que l'on rencontre sur plusieurs points du territoire du Réseau d'Orléans (Massif Central, Sologne, Brenne) ; mais l'exploitation de ces étangs est le plus souvent faite d'une manière rudimentaire ; la propagande en faveur de procédés plus perfectionnés est encore un champ ouvert aux efforts des Services Commerciaux de la Compagnie.

Les fruits et les légumes donnent lieu à un trafic des plus importants, en provenance surtout des régions méridionales des réseaux d'Orléans et du P.-L.-M., et aussi des régions de la Bretagne et de la Basse-Loire où un climat égal et doux favorise la culture des légumes.

Les légumes précoces ou primeurs : petits pois, haricots verts, asperges, melons, salades, etc..., sont produits principalement sur le littoral de la Méditerranée, dans le bassin inférieur du Rhône, dans les vallées de la Garonne, du Tarn, du Lot, dans la région de Brive.

Des cultures importantes d'artichauts et de choux-fleurs existent sur la côte nord de la Bretagne, à Cherbourg, St-Malo, Roscoff ; on trouve des choux-fleurs à St-Omer (Pas-de-Calais) et dans l'Anjou, des artichauts sur les rives de la Gironde, des cultures de haricots verts et de petits pois dans la vallée de la Loire, des melons, des salades, etc... autour de Nantes ; la Sologne fournit des quantités très importantes d'asperges, etc., etc.

Les régions méridionales des réseaux du P.-L.-M. et du P.-O., ainsi que celui du Midi, expédient des quantités considérables de fruits, fraises, cerises, abricots, pêches, prunes, raisins, etc.

L'Algérie apporte un contingent important de raisins.

Généralement, les productions des diverses régions se succèdent en raison de la différence des climats. Les divers trafics commencent chaque année avec la Provence et les Pyrénées Orientales, que suivent la vallée du Rhône et le bassin de la Garonne, puis vient la Corrèze, et la Loire précède de peu la banlieue de Paris.

Les envois du réseau d'Orléans sur Paris et les au-delà, comprenant les exportations très importantes de cerises et de prunes sur l'Angleterre, se sont élevés de 21.220 tonnes en 1895 à 53.900 tonnes en 1909, année de bonne récolte.

Le tonnage des envois de raisins du Tarn-et-Garonne et du Lot-et-Garonne s'est élevé à 12.300 T. en 1912 et à 19.760 T. en 1924.

Les fruits secs, pruneaux du Lot-et-Garonne, noix sèches et châtaignes, donnent lieu à d'importants transports, variables d'ailleurs suivant l'importance des récoltes annuelles.

Les pruneaux du Lot-et-Garonne n'ont pas de similaires en France ; ils y rencontrent, ainsi que sur le marché international, la concurrence des prunes sèches de Californie, de Bosnie-Herzégovine, de Serbie.

Les noix sèches et les châtaignes ou marrons sont récoltés surtout sur le Plateau Central et dans la Charente, dans le Dauphiné, en Bretagne pour les marrons.

Les noix donnent lieu à des exportations importantes sur l'Allemagne, l'Angleterre et l'Amérique du Nord.

Les pommes et surtout les pommes a cidre donnent lieu à des transports qui, dans certaines années, sont extrêmement importants.

En 1913, les exportations de pommes à cidre sur l'Allemagne (Wurtemberg, Bade, etc.) ont dépassé 250.000 T. ; ces exportations paraissent devoir retrouver leur importance du fait de la reprise de rapports commerciaux plus normaux entre la France et l'Allemagne.

Outre les vergers très étendus de Normandie, de Bretagne, on trouve encore des pommes à cidre dans le Limousin, dans l'Yonne, etc...

La culture des pommes de table est développée dans le Sud-Ouest, dans l'Anjou, dans certaines parties du Cantal et de l'Aveyron, dans la Limagne, dans le Cher, etc...

Mais cette production est insuffisante pour alimenter la consommation intérieure et des quantités assez importantes de pommes sont encore importées, notamment du Canada et de Tasmanie, soit directement, soit par l'intermédiaire des marchés anglais.

Pour compléter les notions forcément sommaires qui précèdent, vous trouverez ci-après quelques chiffres qui vous donneront une idée de l'importance des arrivages du réseau d'Orléans à Paris, et de leur progression par rapport à l'avant-guerre :

ANNÉES	LAIT	BEURRE, ŒUFS et FROMAGE	VOLAILLES	LÉGUMES et FRUITS FRAIS	VIANDE
1913.......	68.200 T.	26.900 T.	21.750 T.	50.500 T.	32.100 T.
1923.......	73.600 T.	25.570 T.	22.669 T.	64.200 T.	47.400 T.
1924.......	79.600 T.	26.280 T.	22.857 T.	63.900 T.	46.100 T.

Sel gemme, Sel marin

(Tarif 4/104)

Le sel est produit soit dans des mines, soit dans des marais salants par évaporation de l'eau de mer. Sur les 893.000 tonnes produites en France en 1911, 355.000 l'ont été par les mines de l'Est, principalement celles de Meurthe-et-Moselle, 34.000 par les mines du Sud-Ouest, dans la région de Bayonne ; des 504.000 tonnes de sel marin, 367.000 tonnes ont été produites par les salins du littoral méditerranéen, 137.000 par ceux du littoral de l'Océan.

Cette dernière production varie dans des limites très étendues avec le degré de chaleur et de sècheresse des étés. 1911 a été, à cet égard, une année exceptionnellement favorable ; par contre, en 1910, année pluvieuse, la récolte n'avait été que de 33.000 tonnes.

Cette insuffisance des années pluvieuses est compensée par un supplément de production des salins du Midi et d'extraction des mines de sel gemme.

Suivant les années, la consommation du Centre se porte vers l'une ou l'autre de ces diverses sources.

C'est ainsi qu'en 1921, la plus grande partie du sel consommé dans la région parisienne et dans le Centre venait des Mines de l'Est. A Paris même, il arrivait journellement 50 tonnes de sel gemme, contre 80 tonnes seulement de sel marin par mois.

Betteraves, Sucres, Mélasses, Dextrine, Glucose

(Tarif 5/105)

Sucre. — Le sucre brut est produit pour la plus grande partie par le traitement des betteraves.

Pour la campagne 1912-1913, 213 fabriques ont produit un tonnage qui, exprimé en sucre raffiné, s'est élevé à 967.000 tonnes. Presque toutes ces usines sont situées dans la région du Nord (Aisne, Nord, Pas-de-Calais,

Somme, Oise). Sur le réseau d'Orléans, des sucreries existent à Etampes, Toury, Pithiviers, Voves, Auneau.

En 1912, 114.700 tonnes de sucre brut ont été importées, en outre, des colonies : Réunion, Martinique et Guadeloupe.

Les sucres bruts sont exceptionnellement raffinés dans les sucreries mêmes ; à Nassandres, Tergnier, Aulnat, etc., ce raffinage a lieu le plus souvent dans des usines spéciales, à Paris ou dans les ports : Marseille, Nantes, Bordeaux ; ce sont ces dernières qui traitent surtout les sucres coloniaux.

Une partie des sucres bruts, souvent importante dans les années de température fraîche est employée au sucrage des moûts de vendanges pour en relever le degré d'alcool.

Une partie va aux fabriques de chocolat.

La plupart des grandes sucreries situées dans le Nord de la France avaient été détruites pendant la Guerre. Il a fallu les reconstruire de même qu'il a fallu remettre en état les cultures bouleversées. Aussi, pendant les années qui ont suivi l'armistice, la production sucrière a été largement déficitaire et on dut faire un appel important aux sucres de canne et aux sucres de betteraves de Pologne, Tchéco-Slovaquie et même d'Allemagne. Actuellement, les sucreries sont reconstruites et les récoltes sont bonnes ; cette année encore, la production sera, sans doute, suffisante pour la consommation nationale.

Le trafic des betteraves est un trafic saisonnier, c'est-à-dire que tous les transports se font pendant une période très courte, aussitôt après l'arrachage, en octobre et novembre de chaque année. En général, ces transports, importants par leur tonnage, se font sur de courtes distances, la culture des betteraves n'étant développée qu'à proximité des sucreries.

Le sucre raffiné donne lieu à d'importants transports pendant toute l'année. Cependant ce trafic qui atteignait en 1913, au départ de Paris, pour notre réseau et le Midi, plus de 40.000 tonnes, a diminué de 50 0/0. Cette diminution a plusieurs causes : de nouvelles raffineries ont été construites à Bordeaux, Cette, Marseille et alimentent le Midi, les expéditions pour le Centre se font beaucoup par voie d'eau et enfin dans un rayon de 100 à 150 kilomètres, les camions automobiles nous font une sérieuse concurrence.

Boissons

(Tarif 6/106)

L'élément essentiel de ce groupe au point de vue des transports est le vin ; la bière, le cidre, les eaux minérales donnent en effet des tonnages de beaucoup moins importants.

Pour le vin, le tableau suivant donne pour les départements gros producteurs, la récolte (en hectolitres) des années 1923 et 1924, ainsi que celle de l'Algérie. L'importance de cette récolte, et par suite celle des exportations et des importations, varie dans de très larges limites, comme il est indiqué à la suite du tableau pour diverses années d'avant-guerre.

DÉPARTEMENTS	1923	1924
	Hectolitres	Hectolitres
Hérault	11.890.395	14.075.105
Gard	4.010.734	5.120.386
Pyrénées-Orientales	3.198.331	3.253.877
Aude	6.673.805	6.038.256
Tarn	917.313	991.078
Haute-Garonne	771.202	856.573
Tarn-et-Garonne	520.322	557.250
Lot	248.970	345.314
Lot-et-Garonne	969.416	1.004.796
Gers	1.369.525	1.170.110
Dordogne	926.466	1.170.088
Gironde	4.914.016	5.605.405
Charente-Inférieure	2.170.803	1.866.340
Charente	1.109.355	1.028.468
Vienne	660.574	867.594
Vendée	630.554	916.583
Loire-Inférieure	888.973	1.326.030
Maine-et-Loire	992.674	1.171.906
Indre-et-Loire	1.485.585	1.612.161
Loir-et-Cher	1.149.694	1.632.497
Loiret	135.101	519.094
Cher	173.784	288.077
Indre	328.308	449.312
Allier	363.862	475.148
Puy-de-Dôme	343.983	640.355
Aube	22.451	141.320
Marne	122.769	265.595
Yonne	209.292	417.535
Côte-d'Or	283.427	436.646
Saône-et-Loire	770.394	1.272.257
Rhône	556.706	1.054.915
Loire	300.384	449.471
Ardèche	485.505	692.487
Isère	543.355	739.595
Drôme	291.438	470.248
Vaucluse	632.001	951.664
Bouches-du-Rhône	1.168.521	1.527.838
Var	2.006.798	2.473.131
Récolte totale de la France (non compris l'Alsace-Lorraine)	54.236.786	63.874.505
Algérie	10.186.356	9.787.204

	1903	1904	1906	1908	1910	1912
	PRODUCTION FRANÇAISE					
	hectol.	hectol.	hectol.	hectol.	hectol.	hectol.
	35.302.346	66.016.666	52.070.252	59.775.365	28.619.964	59.384.151
	EXPORTATIONS					
	2.286.578	2.253.704	2.421.195	2.814.264	2.983.259	3.084.040
	IMPORTATIONS					
d'Algérie..	4.783.635	5.231.414	5.427.385	6.643.718	6.675.847	7.629.596
d'autres pays.	1.984.056	2.088.368	640.084	788.127	2.028.164	2.643.100
totales....	6.767.691	7.322.782	6,067,469	7,431.845	8.704.011	10.272.696

Presque tous les vins d'Algérie, de même que ceux d'Espagne et de Portugal, viennent à Paris par toute voie d'eau : voie maritime jusqu'à Rouen, voie de Seine de Rouen à Paris.

Il importe de noter depuis quelques années une importante modification dans le mode de transport des vins par une substitution de l'emploi des wagons-réservoirs à l'emploi de la futaille.

Le tableau suivant des arrivages à Paris par notre réseau en 1913 et 1924 fait ressortir l'importance de cette modification :

Années	En wagons-réservoirs	En fûts
1913	84.746 tonnes	151.320 tonnes
1924	147.050 tonnes	73.320 tonnes

C'est la pénurie de matériel, employé avant tout pendant la guerre aux besoins de la défense nationale, qui a favorisé la construction d'un parc important de wagons-réservoirs. Les destinataires réalisent d'ailleurs par l'emploi de ce matériel un double bénéfice ; ils n'ont pas à payer des frais de transport assez élevés pour le matériel vide, et, dans le transport à plein, ils ne paient, avec les wagons-réservoirs, que le transport du liquide alors qu'avec des fûts, ils paient pour le contenant le même prix que pour le contenu. De plus, les avaries sont moins fréquentes.

Ce sont, évidemment, les marchands en gros qui reçoivent leurs vins en wagons-réservoirs, mais les transports en barriques ou demi-barriques pour les particuliers ont aussi considérablement diminué. Pendant la guerre, toujours en raison des difficultés de transport, beaucoup de particuliers, qui s'étaient, jusqu'à ce moment, adressés directement à la propriété, ont été obligés d'avoir recours aux marchands en gros de Paris. Ils en ont pris l'habitude et l'ont conservée quand on fut revenu à une situation normale.

Combustibles minéraux

(Tarif 7/107)

La production française de houille et lignite s'est élevée, en chiffres ronds, à 41 millions de tonnes en 1913 (non compris les mines lorraines comprises dans les frontières actuelles), à 22 millions en 1919, à 25 millions en 1920, à 28 millions en 1921, à 32 millions en 1922, à 38 millions en 1923, à 45 millions en 1924, à 48 millions en 1925 et à 52.500.000 T. en 1926. Ces chiffres accusent, dans les années d'après-guerre, l'effort soutenu des mines en vue du développement de l'extraction, et surtout la remise en activité des mines du Nord et du Pas-de-Calais, complètement dévastées pendant l'invasion allemande et au moment de la retraite de 1918. Cette remise en état a exigé un travail considérable, en raison notamment de l'énorme quantité d'eau qui avait envahi puits et galeries et dont le pompage et l'écoulement dans un pays plat, aux rivières lentes, demandèrent plusieurs années. Malgré ces difficultés, la production française de 1926 a été supérieure de 17,5 0/0 à celle de 1913 pour les mines situées dans nos frontières d'alors, le surplus de l'excédent provenant des mines lorraines récupérées.

La plus grosse part de notre production houillère provient du bassin du Nord et du Pas-de-Calais, qui avait fourni environ 27.400.000 T. en 1913, et qui, grâce à l'effort de relèvement dont je viens de vous parler, a pu produire 25.700.000 T. en 1924, 28.700.000 T. en 1925 et 32.500.000 T. en 1926, dépassant ainsi largement l'extraction d'avant-guerre.

Viennent ensuite les bassins de Lorraine (environ 5.300.000 T. par an), de la Loire (région de St-Etienne, 4.250.000 T. en 1926), de la Bourgogne et du Nivernais (Le Creusot, Blanzy, Epinac, etc., 3.000.000 T.), du Gard (Alais, Aubenas, Le Vigan, 2.400.000 T.), du Tarn et de l'Aveyron (Aubin, Carmaux et Albi, Rodez, 2.100.000 T.).

Le territoire desservi par le Réseau d'Orléans ne participe que pour une très faible part à l'industrie houillère ; seul le dernier des bassins précédents (Tarn et Aveyron) est desservi par ses lignes, et encore est-ce concurremment avec le réseau du Midi. Par contre, on trouve sur nos lignes un certain nombre de mines secondaires, dans le Bourbonnais (Commentry et Doyet, Saint-Eloy), en Auvergne (Brassac, Champagnac et Bourg-Lastic, Langeac), dans la Creuse et la Corrèze (Ahun, Bourganeuf, Meymac, Cublac, Argentat). Quelques autres bassins d'importance également secondaire peuvent être cités sur d'autres réseaux, dans les Alpes Occidentales (Le Drac, Maurienne Tarentaise et Briançon, Oisans), dans l'Hérault (Graissessac), dans les Vosges Méridionales (Ronchamp) et dans l'Ouest (Vouvant et Chantonnay, Le Maine, Basse-Loire).

En dehors de la houille proprement dite, la France possède aussi quelques gisements de lignite qui donnent au total environ 900.000 T. par an. Le principal est celui des Bouches-du-Rhône (Fuveau, Manosque), mais il en existe quelques autres dans les Vosges Méridionales, le Comtat, le Haut-Rhône et la région du Sud-Ouest ; mentionnons, dans cette dernière, les gisements du Sarladais dont l'extraction est jusqu'ici restée peu importante, malgré l'aide que notre Compagnie s'est constamment efforcée de leur donner dans la recherche des débouchés.

La production houillère indigène est loin de suffire à la consommation française ; elle n'a fait face à cette consommation qu'à concurrence de 63 0/0 en 1913, 42 0/0 en 1920, 56 0/0 en 1923, 60 0/0 en 1924, 64 0/0 en 1925 et 66 0/0 en 1926. On a évalué en effet à près de 80 millions de tonnes la consommation intérieure française de 1926, avec un accroissement de plus de 4 millions sur 1925, sensiblement égal à l'accroissement de l'extraction française. Aussi, avons-nous dans une très large mesure recours à l'importation, celle-ci provenant de la Sarre (mines domaniales, mises à la disposition de la France par le traité de Versailles), de l'Angleterre (ce pays, qui est normalement notre principal fournisseur, n'a pu en 1926 contribuer que dans une assez faible mesure à notre approvisionnement, en raison de la grève qui y a interrompu l'extraction pendant de longs mois), de l'Allemagne (bassin de la Ruhr), de la Belgique, des Pays-Bas, et même des Etats-Unis.

La consommation se partage entre les houilles des divers bassins français et les houilles d'importation, d'après les distances qui influent naturellement sur les prix de transport, mais aussi d'après les prix de revient comparés des charbons, soit sur le carreau des mines, soit à l'entrée en France pour les charbons reçus par mer ; ces prix de revient varient dans des limites très étendues, et sont en général plus élevés dans les bassins français, même dans celui du Nord et du Pas-de-Calais, que dans les bassins étrangers concurrents qui bénéficient de conditions d'extraction plus favorables (profondeur et épaisseur des couches exploitables). Un autre élément de la répartition de la consommation entre les diverses provenances est la qualité, autrement dit l'adaptation des charbons aux divers besoins ; c'est ainsi par exemple que les charbons de la Sarre sont jusqu'ici restés à peu près impropres à la fabrication du coke, que, pour la cuisson de la chaux ou le chauffage des appartements par foyers à feu continu, on doit recourir presque uniquement aux anthracites, de combustion lente, etc...

Les indications qui précèdent vous montrent que la France est en définitive un pays pauvre en houille, tributaire de l'étranger ; cette constatation est corroborée par diverses évaluations des réserves mondiales, qui font apparaître pour la France environ 19 milliards de tonnes, contre 23 en Belgique, 40 en Russie, 100 en Allemagne, 100 en Angleterre et 1.000 aux Etats-Unis. Aussi s'efforce-t-on de développer en France l'utilisation de l'énergie hydro-électrique, en équipant les nombreuses chutes d'eau répandues dans toute la France. La Compagnie d'Orléans participe à ce mouvement en électrifiant une partie du réseau au moyen des chutes du Massif Central et notamment du Bassin de la Dordogne.

Indépendamment des combustibles minéraux naturels, il convient de mentionner *le coke*, utilisé pour le chauffage domestique ou industriel, et surtout pour la production de la fonte ; ce coke provient en partie des fours à gaz, où il constitue le résidu de la fabrication du gaz d'éclairage, et davantage des cokeries spécialement établies pour l'alimentation de la métallurgie, et placées, soit dans les bassins miniers, soit près des hauts-fourneaux. Les cokeries des mines françaises ont produit en 1926 environ 3.800.000 tonnes de coke métallurgique ; en outre, il a dû en être importé 5.500.000 tonnes au cours de la même année, surtout d'Allemagne ; là encore, la France est largement tributaire de l'étranger.

Combustibles végétaux

(Tarif 8/108)

D'après la statistique agricole de 1892, il existait en France 6.400.000 hectares environ de bois taillis disséminés sur tout le territoire et fournissant environ 19.700.000 mètres cubes de bois de chauffage. Sauf pour l'approvisionnement des grandes villes ou des régions comme la Beauce, tout à fait dénuées de bois, cette production si considérable de bois taillis ne donne pas lieu à des transports considérables ; elle est consommée presque entièrement dans les régions forestières elles-mêmes ou dans leur voisinage.

C'est ainsi que l'Est, qui dessert les grandes forêts des Ardennes, de la Meuse, n'apporte à Paris que 20.000 tonnes environ de combustibles végétaux.

Une partie de ce bois est transformée en charbon de bois. Mais cette industrie se maintient péniblement contre la concurrence du charbon de terre et du gaz ; elle a repris néanmoins un peu d'activité, grâce au développement de la distillation du bois en vase clos, distillation qui donne l'alcool méthylique et l'acide acétique comme produits et le charbon de bois comme sous-produit. Cette industrie est développée en particulier dans le Morvan et dans le Cher.

Les bois de futaie donnent surtout des bois d'œuvre ; les futaies résineuses des Landes, de Sologne, de la Forêt de Fontainebleau donnent cependant d'importants transports de bois refendus en cotrets employés surtout à Paris pour le chauffage des fours de boulangerie. Toutefois, ces transports diminuent d'une façon très sensible depuis plusieurs années, le chauffage des fours se faisant de plus en plus par d'autres procédés : gaz, mazout, houille, procédés plus économiques que le chauffage au bois. En 1924, nous n'avons reçu à Paris-Ivry que 15.033 T. de bois à brûler contre 26.384 T. en 1913.

Enfin, dans de nombreuses usines, principalement dans les Landes, en Sologne, des bois résineux sont débités en bûchettes pour l'allumage des feux.

Bois de construction, Bois d'Industrie, etc...

(Tarif 9/109/209)

Les futaies indigènes produisent environ 7.900.000 mètres cubes de bois des diverses essences, chênes, hêtres, résineux...

De cette production, une part importante est exportée, principalement des Landes et de Bretagne, sous forme de bois de mine, sur l'Angleterre (500.000 tonnes environ) ; des bois de construction sont aussi exportés des Landes sur l'Espagne (60.000 tonnes environ).

Le reste ne suffit pas à la consommation et des importations considérables de bois pour la construction et la menuiserie sont encore nécessaires.

La Russie (mer Baltique et mer du Nord), la Suède, la Norvège, envoient surtout des madriers de pin et sapin ; l'Allemagne en fournit également avec des bois de longueur, le tout venant en grande partie de la Forêt Noire ; l'Autriche envoie des planches et madriers résineux des forêts du Tyrol ; la Hongrie, des chênes pour la construction, des traverses, surtout des merrains de tonnellerie dont Trieste et Fiume font sur Cette et Bordeaux de très importants transports. Il arrive également de ces merrains de chêne des Etats-Unis (Louisiane).

Alimenté à la fois par les forêts indigènes et par les arrivages de l'étranger concentrés surtout dans les ports, le commerce des bois d'œuvre est des plus considérables et donne lieu à des transports très importants, notamment sur le réseau d'Orléans.

Les bois du Jura, des Vosges luttent pour la charpente contre les bois de Russie, Suède, Norvège ; les Landes, avec des bois de caisses, des frises à planchers, des pavés de bois, etc..., font d'importants envois jusqu'à Paris, Lyon, etc.

La Sologne, les Ardennes, le Morvan font avec les mines un très gros trafic de poteaux et de planches pour l'étayage des galeries souterraines ; les travaux du métropolitain à Paris en consomment de grandes quantités pour le même objet.

Les Landes, les forêts de hêtres du Plateau Central fournissent des traverses que les Chemins de fer emploient après injection.

Les châtaigneraies du Plateau Central font sur diverses parties de la France et sur l'Angleterre des envois importants de bois feuillards pour le cerclage des barriques.

Les noyers du Centre entretiennent une production florissante de pièces de menuiserie et d'ébénisterie, de bois de fusil pour les fabriques d'armes de France, d'Allemagne, d'Italie, etc.

Quoi qu'il en soit de l'importance considérable des ressources ainsi mises en jeu, des préoccupations se font jour, relativement à leur insuffisance plus ou moins prochaine, à cause tant de la déforestation qui sévit dans les pays producteurs, que de la croissance des besoins, plus rapide que celle des ressources. En outre des efforts incertains qui sont faits pour le reboisement, des vues se portent vers les immenses forêts de l'Afrique équatoriale où on rencontre, non seulement les bois d'ébénisterie : acajou, ébène, okoumé depuis longtemps connus sur les marchés européens, mais une variété considérable d'essences reproduisant toute la gamme des bois d'Europe, depuis les bois tendres comme le peuplier, jusqu'à des bois plus durs que le chêne, et dont l'exploitation négligée jusqu'ici fera sans doute un jour la fortune des colonies françaises de l'Afrique Occidentale.

Chaux, Ciments, Plâtres

(Tarif 10/110)

Le *plâtre pour construction* vient pour la plus grande partie de la région parisienne dont les fours produisent 1.210.000 tonnes sur le total de 1.640.000 tonnes auquel la statistique officielle de l'Industrie minérale évalue la production indigène.

Des exploitations de plâtre existent dans la Charente, à Cognac ; dans la Nièvre, à Decize ; dans l'Ariège, à Tarascon ; dans les Alpes-Maritimes, les Bouches-du-Rhône, le Jura, les Pyrénées, la Savoie, Vaucluse, etc.

La *chaux hydraulique*, employée presque exclusivement aujourd'hui dans la construction (avec le ciment toutefois), à l'exclusion de la chaux grasse, est l'objet d'une industrie considérable produisant annuellement plus de 2 millions de tonnes.

Cette industrie, représentée en beaucoup de points, partout où le calcaire du sous-sol pouvait donner à la cuisson une chaux convenable, a naturellement pris son plus grand développement dans les régions où la composition de ce calcaire permettait d'obtenir les produits les meilleurs.

Les centres les plus importants de cette fabrication sont dans l'Ardèche (Le Teil), où la statistique accuse un tonnage de 412.000 tonnes ; dans le Cher (Beffes) et la Dordogne (Saint-Astier), où on aurait respectivement 133.000 et 132.000 tonnes ; dans la Marne (95.000 tonnes) ; les Alpes-Maritimes (93.000 tonnes) ; les Bouches-du-Rhône (82.300 tonnes) ; Meurthe-et-Moselle (80.000 tonnes), etc...

La catégorie des *ciments* comprend les ciments naturels à prise rapide (ciments romains) et à prise lente (portlands), les ciments de laitier obtenus en traitant par la chaux les scories de l'industrie sidérurgique.

La production de ce dernier ciment suit naturellement le développement considérable pris aujourd'hui par la métallurgie du fer et de l'acier.

Elle n'empêche pas cependant, tellement les besoins sont grands, les progrès très rapides de la production du ciment ordinaire, naturel ou artificiel.

Le ciment à prise rapide vient surtout des usines de l'arrondissement d'Avallon dans l'Yonne ; ses applications étant relativement restreintes, le tonnage de cette production est limité.

Les ciments portlands ou à prise lente font la plus grande partie du tonnage de 1.800.000 tonnes auquel on évalue la production annuelle.

Le ciment naturel, obtenu en traitant les calcaires argileux propres à cette fabrication, cède de plus en plus la place aux ciments artificiels. Dans la Dordogne, par exemple, où la fabrication du ciment naturel est développée, les usines s'outillent pour y joindre celle du produit artificiel.

Les principaux centres de production du ciment sont en France : Boulogne (450.000 tonnes) ; Grenoble (190.000 tonnes) ; on trouve encore des productions importantes dans la Gironde (région de Bordeaux), en Seine-et-Oise (région de Mantes), dans l'Ain, l'Ardèche (Le Teil), le Cher (Beffes), la Dordogne (Sarladais), le Nord.

Matériaux de construction

(Tarif 11/111)

Les *moellons à bâtir* sont rencontrés presque partout ; il n'existe guère de transports de quelque importance qu'à destination des villes ou bien exceptionnellement pour de grands chantiers de travaux de port, de chemins de fer, etc... ; les difficultés financières qui entravent la construction ont notablement restreint ces transports, qui pour Paris en particulier se partagent d'ailleurs entre le chemin de fer, la voie d'eau et la route.

Les *pierres de taille,* à cause de la recherche de qualités spéciales : dimensions, couleur, finesse du grain, facilité de la taille, résistance aux intempéries, etc..., ne se trouvent qu'en des carrières relativement rares et donnent lieu, par suite, à d'importants transports.

Les exploitations réputées de la Meuse (221.000 tonnes) envoient leur pierre dans tout l'Est et le Nord de la France, à Paris, en Belgique, etc...

A cause de la finesse de leur grain, de leur belle couleur blanche, les pierres du Poitou (100.000 tonnes) sont recherchées pour les monuments publics, pour les riches habitations ; on les expédie en Allemagne, en Belgique, jusque dans les deux Amériques.

Les pierres des Charentes (162.000 tonnes) approvisionnent le Sud-Ouest concurremment avec les pierres tendres de la Gironde (142.000 tonnes). Celles de Seine-et-Oise et de l'Oise (234.000 tonnes) sont particulièrement recherchées à Paris, à cause de la facilité de leur taille et de la belle patine que ces pierres jaunâtres prennent avec le temps.

Les carrières des Bouches-du-Rhône, du Vaucluse (106.000 tonnes) produisent surtout des pierres très dures qui approvisionnent tout le Midi, arrivant par les canaux jusqu'à Toulouse.

Les tuffeaux de la vallée de la Loire (103.000 tonnes) ont été utilisés à la construction des beaux châteaux de Touraine, etc...

Les *briques* et *tuiles en terre cuite* sont produites presque sur tout le territoire ; mais les exploitations les plus importantes se sont établies aux lieux où la qualité des argiles était la meilleure : aux environs de Marseille où les produits particulièrement légers donnent matière à d'intéressantes exportations, dans la région parisienne, dans les Charentes dont les tuileries approvisionnent le Centre et l'Ouest jusqu'en Bretagne, en Saône-et-Loire (tuiles de Bourgogne), dans le Cher, à Vierzon, La Guerche, Sancoins, etc..., dans le Nord et le Pas-de-Calais, etc...

Une nature spéciale d'argile réfractaire, c'est-à-dire résistant à l'action du feu, est employée à la fabrication des briques de foyers de hauts-fourneaux, des cornues de fours à gaz, etc... Il existe des sièges importants de cette industrie à Bollène (Vaucluse), Lorette (Loire), Cinq-Mars et Langeais (Indre-et-Loire), St-Aulaye (Charente), Libos (Lot-et-Garonne), etc... La Dordogne, la Haute-Vienne, l'Indre font des envois directs de cette argile réfractaire.

L'*ardoise* est employée, concurremment avec la tuile, pour la couverture des immeubles ; les principaux centres d'exploitation sont dans le Maine-et-Loire (154.800 tonnes) ; puis viennent ceux de Givet (37.000 tonnes), de Savoie (19.000 tonnes), des Hautes-Pyrénées (16.000 tonnes), du Morbihan : Malansac (8.000 tonnes), du Tarn : Soual (7.000 tonnes).

Dans les environs de Brive, on exploite (19.000 tonnes) une ardoise épaisse et lourde très employée sur le Plateau Central où les couvertures ont à supporter les efforts de grands vents.

Les *pavés* et la *pierre à macadam* donnent lieu à des transports d'importance à cause des soins de plus en plus grands que la circulation automobile impose pour la tenue des voies publiques ; on recherche activement les matériaux durs, qu'on trouve surtout dans les pays granitiques. Les carrières de Quenast, en Belgique, approvisionnent en grande partie le Nord.

Ces matériaux durs, pavés et macadam, sont fournis par des carrières importantes dans les Vosges, dans l'Orne, la Manche, la Bretagne, la Vendée, les Pyrénées (en particulier, la région de Bayonne). Des exploitations grandissantes s'organisent sur le Plateau Central.

En outre de ces matériaux durs, des carrières de grès, dans le bassin de la Seine, au sud de Paris, produisent des pavés qu'on expédie dans le Nord jusqu'à Dunkerque. On trouve des grès semblables dans le Centre autour de Vierzon.

Le *sable* de bonne qualité, c'est-à-dire le sable siliceux, est tiré du lit des rivières, Seine, Loire, Lot, etc..., du fond des vallées remplies autrefois par ces rivières. C'est ainsi que des exploitations importantes draguent le val de la Seine et en tirent les sables nécessaires aux travaux de Paris et de la région voisine. Des chantiers importants tirent des sables de la Loire à Orléans, du Cher à Vierzon, du Lot à Penchot et Capdenac, etc..., etc..., etc...

Pierres et terres servant aux arts et métiers

(Tarif 12/112)

Il faut surtout retenir de cette nomenclature les *kaolins,* dont les qualités supérieures sont employées pour la fabrication des porcelaines, les autres pour la faïence et la papeterie (charge des papiers).

Les premiers se trouvent presque exclusivement dans la région de Limoges ; des exploitations importantes des secondes existent dans l'Allier (Louroux-de-Bouble, Lapeyrouse), dans le Morbihan, en particulier aux abords de Lorient, où elles tendent à se développer, dans le Finistère, etc...

Il est fait d'ailleurs par les ports du littoral des importations considérables de kaolin des Cornouailles (Angleterre), que leur qualité fait préférer aux kaolins français pour la fabrication des porcelaines.

Il faut citer aussi les *talcs* qui sont employés en parfumerie (savon, poudre de riz) et surtout comme matière de charge dans la fabrication des papiers.

Ce sont les talcs italiens extra-blancs qui sont surtout utilisés en parfumerie. Les talcs français de Luzenac (Hautes-Pyrénées) sont employés à la fabrication du papier et sont beaucoup importés en Angleterre (27.000 tonnes en 1913, 18.000 en 1920).

Minerais

(Tarif 13/113/213)

Le *minerai de fer* existe en beaucoup de points du territoire ; le grand nombre d'amas de scories ou ferriers qu'on trouve dans les régions les plus diverses montre combien dans les temps anciens l'industrie du fer était disséminée en France.

Des découvertes récentes, des progrès dans le traitement de minerais autrefois réputés inutilisables, ont mis en valeur des régions entières en y développant ou préparant une très grande prospérité.

Tels sont le bassin de Lorraine (bassin de Longwy, bassin de Briey en Meurthe-et-Moselle, bassin de Thionville en Lorraine désannexée) qui, en 1913, a donné près de 43 millions de tonnes de minerai ; celui de Normandie qui a donné, en 1913, 750.000 tonnes dont 500.000 sont allées en Angleterre et surtout en Allemagne par le port de Caen ; le bassin d'Anjou qui n'avait manifesté son existence que par les mines de Segré découvertes en 1874, mais dont l'importance a été mise en évidence peu avant la guerre par des travaux de reconnaissance, suivis de 60 demandes de concessions. La proximité des ports de Nantes et St-Nazaire, la haute teneur du minerai sont des facteurs qui permettent d'espérer un rapide accroissement de la production de ce dernier bassin, dont les ressources sont évaluées à plus de 1 milliard de tonnes.

Dans les Pyrénées-Orientales, un gisement situé à 1.600 mètres sur les flancs du Canigou fournit, en moyenne, 400.000 T. de minerai.

D'autres gisements de faible importance se trouvent dans la Saône-et-Loire, l'Indre, la Dordogne, le Tarn, l'Aveyron, le Lot-et-Garonne, l'Isère, l'Ardèche, l'Aude, l'Hérault, la Haute-Marne et le Jura. Leur extraction totale ne représentait que 378.000 T. en 1912.

La production totale de la France a été de 23.400.000 tonnes en 1923, 29 millions de tonnes en 1924, 35 millions en 1925 et 39 millions en 1926. Une partie importante de la production de la Lorraine est d'ailleurs exportée sur la Belgique, le Luxembourg, la Sarre et l'Allemagne (bassin rhénan-westphalien), qui était autrefois le débouché essentiel du bassin de Thionville.

L'Afrique du Nord a, en outre, produit en 1926 environ 2.200.000 tonnes de minerai de fer, dont 1.600.000 tonnes pour l'Algérie et 600.000 T. pour la Tunisie.

Les usines métallurgiques tirent aussi une partie de leur matière première des fabriques de superphosphates qui obtiennent l'acide sulfurique par le grillage des pyrites de fer et ont ainsi l'oxyde de fer comme résidu.

La France est pauvre en *minerais des autres métaux,* sauf pour l'aluminium, dont le minerai, la bauxite, existe en très grandes quantités dans le Var, où sont situées les principales réserves mondiales connues, et en proportions bien moindres dans l'Hérault.

Pour les autres métaux, des mines de zinc et de plomb d'importance restreinte sont exploitées dans l'Ariège, le Gard, le Lot, les Hautes-Pyrénées, le Var pour le zinc, dans l'Ardèche, le Gard, la Lozère, le Tarn pour le plomb.

Des minerais d'antimoine se rencontrent dans le Cantal, la Haute-Loire, la Mayenne et la Vendée.

L'exploitation de Sain-Bel, dans le Rhône, donne près de 250.000 tonnes de pyrite de fer traité pour la fabrication de l'acide sulfurique et du superphosphate de chaux.

Enfin, il existe des minerais d'or sur certains points du Plateau Central (Creuse), du Maine-et-Loire et de la Mayenne, mais la production française de ce métal est à peu près négligeable par rapport à la production et aux besoins mondiaux.

Produits métallurgiques

(Tarif 14/114/214/314/414)

Les matières premières (fontes, fers et aciers bruts) de l'industrie sidérurgique sont naturellement produites principalement dans des usines situées au voisinage, soit des mines de fer (Lorraine), soit des mines de houille (Nord), de façon à réduire les frais de transport des matières premières pondéreuses (minerai et coke) nécessaires à leur fabrication. Un certain nombre de ces usines sont cependant établies sur le littoral (Calais, St-Nazaire, Le Boucau) ou près du littoral, pour traiter des minerais d'importation (Suède, Espagne), minerais riches de grande pureté, donnant des produits de qualité spéciale.

Au début de 1927 (1er janvier), il existait en France 217 hauts fourneaux dont 156 à feu ; la production française de fonte qui en 1913 n'était que de 5.207.000 tonnes (la Lorraine allemande produisant en outre 3.864.000 tonnes, ce qui donnait pour les limites actuelles de la France un total de 9.071.000 tonnes) a atteint dans les dernières années, Lorraine comprise, les chiffres suivants :

1923 : 5.432.000 tonnes.
1924 : 7.693.000 —
1925 : 8.494.000 —
1926 : 9.432.000 —

ce qui, pour la dernière année, donne un accroissement de près de 4 0/0 sur la production de 1913 (frontières actuelles) et de plus de 11 0/0 sur celle de 1925.

La production d'acier brut, de son côté, a atteint en 1926 environ 8.430.000 tonnes, alors qu'elle n'avait été que de 7.450.000 tonnes en 1925 et environ 7.000.000 de tonnes en 1913 dans les limites de nos frontières actuelles.

La fabrication de la fonte est concentrée en grande partie en Lorraine (Meurthe-et-Moselle et Lorraine désannexée), où se trouvent environ 80 0/0 des hauts fourneaux en service ; viennent ensuite la région du Nord (10 0/0), la Saône-et-Loire (Le Creusot), l'Aveyron (Decazeville), les Landes (Le Boucau), la Loire-Inférieure (Trignac), l'Isère (Chasse, Allevard), la Gironde (Pauillac), etc...

La fonte ainsi produite sert à concurrence d'un quart environ à la fabrication de moulages de première ou de deuxième fusion, et des trois quarts à la fabrication des fers et aciers, soit dans des usines annexées aux hauts fourneaux, soit dans d'autres ateliers, ces usines utilisant d'ailleurs, en même temps que la fonte, des ferrailles et déchets, et un peu de minerais de fer.

La production des fers et aciers est beaucoup plus disséminée que celle de la fonte ; la Lorraine en fournit seulement environ 70 0/0, le surplus étant réparti sensiblement par moitié entre le Nord, où les aciéries reconstituées depuis la guerre n'ont d'ailleurs pas encore repris leur entière activité, et les autres régions industrielles de la France, notamment la Saône-et-Loire, la Loire, l'Aveyron, le Gard, les Landes, l'Allier, le Morbihan, etc...

Les fers et aciers sont, soit livrés sous forme de demi-produits aux usines de transformation, soit transformés par les usines productrices elles-mêmes. En 1926, la production de demi-produits s'est élevée à environ 3.150.000 tonnes, dont environ 45 0/0 livrés aux filiales des usines, 26 0/0 mis à la disposition du marché intérieur et 29 0/0 exportés. Les produits finis de la grosse métallurgie, provenant soit des annexes des aciéries, soit d'usines spéciales de transformation, représentent des tonnages considérables sous des formes très diverses ; le tableau ci-après indique les catégories principales de produits finis dont certains servent à leur tour de matières premières pour d'autres industries (fil machine pour la tréfilerie, poutrelles et profilés, aciers marchands et tôles, pour la construction navale, le bâtiment, la charpente métallique, la fabrication de machines et mécaniques, etc...) et la production en France par catégorie en 1913, 1925 et 1926 :

NATURE DES PRODUITS	PRODUCTION FRANÇAISE (en tonnes)		
	1913	1925	1926
Poutrelles et profilés	585.877 T	827.018 T	848.848 T
Aciers marchands	968.021	1.701.962	1.986.341
Matériel de voie (rails, traverses, etc.)	461.073	624.803	739.753
Tôles et larges plats	573.150	673.602	862.637
Fil machine	144.278	407.162	416.683
Fils	72.407	99.838	107.784
Tubes	62.195	107.597	135.170
Moulages d'acier	101.555	155.190	93.661
Pièces de forge	84.728	41.423	39.142

L'ensemble de ces produits finis, qui représente pour 1926 un tonnage total voisin de 5.500.000 T., bien que certaines usines détruites pendant la guerre soient encore en reconstruction, se répartit en gros à raison de 36 0/0 pour les aciers marchands, 16 0/0 pour les tôles et larges plats, 15 0/0 pour les poutrelles et profilés, 13 0/0 pour le matériel de voie, 8 0/0 pour le fil machine, etc...

De ce rapide aperçu de la situation d'ensemble de l'industrie métallurgique française, il convient de retenir que notre pays, favorisé par sa richesse en minerai de fer, et malgré son insuffisance en coke, est un des grands producteurs métallurgiques de l'Europe ; cette situation lui impose une politique largement orientée vers l'exportation ; je vous ai dit plus haut que 29 0/0 des demi-produits fabriqués en France en 1926 avaient été exportés ; vous aurez encore une idée de l'importance de ce mouvement commercial en notant que, sur une production totale de 10.163.000 tonnes d'acier brut et de 1.949.000 tonnes de fonte de moulage, la France et la Sarre, réunies sous le même régime douanier, ont exporté en 1926 l'équivalent de plus de 5 millions de tonnes de métal brut, dont 3.900.000 tonnes sous forme de demi-produits et de produits finis, et 1.150.000 tonnes sous forme de produits fabriqués de l'industrie mécanique, cependant qu'il était en outre expédié à l'étranger (surtout vers l'Italie), 220.000 tonnes de ferrailles.

La région desservie par le Réseau d'Orléans n'a qu'une part minime dans la grosse production métallurgique française ; à citer seulement à cet égard les usines de Montluçon, Commentry, Decazeville, Trignac, Basse-Indre, Fumel, etc... ; par contre, on y rencontre un nombre important d'industries secondaires disséminées un peu partout, notamment en ce qui concerne la construction navale (chantiers de St-Nazaire, Chantenay, Bordeaux, Arsenal de Lorient), la fonderie de canons (Bourges, Ruelle), les plaques de blindage (Montluçon), les manufactures d'armes (Chatellerault, Tulle), la fabrication des fers blancs, la coutellerie, la petite mécanique, la fonderie, etc...

Pour vous permettre de vous rendre compte de l'importance relative de la métallurgie française, je terminerai ce rapide exposé en vous indiquant l'ordre de grandeur de la production de divers pays en 1913, 1925 et 1926 :

PAYS	PRODUCTION DE FONTE (Tonnes)			PRODUCTION D'ACIER (Tonnes)		
	1913	1925	1926	1913	1925	1926
Angleterre......	10.300.000	6.300.000	2.500.000	7.700.000	7.400.000	3.600.000
Belgique........	2.500.000	2.500.000	3.400.000	2.500.000	2.500.000	3.400.000
Luxembourg ...	2.500.000	2.400.000	2.500.000	1.300.000	2.100.000	2.200.000
Sarre..........	1.400.000	1.500.000	1.700.000	2.100.000	1.500.000	1.700.000
Allemagne...... (frontières actuelles)	10.900.000	10.100.000	9.600.000	11.800.000	12.000.000	12.300.000
Etats-Unis......	31.300.000	37.100.000	39.800.000	31.600.000	45.800.000	47.600.000

Les *métaux autres que le fer* sont produits en France dans un petit nombre d'usines qui traitent en grande partie des minerais étrangers, à cause de la trop faible production des mines métalliques indigènes.

Le cuivre est obtenu par le traitement de débris de cuivre et de minerais importés, dans les usines de Givet (Ardennes), Caronte (Bouches-du-Rhône), Coueron (Loire-Inférieure), Biache-Saint-Vaast (Pas-de-Calais), Eguilles (Vaucluse), mais cette production intérieure est de peu d'importance, en regard des tonnages reçus de l'étranger, principalement d'Amérique (120.000 tonnes en 1925). Les cuivres bruts alimentent les laminoirs et les tréfileries, dont les plus importants sont à Givet, au Havre, à St-Denis (Seine), à Castelsarrazin, etc...

Ils sont utilisés aussi à la fabrication du sulfate de cuivre.

L'aluminium dont l'emploi tend à se substituer à celui du cuivre pour certains usages, notamment pour l'établissement des lignes électriques à haute tension (sa production s'est élevée en 1926, pour le monde entier, à environ 200.000 tonnes contre 1.500.000 tonnes pour le cuivre), est au contraire un métal abondant en France ; il est produit surtout dans les usines hydro-électriques des Alpes.

Pour *le plomb*, la consommation est tirée en partie des minerais indigènes ou d'importation, traités dans des usines situées à Langeac (Haute-Loire), à Couëron (Loire-Inférieure) et à Noyelles-Godault (Pas-de-Calais). Une partie plus importante est importée directement de l'étranger à l'état de métal (72.000 tonnes en 1925).

Le *zinc* est produit en partie (environ moitié de nos besoins) par le traitement des minerais indigènes et surtout étrangers dans les usines d'Auby et de Saint-Amand (Nord), de Noyelles-Godault (Pas-de-Calais), de Viviez (Aveyron). Les zincs bruts sont laminés dans des usines annexées aux fonderies, à Penchot pour celle de Viviez et aussi à Bray-Ecos (Eure). Il a été importé en 1925 près de 47.000 tonnes de zinc.

La France est également tributaire de l'étranger pour la presque totalité de ses besoins en *étain* (importations : 12.000 tonnes en 1925), en *nickel* (importations : 2.500 tonnes en 1925), en *manganèse,* en arsenic, en antimoine, etc..

L'or est extrait des minerais indigènes dans trois usines : au Châtelet (Creuse), à la Bellière (Maine-et-Loire) et à la Lucette (Mayenne), mais comme je vous l'ai dit plus haut, cette production ne présente qu'un intérêt minime aux regards des besoins.

Résines, Huiles minérales et combustibles liquides

(Tarif 15/115/315)

Le brai minéral, sous-produit de la distillation de la houille pour la fabrication du gaz ou du coke, entre comme agglomérant, à proportion de 8 ou 10 0/0, dans les briquettes faites avec les menus de charbon (fines).

Pour cet emploi, il est naturellement dirigé sur les charbonnages qui en utilisent de grandes quantités.

Il vient principalement d'Angleterre, par les ports du littoral ; il est aussi produit en assez grandes quantités dans des usines qui distillent le coaltar ou goudron d'usine à gaz, et dont on peut citer celles de Paris, de Montargis, de La Tresne, de La Courtensourt, etc..., qui, concurremment avec les brais anglais, approvisionnent les charbonnages du Centre et du Midi.

Ces usines de distillation des goudrons de gaz ou des fours à coke produisent la *créosote,* principalement employée pour le traitement des bois, en particulier des traverses.

Le benzol dont il est fait, concurremment avec les essences minérales, une consommation croissante comme comburant dans les moteurs à explosion, est aussi un produit de ces distillations.

Un système nouveau de moteur, le moteur Diéset, devra sans doute permettre l'utilisation directe comme comburants, sinon des coaltars eux-mêmes, du moins des produits de distillation plus sommaire.

Les exploitations forestières des Landes produisent de grandes quantités de résines dont la distillation, donnant *l'essence de térébenthine,* a pour résidus des brais dont la quantité supérieure est la *colophane.*

Ces divers produits approvisionnent la France puis en grande partie les marchés européens, concurremment avec ceux de l'Amérique du Nord et de Russie.

Les exportations de France vont croissant dans une importante mesure : elles se font d'ailleurs surtout par le port de Bordeaux, qui a expédié (résines, brais et térébenthine réunis), 24.000 T. en 1924, 46.000 T. en 1925 et 58.000 tonnes en 1926.

A ces résines végétales, se rattache le *caoutchouc* provenant du Para (Brésil), de l'Afrique Occidentale, des Indes et dont il est fait un emploi très étendu pour les bandages des bicyclettes et des automobiles ; les principaux marchés sont, en Europe, à Hambourg, Anvers, Liverpool, Le Havre, Bordeaux.

Les huiles et essences minérales sont, de beaucoup, le produit le plus important de ce chapitre. Favorisées par le développement des moteurs à explosion, surtout pour les automobiles, dont le nombre dépassait 27 millions, dont 22 pour les Etats-Unis seuls, à la fin de 1926, leur utilisation croît très rapidement.

Pour les huiles brutes ou raffinées réunies, le tonnage des importations en France est passé de 381.000 tonnes en 1902 à 557.000 tonnes en 1912 et à environ 1.750.000 tonnes en 1925, dont 100.000 tonnes d'huiles brutes, 250.000 tonnes d'huiles raffinées, 1.100.000 tonnes d'essences et 300.000 tonnes d'huiles lourdes.

Par rang d'importance, les principaux pays producteurs se sont classés ainsi en 1926 :

Etats-Unis	110.000.000	tonnes.
Mexique	13.000.000	—
Russie	9.000.000	—
Venezuela	5.300.000	—
Perse	5.000.000	—
Roumanie	3.400.000	—

Les Etats-Unis sont naturellement notre principal fournisseur de ces huiles.

Les huiles sont importées à l'état brut ou raffiné : les premières sont traitées dans des usines, parmi lesquelles on peut citer celles de Colombes (Seine), Rouen, La Palisse, Bordeaux (Saint-Loubès), Blaye, Bègles, Balaruc, etc., etc... Parallèlement, les importations d'huiles raffinées alimentent de grands dépôts situés eux aussi près des ports.

Les huiles de pétrole se transportent le plus souvent en chalands citernes ou wagons citernes ; la tendance se généralise à constituer un peu partout sur le territoire des dépôts d'importance variable, mettant commodément à la disposition des automobilistes les produits dont ils ont besoin ; de ce fait, les transports s'effectuent surtout massivement des grands dépôts des importateurs ou des raffineries sur les dépôts régionaux ou locaux, les transports de détail tendant au contraire à disparaître.

Corps gras et leurs dérivés

(Tarif 16/116)

Les huiles végétales produites en France sont principalement :

L'huile de colza (Normandie, Nord, Pas-de-Calais), dont l'emploi, répandu autrefois pour l'éclairage, est bien diminué aujourd'hui ;

L'huile d'œillette (Aisne, Nord, Pas-de-Calais, Somme), pour la table ;

L'huile de lin (Nord), pour la préparation des couleurs ;

L'huile de noix, employée principalement pour la table, dont la production est disséminée dans les régions où le noyer est cultivé, et qui est généralement consommée sur place ;

L'huile d'olive, enfin, produite en Provence, et qui donne lieu à des transports très importants à destination de toute la France.

Un trafic intéressant de ces huiles d'olive a lieu sur la Bretagne pour la fabrication des conserves de poisson ; elles sont concurrencées pour cet emploi par les huiles italiennes, expédiées principalement de Bari, et les huiles portugaises.

Cette production nationale est insuffisante pour la consommation ; celle-ci est alimentée encore, dans une proportion considérable, par les huiles provenant du traitement dans des usines de Marseille et de Bordeaux des graines *d'arachide* du Sénégal, aussi par des *huiles de graines de coton* provenant de l'Amérique du Nord, etc.

Le traitement de ces graines oléagineuses donne comme résidus des *tourteaux* employés en grande partie à l'alimentation du bétail.

Les tourteaux de Bordeaux, de Nantes, étaient autrefois presque entièrement exportés sur le Danemark, l'Allemagne. Grâce en partie à la propagande faite par la Compagnie, leur emploi se répand de plus en plus dans les fermes de l'intérieur.

Il est importé aussi des pays exotiques des huiles impures ou concrètes, notamment des huiles de palme de la Côte Occidentale d'Afrique, qui sont employées à la fabrication du savon, concurremment avec les huiles tirées de graines exotiques (sésame, coprah, etc.) et avec les résidus de l'épuration des huiles indigènes.

A cause de ces provenances de ses matières premières, l'industrie de la savonnerie est établie surtout au voisinage des ports et principalement dans la région marseillaise, où elle a pu de tout temps s'alimenter facilement avec les huiles d'olive de basses qualités impropres à l'usage comestible, ou avec les résidus de la fabrication des huiles d'olive de table.

Matières tinctoriales et tannantes

(Tarif 17/117)

Les extraits tinctoriaux obtenus par le traitement des bois exotiques sont produits principalement dans des usines situées près des ports, du Havre principalement.

Les couleurs extraites du goudron de gaz sont fabriquées principalement dans les régions lyonnaise et parisienne ou viennent de l'étranger.

Les ocres ou terre colorée viennent de carrières situées surtout dans l'Yonne et aussi dans le Vaucluse ; il existe une petite exploitation à Villefranche-du-Périgord.

Les *matières tannantes* donnent lieu sur le réseau d'Orléans à un trafic bien autrement considérable.

Toutefois, les transports *d'écorces à tan*, autrefois très importants au départ des forêts de chênes du Berry, du Périgord, de Touraine, ont sensiblement diminué sous la concurrence des extraits de châtaignier, qui donnent un tannage plus rapide et réduisent dans une grande mesure, pour les tanneries, les frais anciens d'immobilisation de capitaux occasionnés par le séjour des cuirs pendant 18 mois à 2 ans dans des fosses à écorces.

La fabrication des extraits de châtaignier, commencée en Bretagne, a surtout pris de l'extension dans la région du Plateau Central où de nombreuses et importantes exploitations se sont établies.

D'autres centres de production, mais moins importants, existent dans l'Ardèche, dans les Hautes et Basses-Pyrénées et en Corse.

Cette exploitation intensive est de nature à provoquer la raréfaction de la matière première ; dans cette crainte, des vues se tournent vers le traitement d'un bois de l'Argentine, le québracho, dont il est déjà tiré des extraits plus spécialement destinés à la mégisserie (Graulhet, Mazamet, Levroux).

A cause de la provenance de ces bois, d'ailleurs très lourds, les premières usines se sont établies dans les ports, principalement au Havre ; on peut penser que le souci de conserver leurs établissements existants, la nécessité de maintenir encore la fabrication des extraits de châtaignier, les ressources d'une main-d'œuvre moins chère, amèneront les intéressés à joindre simplement cette fabrication nouvelle à leur ancienne industrie.

Produits chimiques

(Tarif 18/118)

Parmi les acides, *l'acide sulfurique* donne surtout lieu à des transports importants à destination, soit des fabriques de superphosphates, soit des poudreries pour la production de l'acide nitrique et la fabrication du fulmi-coton.

Cet acide est produit dans les grandes fabriques d'engrais par le traitement des pyrites ou sulfures de fer, soit ceux de la mine de Sain-Bel (Rhône), soit les pyrites importées d'Espagne et du Portugal.

Le traitement du cuivre par cet acide sulfurique donne le *sulfate de cuivre*, employé en très grandes quantités pour le traitement des vignes contre le mildew. Ce sulfate de cuivre est produit dans une mesure restreinte dans le Nord, dans la banlieue de Paris, par des usines qui traitent surtout les débris de cuivre, mais sur une échelle beaucoup plus considérable dans des usines placées sur le littoral, comme celle de Bordeaux, où on traite les cuivres bruts d'importation étrangère.

Le *sulfure de carbone*, employé pour le traitement des vignes contre le phylloxera, est produit dans des usines placées, comme celle de Bergerac, par exemple, au milieu des pays vignobles ; on y traite le *soufre* brut venu par mer de Sicile.

Ce soufre est également employé dans la fabrication des pâtes de bois dites chimiques.

La loi a interdit depuis 1915 l'emploi dans la peinture de la céruse (sel de plomb), en raison des dangers qu'elle présentait pour la santé des ouvriers ; ce produit est remplacé surtout par le blanc ou *oxyde de zinc* et par des couleurs à base de *sulfate de baryte* ; d'importants gisements de ce minéral existent sur le Plateau Central.

Les *gaz comprimés*, surtout *l'acide carbonique et l'oxygène*, donnent lieu, depuis quelques années, à un trafic qui grandit rapidement. L'acide carbonique est destiné surtout à la fabrication des boissons gazeuses, au débit de la bière sous pression, etc... ; l'oxygène est utilisé principalement au découpage des métaux dans les chantiers et ateliers de construction au moyen de la chaleur produite par les chalumeaux oxhydriques ou oxyacétyléniques.

Papier, Carton et leurs matières premières

(Tarif 19/119)

Le *chiffon*, ancienne matière première du papier, n'est plus guère utilisé que pour les papiers de grand luxe ou pour les papiers très minces (pelures, à cigarettes, etc.).

Ces chiffons de papeterie sont obtenus par triage des ramassages de chiffons de toute nature dans des maisons spéciales établies dans les grands centres.

Mais la *pâte de bois chimique* ou *mécanique* est maintenant la matière première principale des papiers ordinaires.

La pâte de bois *chimique* est obtenue par émincage des bois tendres (pin, sapin, tremble, peuplier) en ménageant leurs fibres.

Cette fabrication est faite dans les régions forestières de l'étranger (Suède, Norvège, Canada), ou en France avec des bois étrangers, dans les papeteries mêmes ; il existe quelques usines, comme celle de La Roche-Posay, qui traitent les bois indigènes de tremble, de peuplier.

La *pâte de bois mécanique* est obtenue par la trituration des bois de pin ou de sapin, dans des usines de l'étranger.

Les pâtes de bois étrangères sont introduites par les ports du littoral à l'état sec ou humide.

Le tonnage total des importations de pâtes a été de 668.000 tonnes en 1926, dont 362.000 tonnes de pâtes chimiques et 206.000 tonnes de pâtes mécaniques.

Les *vieux papiers* entrent pour une part dans la fabrication des papiers communs, pour une grande part dans celle des papiers d'emballage ordinaires.

Le *papier à écrire* ou *à imprimer* est produit dans un très grand nombre d'usines réparties sur tout le territoire ; des groupes importants existent dans la Charente, la Touraine, aux environs de Paris, dans le Nord, les Vosges, la Franche-Comté, le Dauphiné.

Paris et les grandes villes sont les grands centres d'emploi de ces papiers ; les journaux, qui les reçoivent en bobines pour l'impression par les machines rotatives, en consomment de très grandes quantités.

Les *papiers d'emballage*, les *cartons*, provenant des vieux papiers, sont produits en grande partie dans des usines placées à proximité des grandes villes où on recueille surtout ces vieux papiers.

Une industrie importante de papiers d'emballage fabriqués avec des pailles de seigle s'est développée sur le Plateau Central, où la culture du seigle est la plus répandue. Ces papiers sont surtout employés à l'empaquetage des denrées et aussi à la fabrication des papiers ondulés, fabrication qui prend une grande importance dans le centre du réseau d'Orléans et à Paris. Une partie notable de ces papiers de paille est exportée aux Antilles et dans le Levant.

A cause du prix élevé de la main-d'œuvre et de l'encombrement des ateliers à Paris, il est confié aux imprimeries de province des impressions qui donnent lieu à un trafic intéressant de *papiers imprimés* expédiés sur les maisons d'édition de Paris.

Tissus et textiles

(Tarif 20/120)

Le *lin*, matière première des toiles fines, n'est produit en France dans une mesure un peu importante que dans les Côtes-du-Nord et le Nord. L'importation apporte un appoint considérable.

Le tissage du lin est développé surtout dans le Nord, les Vosges, en Maine-et-Loire.

Des primes à la culture du *chanvre* n'ont pas réussi à redonner à cette culture son importance d'autrefois. Elle n'a gardé quelque étendue que dans le Maine-et-Loire, la Sarthe, le Morbihan, les Côtes-du-Nord.

Pour approvisionner les filatures et fabriques de toiles à voile, de toiles d'emballage, de câbles, cordages, cordes, etc., de la Somme, la Sarthe, l'Anjou, etc., il faut faire appel aux importations de chanvre (22.000 tonnes en 1925) d'Italie et des Indes, et pour les fabrications plus grossières, notamment celle des sacs, au *jute* des Indes (90.000 tonnes en 1925).

Le *coton* est importé d'Egypte par Marseille, de la Louisiane par Le Havre en passant parfois par les grands marchés de Liverpool et de Brême ; il est travaillé dans les filatures et tissages de Rouen, de Roanne, du Nord, des Vosges, de l'Alsace, etc. Les importations de coton brut en France se sont élevées à 360.000 tonnes en 1926, avec par contre un large excédent de tissus de coton disponible pour l'exportation.

La *laine* est produite en grande quantité par la tonte des moutons ou le délainage des peaux du troupeau indigène.

La production moyenne est évaluée à 50.000 tonnes.

Cette laine indigène est filée et tissée dans un certain nombre d'usines situées dans les régions de production : Lodève, Saint-Pons, etc..., pour les troupeaux des Causses du Lot et de l'Aveyron ; Châteauroux, Romorantin, pour ceux du Berry ; Reims, Sedan, pour ceux de Champagne, etc.

Mais la production indigène est loin de suffire aux besoins de l'industrie, qui fait appel dans une très large mesure aux laines des grands troupeaux de l'Argentine, de l'Australie, etc., importées par Marseille, Bordeaux, Le Havre, Dunkerque, pour les filatures d'Elbeuf, de Roubaix, Tourcoing, Fourmies, etc.

Ces mêmes pays envoient un tonnage considérable de *peaux de mouton en laine,* reçues presque entièrement par Mazamet (Tarn) où existe une industrie très prospère qui délaine ces peaux dont elle expédie les laines dans les usines du Nord de la France, en Ecosse (Bradfort, Leeds), en Pologne russe (Lodz), en Italie, en Espagne, etc.

Les *chiffons de laine* donnent lieu à des transports importants des mêmes ateliers de triage et de classement que les chiffons pour papeterie, sur des ateliers d'effilochage ou des filatures et tissages du Tarn, de l'Aude, de l'Isère, du Nord, qui font avec ces laines d'effilochage des draps à bon marché.

Un trafic très intéressant est celui de la lingerie *confectionnée* en province pour le compte des maisons parisiennes ; cette industrie est particulièrement développée dans les régions pauvres comme celles du Centre de la France, où, faute d'emploi, la main-d'œuvre féminine est moins recherchée et, par conséquent, les salaires sont plus bas, ou bien dans les régions industrielles où une nombreuse population est agglomérée pour des industries n'employant pas cette main-d'œuvre féminine, à Montluçon, par exemple.

Produits céramiques, Verrerie

(Tarif 21/121)

Afin d'éviter ou de réduire les frais de transport de la houille dont il faut de très grandes quantités pour la fusion du sable, matière première de la verrerie, les usines de verrerie commune : *bouteilles, verres à vitres,* ont été placées autant que possible près des charbonnages : dans le Nord (Douai, Aniche), dans la Nièvre (Decize), dans la Saône-et-Loire (Blanzy, Chalon-sur-Saône), dans la Loire (Couzon), dans le Rhône (Givors), dans le Tarn (Carmaux, Albi), dans l'Aveyron (Penchot), etc.

Pour les produits de valeur plus grande, où la main-d'œuvre et la qualité des matières prennent une importance plus grande, on s'est rapproché des grands centres ou des carrières de sable plus pur ; tel est le cas pour *les glaces* (Saint-Gobain, Chauny, Cirey) et pour *les cristaux* (Paris, Baccarat). Pour la *verrerie de table,* pour le *flaconnage* ou *verrerie commune de petites dimensions,* au contraire, la production est divisée entre un très grand nombre de petites verreries disséminées sur le territoire et dont on peut citer, sur le réseau d'Orléans, celle de Cloyes, de Souvigny, de Vierzon, de Condat-Beauregard, de Terrasson, etc...

La présence des kaolins très purs du Limousin a fait naître l'industrie très ancienne des *porcelaines* de Limoges, porcelaines de grand luxe qui trouvent un écoulement particulièrement important dans l'Amérique du Nord. Un centre important de fabrication de porcelaines existe également dans le Berry : à Vierzon, Mehun-sur-Yèvre, Foëcy, Villedieu, Palluau-Saint-Genou.

Moins exigeante pour le choix des matières, l'industrie de *la faïence* est plus disséminée ; on trouve des faïenceries importantes à Saint-Amand (Nord), Lunéville, Creil, Montereau, Choisy-le-Roi, Gien, etc.

La *poterie* en terre est plus disséminée encore ; elle est produite dans un très grand nombre de petites fabriques utilisant les argiles locales et chauffant les fours le plus souvent au bois ; telles sont les poteries de La Borne près Henrichemont, de Myennes, Saint-Amand-en-Puisaye près de Cosne-sur-Loire, etc. Mention spéciale doit être faite des fabriques importantes des Alpes Maritimes, dont le centre principal est à Vallauris.

Il est intéressant enfin de signaler une petite industrie en cours de développement dans le Périgord, celle des *perles de verre,* qui tend à substituer à ceux de Venise ses produits, utilisés surtout pour la confection des couronnes funéraires.

Engrais, Amendements

(Tarif 22/122)

On peut, d'après leur valeur, classer approximativement les engrais en trois catégories principales :

La 1re catégorie, celle des produits le plus haut classés, comprend surtout les engrais azotés, le *nitrate de soude,* en provenance du Chili, importé par les ports (330.000 tonnes en 1925), avec un marché principal à Dunkerque ; le *sulfate d'ammoniaque,* un des nombreux sous-produits de la distillation du charbon dans les usines à gaz et les fours à coke des houillères et des usines métallurgiques.

Des produits azotés, obtenus au four électrique dans les usines hydro-électriques des Alpes, des Pyrénées, de Norvège : cyanamide, azotates de chaux, etc., commencent à être présentés à l'agriculture.

La 2e catégorie comprend essentiellement les produits phosphatés, *phosphates* et *superphosphates* de chaux.

Quelques phosphates, en provenance des Ardennes et de la Haute-Marne, sont directement assimilables, c'est-à-dire que leur décomposition naturelle dans le sol livre aux plantes le phosphore et la chaux dont elles ont besoin ; on les emploie surtout en Bretagne.

La plus grande partie du phosphate est traitée par l'acide sulfurique pour donner le superphosphate assimilable. Ce traitement est effectué dans des usines très nombreuses et très importantes, dont on peut citer, sur le réseau d'Orléans ou à ses abords, celles de Saint-Denis, Ivry, Vitry, Orléans, Montargis, Le Mans, Tours, Angers, Nantes, Chantenay, Saint-Benoit (Vienne), Montluçon, Périgueux, Viviez, Bordeaux, etc.

Depuis l'épuisement progressif des mines de phosphate de la Somme et des régions voisines de ce département, on a recours en grande partie, pour cette fabrication, aux phosphates de Floride (Etats-Unis du Nord) et à ceux d'Algérie, de Tunisie et du Maroc dont la production prend un essor considérable.

Cette importation a dépassé 1.300.000 tonnes en 1925.

Nantes et Bordeaux reçoivent pour leurs usines et celles du Centre une part considérable de cette importation.

Les *scories de déphosphoration,* sous-produit de la fabrication de la fonte au moyen de minerais phosphoreux, formant un contingent important de ces amendements phosphatés. Elles viennent naturellement des usines métallurgiques où sont traités ces minerais, par exemple de Meurthe-et-Moselle, de Decazeville, etc. ; il en est importé beaucoup de l'étranger.

Enfin, dans cette 2e catégorie sont classés les *sels de potasse : chlorure de potassium, kaïnite, sylvinite,* etc., produits naturels de mines très étendues situées en Allemagne (Hanovre) ou en Alsace (près de Mulhouse). Ces engrais potassiques, dont ces mines effectuent des envois considérables dans le monde entier, étaient, par extraordinaire, assez peu employés en France. Après l'armistice, une propagande intense fut faite dans tous les villages de France pour l'emploi de la potasse d'Alsace. Malgré quelques difficultés provenant d'un emploi maladroit de cet amendement, la propagande a porté ses fruits et actuellement les potasses d'Alsace sont très employées dans toute la France.

La 3e catégorie comprend les engrais de la plus basse valeur, parmi lesquels les suivants offrent de l'intérêt au point de vue des transports :

Les *fumiers* expédiés des villes à la culture de leurs environs et surtout aux champignonnières pour la formation des couches ;

La *chaux,* dont les régions granitiques du Plateau Central et de la Bretagne reçoivent des quantités considérables, près de 150.000 tonnes par an, des fours établis sur les terrains calcaires qui les entourent ;

Les *gadoues* provenant du balayage des villes, qui donnent des tonnages très importants à courtes distances au départ de Paris et de Bordeaux ;

La *tangue,* expédiée du littoral sur l'intérieur de la Bretagne.

Arbres et arbustes vivants, Foin, Fourrage, Paille

(Tarif 23/123)

Les *arbres et arbustes vivants* donnent lieu à des transports relativement importants, tant pour l'intérieur que pour l'exportation, au printemps et surtout à l'automne, c'est-à-dire aux époques de l'année propices aux plantations.

Vitry, Orléans, Tours, Angers, Salbris, Limoges, sont, Orléans surtout, des centres importants pour ce trafic.

Les articles précédents ont fait connaître le trafic des *chanvres,* des *pailles de seigle.*

La *paille de blé* est naturellement produite dans les régions de culture de cette céréale ; elle est expédiée, par exemple, en grandes quantités de Beauce sur Paris, de la Charente sur Bordeaux, pour servir aux emballages et à la litière pour les chevaux. Ce dernier emploi tend toutefois à diminuer à cause de la substitution de l'automobile, à la traction par chevaux, surtout pour la clientèle de luxe.

Des envois de paille en balles pressées sont faits sur la Bretagne et aussi sur l'Angleterre, l'Allemagne et la Suisse, quand les prescriptions sanitaires de ces pays ne s'y opposent pas.

La paille de seigle est encore utilisée pour la fabrication d'enveloppes de paille pour bouteilles dans des usines situées dans les Landes et dans le Centre.

Les régions du Plateau Central, du Tarn, des Pyrénées, donnent *des foins* estimés qui trouvent des débouchés jusqu'à Paris dans les années de récoltes médiocres au nord de la Loire. Il est fait des exportations de ce foin sur le Maroc.

Dépouilles d'animaux et Produits accessoires

(Tarif 27/127) (1)

Le commerce des *peaux brutes* tend à se centraliser à Paris et en Province dans des marchés périodiques où les peaux recueillies des bouchers de la région sont vendues aux enchères publiques.

Il en est de même *des toisons de mouton.*

L'importacne des cuirs de boucherie est naturellement en proportion des villes approvisionnant ces ventes.

A cause de la qualité des peaux du bétail indigène, une partie de ces peaux est achetée par l'étranger, notamment par l'Allemagne et l'Amérique du Nord.

Il est à noter que ce dernier pays, qui importe ainsi cette matière première, est néanmoins en mesure de réexporter en France des chaussures confectionnées, malgré les droits de douane élevés, en raison du bas prix de revient procuré par l'emploi de machines de plus en plus confectionnées.

En contre-partie de cette exportation, la France importe d'ailleurs une grande quantité de cuirs de bœuf, en provenance principalement de l'Argentine. Cette importation a lieu surtout par Le Havre où existe un marché de ces cuirs.

On a vu qu'il est introduit également d'importants tonnages de *peaux de mouton en laine* destinées au délainage de Mazamet ; les peaux ainsi délainées ou cuirots sont exportées ou bien vendues aux mégisseries de Mazamet même, de Graulhet (Tarn) et à celles de l'Indre.

Les peaux indigènes sont traitées dans d'autres mégisseries, à Paris par exemple et, sur le réseau d'Orléans, à St-Junien, Châtillon-sur-Indre, etc.

Les tanneries disséminées un peu partout travaillent les gros cuirs de provenance locale ; des centres importants de ces tanneries et de corroyage existent à Paris, dans l'Eure, le Loiret, le Loir-et-Cher, l'Indre-et-Loire, autour de La Flèche, à Nantes, à Limoges, etc.

Les peaux mégissées à Graulhet trouvent leur écoulement en France et à l'étranger, en Angleterre, en Allemagne, etc.

Les mégisseries de Saint-Junien travaillent en grande partie pour la ganterie locale, aussi pour celles de Millau et d'Annonay.

Les parties des os utilisables à la tabletterie, à la boutonnerie, vont, à cet effet, à Paris, dans le Jura, etc.

La plus grande partie de ces déchets et aussi des importations d'Espagne et d'autres pays étrangers vont dans des usines de Paris, de Lyon, Nevers, Nantes, etc., où on tire de ces os du phosphore, des gélatines, des phosphates pour engrais.

EXPORTATION

On a vu, au cours des articles qui précèdent, la mention des principaux courants d'exportation pour les marchandises mentionnées.

Ces exportations sont faites par les frontières de terre, c'est-à-dire par chemins de fer, ou par les ports de mer.

---

(1) Il n'est pas parlé ici des groupes de marchandises correspondant au tarif 24/124 (objets manufacturés) qui ne comporte que des produits peu importants au point de vue des transports qu'ils procurent, et aux tarifs 25/125 et 26/126 (emballages) qui ne donnent pas lieu à remarque spéciale. Nous laisserons de même de côté les marchandises du tarif 28/128, pour lesquelles nous n'aurions à signaler que la situation particulière des automobiles, à la fois marchandise et moyen de transport, et dont le transport échappe de ce fait le plus souvent au Chemin de fer.

Les principaux ports pour ces exportations sont :

DUNKERQUE pour la Russie, les Pays Scandinaves, l'Angleterre, l'Amérique du Sud, etc., principalement pour les produits de l'industrie parisienne, ceux des industries textiles, métallurgiques, etc., du Nord et de l'Est.

BOULOGNE et DIEPPE pour l'Angleterre, principalement pour les denrées et les produits de l'industrie parisienne, pour le transit avec la Suisse ;

LE HAVRE pour l'Angleterre, les Amériques du Nord et du Sud, l'Amérique Centrale, l'Afrique occidentale et, principalement, pour des réexportations du marché local, pour les produits de l'industrie indigène de Rouen, Elbeuf, Paris, Lyon, St-Etienne, etc. ;

NANTES et ST-NAZAIRE pour l'Angleterre, les Antilles, le Mexique, le Maroc, etc., principalement pour les produits de détail de l'industrie française, les denrées pour l'Angleterre, les minerais de fer sur l'Allemagne ;

LA PALLICE pour les Pays-Scandinaves, l'Amérique du Sud, en particulier pour la Côte du Pacifique, principalement pour les marchandises de détail de l'industrie française et les eaux-de-vie des Charentes ;

BORDEAUX pour la Russie, les Pays Scandinaves, l'Angleterre, les Amériques du Nord et du Sud, les Antilles, l'Amérique Centrale, le Mexique, le Maroc, le Sénégal, les colonies de la Côte Occidentale d'Afrique, l'Algérie, etc., principalement pour les vins, les eaux-de-vie, les denrées de toutes natures, les produits résineux, les bois de mine des Landes (sur l'Angleterre), les papiers des Charentes, les chaux et ciments du Sud-Ouest, les marchandises de détail de l'Industrie française, etc. ;

MARSEILLE pour les deux Amériques du Nord et du Sud, les Antilles, le Sénégal, le Maroc, tout le bassin de la Méditerranée, l'Extrême-Orient, etc., principalement pour toutes les marchandises de détail de l'industrie française, pour les chaux et ciments du Teil et de Grenoble, les produits céramiques, le savon, la bougie, les sucres, les farines de Marseille, pour le transit des marchandises suisses, etc...

Malheureusement, l'activité des ports français est limitée par la rareté relative des navires.

La France est un pays qui se suffit presque entièrement à lui-même et pour sa subsistance ne demande relativement que peu de chose à l'étranger. On ne voit pas, dès lors, dans ses ports, les flottes qu'on trouve à Anvers, à Rotterdam, à Brême, à Hambourg, pour y apporter des masses énormes de blé, de maïs, d'orge et d'autres produits alimentaires, flottes entretenues par ces transports assurés et qui sont, dès lors, en mesure de pratiquer des prix réduits pour utiliser leur retour.

Cette circonstance, jointe aux ressources que procure l'activité industrielle résultant pour la Belgique et l'Allemagne de leurs importantes mines de houille, de fer, et d'autres métaux, de potasse, etc., est une des causes principales de l'activité extraordinaire des ports belges, hollandais et allemands, en regard de celle plus restreinte des ports français de la mer du Nord, de la Manche et de l'Océan ; c'est pour ces raisons qu'on trouve généralement dans ces ports des prix de frets plus réduits que dans les ports français.

TITRE IV

IRRÉGULARITÉS LITIGIEUSES

Conférence de M. CALOT

Chef du Service des Réclamations

PRÉAMBULE

Chaque année, la Compagnie d'Orléans dépense environ 20 millions au titre de paiement d'indemnités pour affaires litigieuses ; même à une époque où l'on a pris l'habitude de jongler avec des chiffres impressionnants, une dépense annuelle de 20 millions constitue encore quelque chose de considérable. Il convient donc de se demander pourquoi on la supporte et si elle correspond à quelque utilité.

Les indemnités sont payées pour réparer les conséquences de malfaçons commises dans l'exécution des transports. Il arrive, en effet, que certaines marchandises disparaissent sans qu'on ait pu savoir ni comment ni pour quelle cause ; d'autres sont détruites dans des tamponnements de trains ou des incidents de gare de triage ; d'autres sont avariées plus ou moins gravement dans ces mêmes déraillements et incidents encore au cours des nombreuses opérations de manutention que nécessite leur transport ; enfin, il y en a qui parviennent en retard et ce retard, ou bien leur cause une dépréciation ou bien fait subir un préjudice au destinataire qui en attendait la réception. Dans tous ces divers cas, nous sommes recherchés pour réparer le dommage que nous avons causé et obligés de payer des indemnités.

Dès lors que le paiement des indemnités a pour seul but de dédommager le propriétaire de la marchandise du préjudice que nous lui avons causé par notre fait, ce paiement ne nous procure aucun profit dans notre exploitation. Or, toute dépense que nous effectuons sans en retirer un profit est inutile ; il ne faut pas perdre de vue, en effet, que les Administrations ou Compagnies de Chemins de fer sont en réalité de véritables entreprises commerciales qui ne travaillent que pour faire des recettes et obtenir des profits et pour lesquelles, par conséquent, toute dépense inutile doit être, en principe, prohibée. Il convient donc de rechercher par tous les moyens la possibilité de faire disparaître les causes de paiement des indemnités, c'est-à-dire les incidents litigieux.

Nous nous proposons, dans cet entretien, de rechercher les plus marquantes parmi les causes d'incidents litigieux et, par suite, celles que l'on doit pouvoir le plus facilement éviter en exécutant un bon service. J'attirerai votre attention sur elles toutes les fois que l'occasion s'en présentera dans le but de vous faire sentir combien la situation serait améliorée si chacun consentait à prêter l'attention voulue à l'exécution de travaux généralement fort simples.

Avant d'aborder cet examen détaillé, nous avons encore une question à nous poser : sommes-nous obligés de payer des indemnités et pourquoi les payons-nous ? — Je vous réponds tout de suite : nous y sommes obligés en vertu des obligations qui découlent pour nous du contrat de transport. En prononçant ce mot de contrat, j'ai dit un grand mot qui se rattache au droit et qui paraît, *a priori,* sortir du cadre d'une conférence sur des malfaçons commises dans le travail des gares. C'est pourtant à dessein que je l'ai prononcé. On oublie trop facilement, à mon avis, que les transports par Chemin de Fer ne sont effectués qu'en exécution d'une multiplicité de contrats, autant de contrats qu'il y a d'articles comptabilisés, et cela tient sans doute à ce que le mot de contrat est trop facilement considéré comme ne correspondant qu'à un acte solennel, lequel nécessite l'intervention d'un notaire et l'emploi de papier timbré. Il en va pourtant tout autrement et je veux vous montrer rapidement que la vie de tous les jours ne repose que sur des contrats.

On peut dire très simplement qu'il y a contrat toutes les fois qu'on se trouve en présence d'un accord de deux personnes au sujet d'un objet mis en vente ou d'un travail qu'il s'agit d'exécuter. Ainsi, lorsque, le matin, avant de vous rendre à votre travail, vous achetez votre journal, vous tombez d'accord avec le marchand de journaux, vous, pour acheter le journal de votre choix et lui, pour vous le vendre moyennant un prix qui est connu d'avance : entre vous et lui, il y a contrat de vente. De même, lorsque vous demandez à un cordonnier de vous ressemeler une paire de souliers et que vous vous êtes mis d'accord avec lui sur la qualité du cuir, le prix et le délai de la livraison, entre vous et lui, il y a contrat de fourniture de travail.

La situation est toute semblable lorsqu'on considère le transport d'une marchandise d'un point à un autre ; l'épicier de Paris qui désire expédier une caisse de chocolat à son client de Bordeaux apporte cette caisse à la gare de Paris-Ivry et demande au Chemin de Fer de la lui transporter à Bordeaux moyennant paiement du prix de transport fixé d'avance dans les tarifs ; le Chemin de Fer accepte de se charger de l'opération moyennant perception du dit prix de transport. Il y a donc accord entre l'épicier et le Chemin de Fer sur le travail à exécuter et sur le prix dont ce travail doit être rémunéré. Voilà la notion qu'il ne faudrait jamais perdre de vue lorsqu'on s'occupe des relations du Chemin de Fer avec le Public ; cette notion du contrat de transport a été introduite et réglementée tant dans les Tarifs que dans les diverses Instructions de la Compagnie : c'est elle qui est à la base de nos droits et de nos obligations de même que des droits et des obligations du Public.

Opérations à la reconnaissance

Par ce qui précède, nous savons déjà comment les choses doivent se passer.

Pour la formation du contrat de transport, l'expéditeur apporte à la gare son colis (la caisse de chocolat qui doit aller de Paris à Bordeaux) ; il présente en même temps une feuille de papier d'un modèle fixé par nos Règlements et que l'on appelle la Déclaration d'expédition.

Nous attachons une très grande importance à cette déclaration d'expédition parce qu'elle constitue le « papier » qui marque la formation du contrat de transport entre l'expéditeur et le Chemin de Fer. En effet, en dehors d'un certain nombre d'indications qui ont pour but de rappeler les diverses conditions dont ont convenu les deux parties et que nous allons passer en revue un peu plus loin, elle est signée à la fois par l'expéditeur et par l'agent représentant la Compagnie ; de plus, elle est datée. Elle porte ainsi la marque extérieure de l'échange de volontés auquel a donné lieu le contrat.

Je viens de vous dire que nous passerions en revue les principales indications de la déclaration d'expédition prescrites par nos Règlements. — Prenons-les dans l'ordre de l'imprimé lui-même.

Il y a d'abord le nom et l'adresse de l'expéditeur et le nom et l'adresse du destinataire ; il faut que ces deux indications soient complètes et inscrites lisiblement. Vous pouvez avoir, à un moment quelconque de l'exécution du transport, besoin de correspondre, soit avec l'expéditeur, soit avec le destinataire ; comment les ferez-vous toucher par la poste si vous n'avez que des adresses illisibles ou incomplètes ? — A cet égard, j'insiste sur la nécessité d'avoir des noms de rues et des n°s de maisons lisiblement écrits. Représentez-vous un avis d'arrivée destiné au n° 35 d'une rue de Paris mais si mal écrit que tout le monde lit 85 : vous êtes certain que votre avis d'arrivée présenté au n° 85 ne touchera pas le destinataire et vous rentrera. Que ferez-vous ? Reprendre en mains la déclaration, la relire, constater peut-être l'erreur primitive ou dans le doute consulter la gare expéditrice, etc... Temps perdu. Et que pensez-vous d'une adresse qui porterait seulement le nom de la rue ? Voyez-vous le facteur de la poste cherchant M. Bernardin destinataire, tout le long de la rue de Rivoli ?

Il faut, en second lieu, s'attacher à bien faire préciser par l'expéditeur si la livraison doit être faite en gare ou à domicile et si le prix du transport doit être acquitté en port payé au départ ou en port dû réglé à l'arrivée. La déclaration d'expédition comporte des mentions doubles entre lesquelles l'expéditeur doit choisir et il lui suffit de biffer celle des deux qu'il ne désire pas utiliser, mais précisément l'agent qui reçoit la déclaration doit s'assurer que le nécessaire est fait.

Il faut aussi veiller à ce que l'expéditeur manifeste clairement sa volonté quant au genre de tarif qu'il désire revendiquer : tarif général ou le plus réduit. Nos Règlements prescrivent que, quand il n'a pas été revendiqué de tarif, le tarif général s'applique d'office, mais il est le plus cher et le destinataire protestera peut-être vivement contre son application d'office par suite de l'oubli de l'expéditeur, d'où refus de payer le transport, refus de la gare de livrer la marchandise, souffrance de celle-ci, discussions prolongées et échanges de correspondance. Temps perdu et travail supplémentaire inutile.

Dans la partie du milieu de la déclaration d'expédition figure une rangée horizontale de cadres d'importance particulière.

Dans le cadre le plus à gauche, l'expéditeur doit inscrire les marques, n°s ou adresse de ses colis et c'est indispensable : supposez une expédition composée de 3 caisses appartenant à une expédition d'Etampes à Saumur, qui ne porterait ni marque, ni n°, ni adresse et représentez-vous les difficultés qu'auraient tout le long du trajet les agents du Chemin de Fer pour faire parvenir les 3 caisses en question à leur destinataire, surtout si les étiquettes dont nous parlerons plus tard viennent à se détériorer ou à tomber ; c'est pourquoi les conditions d'application des tarifs ont rendu obligatoire au moins l'apposition de l'adresse du destinataire.

Le deuxième cadre en allant vers la droite est destiné à l'inscription du nombre de colis. Si l'expédition se compose de 3 caisses, que l'expéditeur inscrive sur la déclaration qu'il y en a 3 et toute contestation sera évitée quant au nombre jusqu'à la livraison.

Le cadre suivant est réservé à la désignation des colis d'après leur état extérieur ; ainsi l'expéditeur inscrira qu'il s'agit de caisses ou de fûts, ou de sacs, ou de harasses, ou bien encore, si la marchandise est en vrac, donnera la désignation exacte de sa nature (pommes de terre, charbon, planches, etc.). Dans ce cadre, ce qu'il faut éviter avant tout, c'est d'accepter que l'expéditeur ait inscrit le mot imprécis mais si commode de « colis ». « Colis » peut vouloir dire indifféremment sac, caisse, fût, morceaux de charbon, bloc de pierre, etc... ; c'est un terme qui ne permet aucune reconnaissance précise ni au départ, ni en cours de route, ni à l'arrivée et, par suite, il faut le refuser.

Le cadre suivant est réservé à la désignation du poids, mention indispensable, parce que les prix donnés par les tarifs de Chemin de Fer se calculent d'après le poids des marchandises. J'aurai l'occasion de revenir un peu plus tard sur la manière dont on détermine ce poids.

Enfin, le dernier cadre vers la droite est destiné à inscrire les n^{os} des pièces de douane, de régie et autres qui accompagnent certaines marchandises. Voilà une inscription que l'on néglige souvent et bien à tort, car la présence de ces pièces est indispensable quand la marchandise doit être accompagnée par elles, faute de quoi le Chemin de Fer est tenu souvent d'une grave responsabilité qui se traduit sous forme d'amendes dont le paiement est tout à fait inutile.

Conclusion. — Vous examinerez avec soin, sur tous les points que je viens de vous signaler, la déclaration de l'expéditeur ; cet examen se fera surtout en rapprochant la déclaration des colis, c'est-à-dire en regardant si le ou les objets présentés au transport correspondent bien aux indications qui en ont été données par l'expéditeur sur cette déclaration. Vous procèderez ensuite à la reconnaissance (dont nous parlerons) de ces colis en eux-mêmes et c'est seulement si le libellé de la déclaration est convenable et si après reconnaissance vous pensez que les colis peuvent être acceptés, que vous consentirez à signer la déclaration d'expédition après avoir vérifié que la date est bien exacte (pour les colis de grande vitesse, il faut, en plus, mentionner l'heure de l'expédition). Quand vous aurez, en effet, accepté la déclaration d'expédition et la marchandise, le contrat sera formé et vous aurez engagé, jusqu'à l'arrivée à destination, la responsabilité de la Compagnie. Ce sont donc des opérations auxquelles il faut apporter une grande attention.

Reconnaissance des marchandises

Procéder à la reconnaissance consiste à s'assurer que les marchandises sont susceptibles d'être transportées sans risque particulier ; cette reconnaissance doit porter sur l'état des colis eux-mêmes et sur leur conditionnement, c'est-à-dire sur leur emballage.

Etat des colis eux-mêmes. — Il est de toute évidence qu'on ne peut pas songer à accepter au transport des colis présentés en mauvais état et notamment s'ils sont déjà avariés ou détériorés.

Si, par exemple, un expéditeur présente 12 chaises et que deux d'entre elles aient un pied cassé, l'agent à la reconnaissance serait bien coupable d'accepter ces chaises telles quelles ; si, au lieu d'être employé à la reconnaissance, vous étiez acheteur de ces chaises pour votre salle à manger, accepteriez-vous que le marchand de meubles vous les livre comme étant toutes en bon état ? Ce que vous feriez pour vous-mêmes, faites-le pour le Chemin de Fer. Une telle expédition devrait être, en principe, refusée ; tout au moins ne peut-elle être acceptée qu'à la condition de faire reconnaître par l'expéditeur et par écrit sur sa déclaration que deux pieds sont cassés. Et ainsi en va-t-il pour tous les colis présentés en mauvais état.

Le mauvais état n'est pas toujours aussi flagrant que lorsqu'il s'agit de pieds cassés à une chaise. Il peut consister en éraflures au vernis d'un meuble ou dans l'état de dislocation de ce même meuble, etc... Il peut alors arriver, lorsqu'il s'agit de ces cas moins évidents d'état défectueux, que l'expéditeur discute et refuse d'inscrire la mention qu'on lui demande et qui le condamne ; l'agent à la reconnaissance doit alors porter lui-même sur la déclaration l'indication de l'état défectueux et cette indication sera reproduite sur les écritures comptables. Il pourra même arriver que l'expéditeur ayant refusé d'inscrire une mention et s'apercevant que la gare en a porté une sur son récépissé, s'élève contre ce procédé. Il s'agit alors d'un litige : référez-en à votre chef de service, lequel appréciera s'il convient de défendre les droits du Chemin de Fer par le moyen d'une expertise que permet la Loi.

Quoi qu'il en soit, quand vous aurez à demander à un expéditeur la reconnaissance écrite de l'état défectueux d'un colis ou que vous aurez à procéder vous-mêmes à l'inscription de la mention nécessaire, ayez le soin d'exiger une description exacte du mauvais état. On se sert trop souvent, la croyant suffisante, de la mention « colis en mauvais état » : elle ne veut rien dire et laisse tout dans le vague car si, en cours de route, le mauvais état initial vient à s'aggraver, on ne sait plus distinguer la part de responsabilité qui incombait à l'expéditeur au moment du départ et celle qui incombe, par la suite, au Chemin de Fer. Tandis que si vous avez inscrit au départ : deux pieds cassés et qu'il y ait quatre pieds cassés à l'arrivée, les responsabilités de chacun seront connues.

Emballage des colis. — La reconnaissance de l'emballage est tout aussi importante que la reconnaissance de leur état en lui-même. Dans les Conditions d'Application des tarifs, figure ce principe que le Chemin de Fer n'est pas tenu d'accepter sans emballage les marchandises qu'il est dans l'usage du commerce d'emballer ni de les accepter avec un emballage défectueux ; cette disposition est suffisamment claire par elle-même, elle ne fait que traduire une notion de bon sens. Si, en effet, on veut faire exécuter un parcours de 500 km. à un appareil de T. S. F. à lampes, il ne viendra à l'idée d'aucune personne sensée d'expédier cet appareil sans le pourvoir d'un emballage qui le préserve suffisamment.

Il faut donc que les marchandises qu'il est dans l'usage du commerce d'emballer soient emballées. Il y a des cas où la chose est l'évidence même. Pensez-vous qu'on puisse sérieusement accepter 12 bouteilles de vin remises à nu et les transporter de Paris-Ivry à Limoges ? Elles parviendraient vraisemblablement dans un état regrettable. Mais à côté de ce cas qui paraît presque ridicule, nous trouvons celui du marchand de vin qui cherchera à nous remettre au transport ces mêmes 12 bouteilles dans un casier si mal conditionné que la moitié de la surface extérieure des bouteilles est à nu et que par-dessus le marché il n'y a pas de couvercle. Dans le premier cas, chacun trouvait le transport impossible ; dans le deuxième, on hésite et pourtant le soi-disant emballage est peut-être relativement plus dangereux que son absence totale parce que les bouteilles sont exposées sans protection à tous les chocs par côté et par en haut et que dans les manutentions on sera tenté de prendre pour ce casier moins de précautions que pour les bouteilles à nu. De même, vous n'accepteriez pas, je suppose, de transporter une pièce de calicot entourée simplement de deux ficelles pour l'empêcher de se dérouler, et cela de crainte que le calicot arrive dans un état déplorable de saleté à destination. Aurez-vous la même crainte lorsque ce même calicot vous sera présenté enveloppé d'une simple toile d'emballage à mailles relâchées du genre treillis ? Et pourtant, dans le second cas, la protection effective de la marchandise ne sera guère plus sûre que dans le premier qui paraissait ridicule de toute évidence. C'est vous dire combien il faut être méfiant et circonspect sur cette question d'emballage.

On ne peut donc entendre par emballage qu'un conditionnement susceptible d'assurer une protection effective de la marchandise. Or, aujourd'hui où tout coûte cher, le bois, le carton, le gros papier, la grosse toile, les grosses cordes, les grands clous, les expéditeurs cherchent à s'affranchir de plus en plus des frais de confection des bons emballages et nous assistons à ceci : là où il fallait une caisse avec du bois d'un centimètre d'épaisseur, on nous remet une caisse avec du bois de 3 mm. ; là où il fallait une caisse légère, on entoure le colis de carton ; là où il fallait du carton, on se contente de papier. Et puis, le plus possible, on ne met pas d'emballage du tout sous prétexte que la valeur de la marchandise ne peut pas supporter les frais d'emballage, qu'il est d'usage soi-disant commercial de ne plus l'emballer et qu'il nous appartient au surplus de prendre tous les soins que nécessite son transport. C'est ainsi qu'en 1926, j'ai vu dans des gares, par exemple, un lot de 50 chaises vernies venues de Bar-le-Duc à Vierzon sans autre emballage que deux bouts de ficelle qui attachaient les chaises deux à deux, barreaux contre dossiers, ou encore des buffets vitrés en sapin vernis qui du Midi à St-Malo devaient supporter un nombre respectable de transbordements en cours de route et qui avaient pour tout emballage une barre de bois clouée en travers des glaces de la partie supérieure du buffet. Les gares qui acceptent de pareils transports sont absolument coupables, car, à l'arrivée à destination, il existe inévitablement des avaries, ne fussent que des éraflures de vernis. Les destinataires prétendent ne pas recevoir leur marchandise dans cet état sans indemnité et alors, si l'on ne consent pas à payer sans discussion, il faut procéder à une expertise judiciaire avec des frais, du temps perdu, etc... C'est du bien mauvais travail.

Et ce que je viens de vous dire concernant des meubles se répète à l'infini pour toutes les marchandises. Il y a pourtant une catégorie de transports qui intéresse spécialement la Compagnie d'Orléans et qui, à cet égard, mérite des explications particulières, c'est le transport des liquides en fûts. — La futaille est aussi un emballage et un emballage dont la construction et l'entretien sont devenus particulièrement onéreux. Aussi les tonneliers cherchent-ils à fabriquer des tonneaux à bon marché en bois de qualité inférieure (comme, par exemple, le bois de châtaignier), à ne pas mettre l'épaisseur voulue aux douelles et aux fonds, à ménager le nombre de cercles en fer ; de son côté, le vigneron cherche à faire durer les fûts le plus longtemps possible avec des réparations successives, à l'exemple du célèbre couteau de Janot. Lorsque dans une gare on reçoit un fût en état de coulage, on est souvent très surpris de voir qu'il a eu des douelles et des fonds remplacés, que des peignes cassés d'ancienne date avaient été consolidés pour se donner l'air de tenir, qu'il y a de vieilles bondes, des faussets, que le bois est recouvert de champignons verdâtres, etc., etc... La gare expéditrice eût bien dû s'apercevoir de tout ceci et porter sur la déclaration d'expédition une mention telle que « fût usagé réparé », etc...

Eh bien, qu'il s'agisse de fûts ou de tous autres emballages en état défectueux, c'est une mention de cette nature qu'il ne faut pas oublier de faire porter par l'expéditeur ou de porter vous-mêmes, absolument comme lorsqu'il s'agit du mauvais état des marchandises elles-mêmes et en opérant comme je vous l'ai déjà indiqué à propos de celles-ci. De même, si les colis sont présentés sans emballage du tout et qu'il y ait discussion, référez-en à votre Chef de service pour savoir si vous devez accepter la marchandise en accompagnant les écritures tout au moins de la mention « sans emballage » ou si elle doit être refusée, quitte encore ici à ce que le Chef de gare envisage s'il y a opportunité de porter la discussion sur le terrain d'une expertise.

Nombre et poids. — La reconnaissance ne s'applique pas seulement à l'état de la marchandise ou à son conditionnement tel que nous venons de le dire ; il doit encore porter sur le nombre et sur le poids des colis et ce sont là des reconnaissances qu'on néglige trop souvent de faire sous le prétexte qu'on est pressé ou qu'on ne dispose pas de la place voulue.

Or, voulez-vous que je vous dise ce qui se passe souvent : il existe des expéditeurs peu scrupuleux qui profitent de la négligence ou du soi-disant affairement des agents du Chemin de Fer pour leur faire accepter les yeux fermés un nombre de colis plus élevé que celui remis en réalité ou avec une déclaration de poids supérieure au poids réel, quand même ce ne sont pas des expéditions tout entières qui se composent uniquement de la déclaration d'expédition. — Ne croyez pas que j'exagère ; dans presque toutes les stations où s'effectuent les campagnes dites « de denrées saisonnières » (les fruits et légumes), nous constatons régulièrement chaque année que telle expédition a été acceptée pour 58 colis alors qu'elle n'en comprenait que 55 et que même, hélas ! certaines expéditions fort importantes avaient été prises en charge sans que la marchandise ait été remise au Chemin de Fer. — Voilà des faits lamentables qu'il faut absolument éviter. Astreignez-vous, même et surtout dans les périodes de remises intenses, à compter les colis de chaque expédition, à vous assurer qu'il y a autant d'expéditions que de déclarations et puis, dans la mesure où les installations de la gare ou de la station le permettent, astreignez-vous à vérifier le poids déclaré par l'expéditeur.

La vérification du poids demande quelques explications : j'ai dit « vérification » à dessein et non pas « pesage » parce que, d'après les Conditions d'Application, l'expéditeur doit indiquer lui-même sur sa déclaration d'expédition le poids de la marchandise et que le Chemin de Fer est seulement tenu de vérifier ce poids. Par conséquent, toutes les fois qu'on se prête à accepter une déclaration d'expédition où l'expéditeur a laissé en blanc la colonne « poids » et à peser pour son compte et en sa présence le colis sur la bascule du Chemin de Fer afin de lui permettre d'inscrire ce poids, on ne travaille pas conformément à la lettre et à l'esprit de nos Règlements.

Pour les colis de détail, le pesage s'effectue sur la bascule du quai sans difficulté. La question est plus délicate lorsqu'il s'agit du pesage de wagons complets. Qu'il me suffise de dire ici que les wagons complets doivent être remis chargés par l'expéditeur et que le Chemin de Fer n'a pas d'autres obligations que de vérifier le poids du wagon complètement chargé en déduisant de ce poids la tare inscrite sur les longerons du wagon.

Dans certains cas particuliers, le Chef de gare sera peut-être amené à se prêter à un pesage à vide du véhicule avant chargement ou après déchargement. De quelque façon que le pesage soit effectué, n'oubliez jamais d'inscrire au dos de la déclaration d'expédition le détail des opérations de pesage en y mentionnant si vous vous êtes servi de la tare inscrite ou de la tare vérifiée par pesage spécial.

Il y a même la nature de la marchandise qui doit donner lieu à reconnaissance car certains expéditeurs se livrent à la petite industrie des fausses déclarations. Que de marchandises sont présentées au Chemin de Fer sous la désignation de « résidus pour engrais » alors qu'il s'agit de produits industriels, de « débris » alors qu'il s'agit de morceaux encore très utilisables, de « ferrailles » alors qu'il s'agit d'appareils de mécanique réparables ou seulement usagés, de « pièces brutes » alors qu'il s'agit d'objets en fer ou en bois déjà travaillé, mais ayant encore besoin d'un finissage. Autant de cas où l'expéditeur essaiera par surprise de faire appliquer le prix d'une série moins élevée, augmentant son bénéfice normal ou celui de son client de la différence entre le prix de transport réellement dû et le prix appliqué en fait. Ces fausses déclarations ne sont donc ni plus ni moins que des vols ; elles sont réprimées par la Loi et il ne faut pas hésiter à les relever.

Voici ce qu'il importait de vous dire relativement aux opérations de la reconnaissance des marchandises sous ses diverses formes. Toutes ces recommandations, vous les trouverez détaillées dans un petit opuscule relié en toile noire et appelé « Le Manuel des Agents à la Manutention ». Elles font l'objet des sections 1 et 2 de ce Manuel et je vous engage vivement, non seulement à en lire avec soin les articles, mais même à les apprendre. J'ajoute qu'il n'y a pas que ces Sections 1 et 2 à consulter. A la fin du Manuel, vous trouverez une Annexe 2 qui vous donnera, pour les principales marchandises, l'indication du mode d'emballage d'usage commercial que le Chemin de Fer est fondé à exiger des expéditeurs. — Aux Annexes 3 et 5, vous trouverez des recommandations déjà anciennes, mais qui n'en sont pas moins bonnes, sur la reconnaissance en général des marchandises et plus particulièrement sur la reconnaissance des fûts et l'Annexe 4 est composée d'une liste des principales fausses déclarations qui ont été commises par des expéditeurs, liste qui vous montrera l'ingéniosité de ceux-ci et qui vous permettra de vous défendre, le cas échéant, contre leurs agissements.

Mise en route de la marchandise reconnue

Nous en sommes au point où le Chemin de Fer a admis que la marchandise pouvait être transportée sans risques spéciaux, inhérents à son état ou à la solidité de son emballage et s'est chargé de l'opération du transport ; on dit alors qu'il a pris charge de la marchandise et à partir de ce moment, il en assume toutes les responsabilités jusqu'au moment de la livraison entre les mains du destinataire. Il importe donc de prendre désormais toutes les précautions nécessaires pour assurer le bon acheminement de l'envoi.

Etiquetage. — La première opération qui se présente est celle de l'étiquetage : elle consiste très simplement à apposer sur chaque colis deux étiquettes dont l'une porte le nom de la gare de provenance, l'autre celui de la gare destinataire. Vous connaissez tous ces étiquettes, je ne les décris pas. — Comment colle-t-on une étiquette ? Très simplement aussi en mettant deux touches de colle à l'emplacement des deux carrés de papier et en posant ceux-ci dessus. Eh bien, ainsi faite, je ne vous garantis pas du tout que l'opération réussira ; le papier, humecté d'un seul côté, se recroquevillera à l'extérieur et nos étiquettes risquent fort de ne pas tenir dès le départ ou d'être arrachées en cours de route. Il faut coller à la manière des colleurs d'affiches, c'est-à-dire que quand les carrés de papier sont apposés sur les touches de colle, on repasse le pinceau par-dessus pour que la colle les recouvre entièrement.

Sur certains colis, à cause de leur forme ou de leur nature (colis de marée, de suif, de peaux), l'étiquette collée ne tiendra pas : on fait alors usage de porte-étiquettes en papier fort armé d'un fil de fer.

Ce n'est pas la seule précaution à prendre pour l'étiquetage. Il y a aussi le soin à apporter dans la confection de l'étiquette elle-même. Sans doute, beaucoup de nos étiquettes sont dites fixes, c'est-à-dire portent le nom de la gare destinataire imprimé d'avance, mais sur les étiquettes dites passe-partout, il faut inscrire soi-même le nom de la gare destinataire. Cette inscription se fait au crayon chimique pour la rendre indélébile ; ce qu'on néglige souvent, c'est d'écrire lisiblement le nom de la gare destinataire. —

Supposez un colis qui va de Beaugency à Villefranche-sur-Mer (Alpes-Maritimes). C'est long à écrire Villefranche-sur-Mer : alors on écrit quelque chose qui ressemble tant bien que mal à Villefranche et le reste se compose souvent d'une série de bâtons inclinés et illisibles. Or, savez-vous combien il y a de gares en France portant le nom de Villefranche ? Ouvrez la *Table Alphabétique* et vous en trouverez 15. Si le nom est mal orthographié, vous courez grand risque que le colis arrive à celui des Villefranche qui est le plus près de Beaugency parce que le plus connu du personnel des trains, dans l'espèce Villefranche-sur-Cher où il sera considéré comme en trop, d'où échange de correspondance, essai de régularisation pour le rapatriement avec écritures pour ordre, en un mot, tout ce qu'il faut pour n'arriver jamais à sa destination. Et ce que je vous dis de Villefranche s'applique à bien d'autres noms de localités. On ne compte pas moins, par exemple, de 39 Villeneuve et de 36 Villers, etc...

Il faut toujours songer à ceci, c'est que la grande partie des opérations de classement et de transbordement s'effectuent de nuit, par conséquent que les agents chargés de ce soin éprouvent des difficultés de lecture par suite de l'éclairage et que, en grande vitesse spécialement, les agents des trains sont obligés de faire du classement de route dans les fourgons, où, la nuit, l'éclairage est forcément limité ; le fourgonnier doit s'aider souvent de l'approche d'une lanterne et encore est-il gêné par la trépidation très forte pendant la marche, toutes circonstances qui facilitent les erreurs de lecture si l'écriture des étiquettes est défectueuse.

Encore une question sur cette matière de l'étiquetage et celle-ci concerne plus particulièrement les enregistrements de bagages. Vous savez que l'étiquette de la gare expéditrice porte un n° imprimé en noir. Lors des enregistrements de bagages, on est souvent pressé au moment de ce qu'on appelle « les fournées de trains » ; les enregistrements se succèdent avec précipitation et dans celle-ci, il arrive que venant par exemple d'effectuer un enregistrement au n° 103, au lieu de prendre des étiquettes au n° 104 pour l'enregistrement suivant, la main revienne machinalement au casier du n° 103. Résultat : si le bagage 104 est pour la même gare destinataire que le 103, vous risquez de faire livrer la totalité des colis des deux enregistrements au même voyageur et nous savons par expérience que cette erreur se produit — ou bien, si les deux enregistrements sont pour des gares différentes, la gare destinataire du deuxième enregistrement refuse de livrer des bagages étiquetés 103 à un voyageur qui présente un bulletin numéroté 104, d'où retard, contestations, indemnités, etc... Il y a aussi les erreurs de gares destinataires : si le bagage n° 103 était pour Poitiers et le bagage 104 pour Montluçon et qu'on étiquette les colis des deux enregistrements pour Poitiers, il y aura un en trop à cette gare et un manquant à Montluçon, toujours avec des suites litigieuses. — Ne croyez pas que j'invente ; chaque année, en particulier au moment des départs en vacances et des rentrées de vacances, nous avons ainsi de nombreux bagages dont nous devons assurer le rapatriement par suite de fausses étiquettes de destination et il est bien rare que nous n'ayons pas à payer la valeur de quelques-uns d'entre eux égarés en cours de route.

Je vous recommande donc tout particulièrement les soins à apporter dans l'étiquetage.

Vous consulterez encore là-dessus le *Manuel des Agents à la Manutention.*

Choix du matériel de chargement. — Les colis après étiquetage doivent être chargés dans les wagons qui assureront leur acheminement. Or, spécialement lorsqu'il s'agit de transports de petite vitesse, il faut jeter un coup d'œil sur la nature et l'état des wagons que l'on doit employer. La même précaution s'impose à l'égard des wagons mis à la disposition des expéditeurs pour chargement par les soins de ces derniers. Or, c'est une question à laquelle on ne fait pas suffisamment attention : pour combien d'agents tout véhicule, pourvu qu'il ait une caisse et 4 roues, est réputé bon à n'importe quel transport.

Ceci est une grave erreur. Il y a malheureusement en circulation des véhicules en mauvais état. Les uns ont des planches déclouées ou même cassées ; si vous les affectez à des transports de bestiaux, ceux-ci se blesseront, s'écorcheront, si même leurs pattes ne se cassent pas en passant par des trous du plancher et c'est ce qui arrive malheureusement parfois. La toiture est aussi trop souvent en mauvais état, la toile de protection étant déchirée, usée ou même enlevée et alors l'eau tombe en abondance à l'intérieur du wagon, détériore les marchandises qui y sont contenues, soit en les tachant (les tissus), soit en les faisant fondre (le sucre) ; même résultat pour les wagons dont les vigies sont disloquées. Quand il s'agit de tombereaux, on ne s'inquiète pas de savoir si les portes latérales ferment convenablement : or, par l'entrebâillement de ces portes, la marchandise s'écoule en cours de transport et ainsi se produisent des manquants parfois importants et qu'on eût pu éviter avec un peu de soin, sur des transports de houille, de pommes de terre, etc...

En toute cette matière, il ne s'agit pas de règlements à apprendre, mais seulement d'un peu de bon sens et de vigilance et c'est ce que je vous demande d'apporter lorsque vous aurez à assurer des fournitures de wagons.

Par contre, voici une prescription réglementaire. Lorsqu'il s'agit de transports à destination de l'étranger circulant avec une lettre de voiture d'un modèle spécial dite « lettre de voiture internationale de la Convention de Berne », il est interdit d'employer des wagons autres que ceux qui portent peinte sur la caisse une petite croix de Saint-André.

De même, autre prescription réglementaire : lorsque des wagons ont transporté des matières infectes ou des bestiaux, il est interdit de les utiliser pour de nouveaux transports avant qu'ils aient été désinfectés ; et cela est vrai même s'il s'agit de nouveaux transports de bestiaux car vous savez sans doute que les animaux sont fréquemment atteints d'épidémies et que faire entrer des animaux sains dans un wagon ayant contenu des animaux malades, c'est les contaminer à coup sûr.

Pointage et arrimage. — Ce sont les opérations matérielles de la mise en wagon ; elles s'entendent surtout des transports de petite vitesse.

Vous savez qu'après la confection des écritures comptables, le quai reçoit l'une des feuilles de ces écritures appelée feuille de chargement et qui contient les caractéristiques essentielles de l'expédition. L'équipe de chargement prend sur le quai les colis qui correspondent aux indications de cette feuille ; il faut les prendre tous pour que l'expédition soit au complet, mais il ne faut prendre que ceux-là, de façon à ne pas ajouter à l'expédition des colis d'une expédition voisine. Pour remplir ces deux conditions, on pointe, c'est-à-dire qu'on compte le nombre d'objets de chaque catégorie tant sur la feuille que parmi les colis eux-mêmes : par exemple, 5 balles tissus avec adresse et marque A. B. 1 à 5 ; ou 6 pains de sucre, 2 caisses épicerie avec adresse, 20 barres de fer marquées d'un point rouge, 2 fûts d'huile n°s 1493-1494. Une bonne précaution consiste à amortir au crayon sur la feuille de chargement les colis déjà chargés de façon qu'on sache ce qui reste à charger et, par suite, à la fin de l'opération, si l'expédition est complète.

En grande vitesse, les mêmes recommandations s'appliquent, en principe ; seulement il n'y a pas de feuille de chargement et la mise en wagon s'effectue sur le vu de la déclaration d'expédition, mais surtout des adresses et étiquettes.

Dans le wagon, on entasse les colis de façon à remplir au mieux la capacité du véhicule ; cela ne veut pas dire qu'on les empile n'importe de quelle manière et ici encore, il n'y a pas de prescriptions réglementaires mais l'intervention du simple bon sens : par exemple, les colis lourds se placent sur le plancher et les colis légers par dessus et non pas à l'inverse ; on met les colis salissants ensemble et on ne les mélange pas avec des colis susceptibles d'être salis ; on n'intercale pas une balle de tissu entre deux fûts d'huile ou de pétrole ; on ne pose pas une caisse de savon de 100 kg. sur le carré formé par 4 bonbonnes en verre et tant d'autres exemples du genre.

Les grandes gares de trafic et toutes les gares de transbordement forment soit des wagons complets de détail pour des destinations déterminées, soit des wagons de route que l'on appelle des C. D. (Collecteurs distributeurs), c'est-à-dire qui reçoivent tout le long d'une section les colis dans le sens de la marche du train et distribuent à ces mêmes stations les colis venant d'au delà. La confection de ces sortes de wagons nécessite des précautions particulières ; d'abord que l'on ménage un vide devant celle des portes qui devra être ouverte à l'arrivée ou pour les C. D., qui sera du côté extérieur dans le sens de la marche du train et que pour ce motif on appelle le « côté à ouvrir ». Si cette précaution n'est pas respectée, à l'ouverture de la porte se produira un écroulement général de tous les colis du voisinage. De plus, quand il s'agit des C. D., il faut classer les colis à l'intérieur du wagon dans l'ordre des stations de distribution et non pas de n'importe quelle manière.

Ainsi, un C. D. est confectionné aux Aubrais pour la section des Aubrais à Blois. Les stations sont dans l'ordre : La Chapelle-St-Mesmin, St-Ay, Meung, Beaugency, Suèvres et Ménars. Le train dit « de détail » arrive à La Chapelle-St-Mesmin ayant 10 colis à décharger à cette station. Le Chef de train ouvre la porte du C. D. Les premiers colis qui se présentent sont ceux pour Ménars. Toute l'équipe du train et le personnel de la gare montent dans le wagon ; on découvre les colis pour La Chapelle-St-Mesmin au fond du wagon, mais ils sont pour partie pris sous des colis pour Beaugency ou Meung. On en trouve ainsi 8 que l'on dégage à grand'peine, parfois en déchirant des sacs ou en éraflant des meubles. Quant aux deux autres, ils sont introuvables. Le temps presse et le Chef de train ne peut plus attendre ; les colis partent vers Blois d'où on les rapatriera. Si on opère de cette façon jusqu'à Beaugency, la gare de Blois trouvera à l'arrivée 5, 6, 7 colis pour des stations de la route qu'il faudra décharger, remettre le lendemain dans un collecteur d'un train en sens inverse : risques d'avaries, risques de perte dans le rapatriement, retard dans la livraison aux stations destinataires, en un mot, tout ce qu'il faut pour créer des litiges.

Chargement par les expéditeurs. — Pour ces sortes de chargements, il ne reste guère des explications qui précèdent que la nécessité de choisir avec soin du matériel en bon état. Les expéditeurs, en effet, effectuent eux-mêmes les chargements, les arriment comme ils l'entendent et la gare ne prend en charge en principe que d'un wagon complet, fini de charger. De même, s'il s'agit de marchandises chargées par les soins des expéditeurs en wagons découverts et qui aient besoin d'être bâchées, les expéditeurs effectuent le bâchage.

Ce n'est pas à dire que l'on doive accepter les yeux fermés des wagons ainsi chargés ou bâchés. D'abord le chargement peut avoir été fait d'une façon si peu solide qu'il cèdera au premier choc d'attelage ou sous l'effet de la trépidation et les marchandises tomberont sur la voie. Ce n'est pas une hypothèse : un important déraillement qui s'est produit entre Vierzon et

Orléans au mois de décembre 1926 avait pour cause la chute sur la voie de matériel Decauville tombé d'un wagon dont le chargement s'était ainsi écrasé. Il n'y a pas très longtemps des voyageurs d'un rapide ont été blessés aux environs de Bordeaux par le choc d'une poutre contre une voiture du dit rapide, le chargement du wagon sur lequel se trouvait cette poutre s'étant manifestement disloqué. D'un autre côté, le chargement ne peut pas avoir n'importe quelle hauteur ni n'importe quelle largeur. Il existe, en effet, des dimensions extrêmes dites du gabarit eu égard au passage des convois sous les ponts et tunnels ; la moindre précaution est de faire passer sous le gabarit dont sont munies la plupart des gares les wagons chargés par les expéditeurs et dont les dimensions paraîtraient anormales ; si le chargement excède le gabarit, l'expéditeur doit être invité à le rectifier et le wagon ne partira pas tant qu'il n'aura pas été ramené aux dimensions réglementaires.

Enfin, certaines catégories de marchandises qui pour la plupart sont transportées par wagons complets et par conséquent manutentionnées par les expéditeurs, nécessitent des précautions spéciales pour leur chargement. Vous trouverez à l'Annexe 1 du *Manuel des Agents à la Manutention*, l'indication des principales de ces marchandises et pour chacune d'elles les précautions particulières de chargement et d'arrimage qu'elles nécessitent.

Je vous signale que les fûts de vin, d'huile, de pétrole et d'une façon générale de liquides, qui donnent lieu à un important trafic par wagons complets, nécessitent un arrimage particulier pour éviter le déplacement des fûts et, par suite, leurs avaries en cours de route. C'est encore le *Manuel des Agents à la Manutention* qui doit nous renseigner. Vous verrez au § 3 de la Section 3 le Mode de chargement et les prescriptions particulières relatives au calage des fûts. Ces indications sont accompagnées de figures explicatives qui permettent à chacun de se rendre compte de la manière dont on doit charger les fûts dans les différents types de véhicules susceptibles d'être utilisés.

Etiquetage des wagons complets. — De même que les colis sont étiquetés pour leur acheminement, de même on étiquette des wagons complets avec des étiquettes d'un type particulier, à inscriptions grasses et par conséquent très visibles qui sont à apposer en un point spécialisé à cet effet de la caisse des wagons. Vous trouverez à la Section 4, § 3 du *Manuel de Manutention* les recommandations particulières à cet étiquetage des wagons.

Opérations à la gare d'arrivée

La marchandise parvient à la gare destinataire qui en effectuera la livraison, soit en gare, soit à domicile.

Voyons rapidement ce qui se passe en vue de chacun de ces deux modes de livraison :

D'abord le déchargement du wagon. — En petite vitesse, ce déchargement se fait à l'aide d'un pointage des colis au fur et à mesure qu'ils sortent du wagon avec les énonciations de la feuille de chargement, c'est-à-dire qu'on procède à l'opération inverse de celle du chargement. Un colis manque-t-il, on doit s'en apercevoir au cours de ce pointage et annoter la feuille de chargement « manque le fût n° ... » ou « une caisse n° ... ». — Un colis est-il avarié, l'agent qui fait le pointage inscrit encore sur la feuille de chargement : « Vu, par exemple, le fût n° ... ayant deux peignes cassés et en coulage » ; notons que si l'avarie était telle que la marchandise soit susceptible de se détériorer, des mesures seraient à prendre séance tenante pour la remettre en état. Un colis est-il trouvé en trop, on le met avec soin de côté pour le signaler au Bureau P. V. qui fera le nécessaire.

En grande vitesse, le déchargement s'effectue, en général, sans la présence des feuilles et c'est après déchargement, sur le quai G. V. ou dans le local du bureau restant, qu'on procède à la reconnaissance des colis par rapprochement avec les déclarations d'expédition et qu'on fait, le cas échéant, les mêmes constatations que ci-dessus.

Les colis, au fur et à mesure de leur déchargement, ne sont pas empilés n'importe comment sur le quai ; on les conduit dans des travées en ayant soin de placer ensemble les colis qui appartiennent à la même expédition et ces travées sont elles-mêmes soigneusement séparées les unes des autres par des barrières ou des chemins de roulement et elles ont, en général, des affectations spéciales dans les grandes gares tout au moins ; travées pour les livraisons en gare directement aux destinataires ; travées spéciales pour les enlèvements par des camionneurs régulièrement autorisés ; travées spéciales en vue des livraisons à domicile par le correspondant.

S'agit-il d'une livraison en gare, le destinataire doit être avisé sauf dispense formelle de sa part et il se présentera pour prendre livraison à moins qu'il charge de ce soin un mandataire autorisé. Il doit, en principe, acquitter tout d'abord les frais de transport et frais divers dont l'envoi est grevé, donner émargement sur le registre dit de crédit, après quoi il pénètrera sur le quai ou se rendra au wagon transporteur en stationnement sur la voie de débord pour procéder à l'enlèvement de la marchandise.

J'attire votre attention sur la nécessité qu'il y a pour l'agent livreur de toujours s'assurer, avant d'autoriser le destinataire à emporter sa marchandise, que ce destinataire a bien acquitté les frais de transport car tel destinataire ou tel camionneur qui, bien entendu, ne se permettrait pas de prélever une somme de 300 fr. dans le tiroir du caissier resté ouvert, hésitera peut-être beaucoup moins à faire sortir sa marchandise hors de la gare sans acquitter les frais de transport et attendra paisiblement que la gare se soit aperçu de cet enlèvement irrégulier.

S'agit-il d'une livraison à domicile, la gare inscrit l'expédition sur le bordereau du correspondant et fait à ce dernier la remise des marchandises avec vérification contradictoire de leur état. Le correspondant conduit alors la marchandise au domicile du destinataire et c'est lui qui procède aux opérations de déchargement de sa voiture, d'encaissement des frais de transport et d'émargement.

Colis en moins et en trop. — Je vous ai indiqué un peu plus haut qu'au déchargement on pouvait trouver des colis en moins sur une expédition et qu'inversement, on pouvait trouver des colis en trop dans un wagon transporteur. A la vérité, il n'y a pas qu'à l'arrivée à destination que peuvent être constatés ces en moins et ces en trop, ils peuvent se produire même déjà à la gare de départ, également lors des manutentions et transbordements dans les gares de relais en cours de route, ou à un moment quelconque sur les quais de la gare d'arrivée. La gare à laquelle il manque un colis, la gare qui constate la présence d'un colis en trop, doivent signaler cette irrégularité à un office particulier appelé le Magasin Central situé à Orléans, non compris une enquête de recherches à laquelle elles se livrent. Le Magasin Central procède à certaines recherches qu'il serait trop long d'expliquer ici, à l'aide de fiches qu'il fabrique lui-même, sur le vu des Avis d'en moins et d'en trop, Mod. 318, que lui adressent les gares.

Or, j'ai le regret de dire que nombre de ces Avis sont mal libellés, généralement incomplets. Il manque des détails essentiels qui permettraient d'identifier la marchandise. Si je vous en parle spécialement, c'est que, à vos débuts dans les gares, vous serez très certainement chargés de la confection de ces Avis Mod. 318 et je désirerais fixer votre attention sur la nécessité de leur meilleure rédaction.

Je suppose qu'il manque à Blois un fût de peinture de 250 kg. marqué R. A. 96 ; ce fût est venu échouer, par exemple, à Pont-Château ; cette gare, comme malheureusement tant d'autres, envoie au Magasin Central, un Avis d'en trop ainsi libellé « un fût plein, 250 kg. ».

Le Magasin Central, qui s'était donné la peine de faire des fiches avec les indications précises d'en moins données par la gare de Blois, est dans l'impossibilité de créer des fiches utiles avec des indications par trop sommaires que lui donne Pont-Château. Comment voulez-vous qu'il devine que le fût plein est précisément le fût qui manque à Blois ? Il le saurait au contraire tout de suite si Pont-Château, avec un peu d'attention, avait constaté, par le suintement, qu'il s'agit d'un fût de peinture, ou, tout au moins, à supposer que le fût soit bien étanche, se donnait la peine d'indiquer sur son Avis d'en trop les marques R. A. 96.

Il y aurait beaucoup de choses encore à dire sur le soin à apporter aux opérations de transport des marchandises par Chemin de Fer. Des quelques indications sommaires que je vous ai données et qui ne touchent que les points principaux, je voudrais que vous gardiez au moins cette impression que tout agent consciencieux peut, en s'appliquant sur toutes les parties de son travail, contribuer personnellement, et d'une façon appréciable, à diminuer le nombre d'irrégularités. Chacun peut obtenir ce résultat, non pas en apprenant par cœur les divers recueils de nos Règlements, mais en mettant en œuvre tout simplement des qualités de méthode, de bon sens et de vigilance. Si vous vous pénétrez bien de la nécessité d'agir ainsi, vous contribuerez chacun pour votre part et tout le long de votre carrière, à l'œuvre que nous avons entreprise de réduire les causes de paiement d'indemnités et, par conséquent, d'améliorer les conditions d'exploitation du Chemin de Fer.

TABLE DES MATIÈRES

TITRE I

TITRE II

LES TARIFS

TITRE III

APERÇUS DE GÉOGRAPHIE COMMERCIALE

TITRE IV

IRRÉGULARITÉS LITIGIEUSES

1.500 ex. in-4° carré bulle 10 k. (1092-9-27). — CAHORS, IMP. COUESLANT

www.ingramcontent.com/pod-product-compliance
Lightning Source LLC
LaVergne TN
LVHW050416160826
845677LV00002BA/401

* 9 7 8 2 3 2 9 7 7 1 7 3 1 *